Die

Theorie der Exceptionen

nach klassischem römischen Recht

von

J. von Koschembahr-Lyskowski
Doktor der Rechte.

Erster Band.

Erstes Heft:

Der Begriff der exceptio.

BERLIN.
J. Guttentag, Verlagsbuchhandlung.
1893.

Meinen

Hochverehrten Lehrern

den

Geheimen Justizräten und Professoren

Herren

Dr. H. Brunner,

Dr. P. Hinschius,

Dr. A. Pernice

in aufrichtiger Dankbarkeit

gewidmet.

Verzeichnis

der

angeführten und nicht in Zeitschriften oder Sammelwerken erschienenen Litteratur.*)

Albrecht, Die Exceptionen des gemeinen teutschen Civilprocesses. 1835.

Baron, Die Condictionen, in den Abhandlungen aus dem römischen Civilrecht. 1881.

Bechmann, Das römische Dotalrecht. I—II. 1863 f.

Bekker, Die processualische Consumption im klassischen römischen Recht. 1853.

—, Die Aktionen des römischen Privatrechts. I—II. 1871 f.

— und **Muther,** Jahrbuch des gemeinen deutschen Rechts. I—VI. Leipzig 1857—63.

v. **Bethmann-Hollweg,** Der Civilprocess des gemeinen Rechts. I—VI. 1864 f.

Bierling, Zur Kritik der juristischen Grundbegriffe. I—II. 1877 f.

Birkmeyer, Die Exceptionen im bonae fidei iudicium. 1874.

Brinz, Die Lehre von der Kompensation. 1849.

—, Lehrbuch der Pandekten. 2. Aufl. I—IV. 1873 f.

Bruns, fontes iuris romani antiqui. 5. Ausg. 1887.

Cujacius, Opera omnia. I—X. Neapoli 1758.

Czyhlarz, Das römische Dotalrecht. 1870.

Dernburg, Das Pfandrecht nach den Grundsätzen des heutigen römischen Rechts. I—II. 1860 f.

—, Geschichte und Theorie der Kompensation nach römischem und neuerem Rechte. 2. Aufl. 1868.

—, Untersuchungen über das Alter der einzelnen Satzungen des prätorischen Edikts, in den Festgaben für Heffter. 1873.

—, Pandekten. 2. Aufl. I—III. 1888 f.

---

*) Wo im Texte die blossen Namen der Verfasser angeführt werden, sind deren Pandektenlehrbücher gemeint.

Eisele, Die materielle Grundlage der exceptio. 1871.
Gneist, Die formellen Verträge des neueren römischen Obligationenrechts. 1845.
Gradenwitz, Interpolationen in den Pandekten. 1887.
—, Die Ungültigkeit obligatorischer Rechtsgeschäfte. 1887.
Grünhut's Zeitschrift für das Privat- und öffentliche Recht der Gegenwart. I—XX. Wien 1874—93.
Heimbach, Die Lehre vom Creditum. 1849.
v. Holtzendorff, Encyclopädie der Rechtswissenschaft. 2. Aufl. I. 1872.
Huschke, Die Lehre des römischen Rechts vom Darlehn. 1882.
v. Jhering's Jahrbücher für die Dogmatik des heutigen römischen und deutschen Privatrechts. I—XXXII. Jena 1857—92.
—, Geist des römischen Rechts. 4. Aufl. I—III. 1878 f.
Karlowa, Das Rechtsgeschäft und seine Wirkung. 1877.
—, Römische Rechtsgeschichte. I—II. 1885 f.
Keller, Ueber Litis Contestation und Urteil. 1827.
v. —, Institutionen. 1861.
—, Pandekten. 2. Aufl. I—II. 1866 f.
—, Der römische Civilprocess. 6. Ausg. 1883.
Kindel, Das Rechtsgeschäft und sein Rechtsgrund. 1892.
Kohler, Der Process als Rechtsverhältnis. 1888.
Kritische Vierteljahrsschrift für Gesetzgebung und Rechtswissenschaft. I—XXXIII. München 1859—91.
H. Krüger, Beiträge zur Lehre von der exceptio doli. I. 1892.
P. Krüger, Geschichte der Quellen und der Litteratur des römischen Rechts. 1888.
Leist, Geschichte der römischen Rechtssysteme. 1850.
Lenel, Ueber Ursprung und Wirkung der Exceptionen. 1876.
—, Das Edictum perpetuum. 1883.
—, Palingenesia iuris civilis. I—II. 1889.
Liebe, Die Stipulation und das einfache Versprechen. 1840.
Muther, Zur Lehre von der römischen Actio. 1857.
A. Pernice, Zur Lehre von den Sachbeschädigungen nach römischem Recht. 1867.
—, M. Antistius Labeo. Das römische Privatrecht im ersten Jahrhunderte der Kaiserzeit. I—III. 1873 f.
Pfersche, Die Bereicherungsklagen. 1885.
Puchta, Cursus der Institutionen. 8. Aufl. I—II. 1875.
Rheinisches Museum für Jurisprudenz. I—VII. Göttingen 1833—35.
Rudorff, Römische Rechtsgeschichte. I—II. 1857 f.
Salpius, Novation und Delegation nach römischem Recht. 1864.
Sanio, Varroniana in den Schriften der römischen Juristen. 1867.
v. Savigny, System des heutigen Römischen Rechts. I—VIII. 1840 f.
Schlesinger, Zur Lehre von den Formalcontracten. 1858.

A. Schmidt, Das Interdiktenverfahren der Römer. 1853.
Schultze, Privatrecht und Process in ihrer Wechselbeziehung. I. 1883.
Schwanert, Die Kompensation nach römischem Recht. 1870.
Sitzungsberichte der Königlichen Preussischen Akademie der Wissenschaften zu Berlin. Berlin 1803 f.
Thon, Rechtsnorm und subjektives Recht. 1878.
Ubbelohde, Ueber den Satz: Ipso iure compensatur. 1858.
Windscheid, Die Actio des römischen Civilrechts. 1856.
—, Die Actio. Abwehr gegen Dr. Theodor Muther. 1857.
—, Lehrbuch des Pandektenrechts. 5. Aufl. I—III. 1882.
Wlassak, Edikt und Klageform. 1882.
—, Römische Processgesetze. I—II. 1888 f.
Zeitschrift für Rechtsgeschichte. Herausgegeb. von Rudorff, Bruns. I—XIII. Weimar 1861—78.
Zeitschrift der Savigny-Stiftung für Rechtsgeschichte. Romanistische Abteilung. I—XIII. Weimar 1880—92.
Zimmermann, Kritische Bemerkungen zu Eisele's Schrift über die materielle Grundlage der exceptio. 1872.
Zimmern, Geschichte des römischen Privatrechts bis Justinian. I u. III. 1826 f.

Verzeichnis

der

Quellenstellen von exceptio, excipere, replicatio, replicare, duplicatio, triplicatio.**)

A. Exceptio und excipere.

1. exceptio. Vgl. Ziff. 5. 28. 29. 48. 49. 53. 71. 115. 116. 121. 123. I ***43*** (10. 11. 13) ***53*** (3. 10) ***54*** (4. 6. 10. 19. 24. 26. 29. 30. 32. 33) ***55*** (4. 5. 6. 8. 9. 10. 11. 13. 15. 16. 18. 19. 22. 26. 27. 34. 37) ***56*** (2) ***63*** (14. 25. 38. 38) ***64*** (10. 24) ***66*** (14. 40) ***67*** (2. 13. 35) ***68*** (1. 13. 20. 21. 25) ***69*** (11. 17) ***70*** (20. 24. 26) ***78*** (27) ***89*** (18) ***93*** (19) ***96*** (25) ***97*** (26) ***114*** (36. 37) ***115*** (1. 2. 3) ***117*** (6. 8. 19) ***119*** (39) ***121*** (13. 15. 16) ***122*** (24) ***130*** (27) ***145*** (14) ***149*** (26) ***151*** (19) ***153*** (36) ***156*** (14) ***157*** (18) ***158*** (23) ***161*** (27) ***162*** (26. 28) ***186*** (33) ***192*** (2. 4. 42) ***202*** (43) ***207*** (19. 20) ***211*** (17) ***212*** (43) ***214*** (20) ***222*** (31) ***225*** (14. 14) ***248*** (13. 15) ***271*** (24) ***301*** (32)

**) Dies Verzeichnis geben wir entsprechend der Aufforderung des Herrn von der Leyen in der Zeitschrift der Savigny-Stiftung IV. S. 129 (vergl. auch Bekker, ebendas., VI. S. 85). Das Verzeichnis beruht auf dem in der Berliner Königlichen Bibliothek im Manuskript befindlichen Index aller in den Digesten Iustinians, den Institutionen des Gaius, den Regeln des Ulpianus, Sentenzen des Paulus und den fragmenta Vaticana vorkommenden Wörter. Diesem Index sind zu Grunde gelegt für die Digesten die grosse Mommsensche Ausgabe mit kritischem Apparat (Digesta Iustiniani Augusti recognovit Th. Mommsen I—II., Berlin 1870), für die Institutionen des Gaius die Ausgabe von Krüger und Studemund, Berlin 1884, für die Regeln des Ulpianus und Sentenzen des Paulus die Ausgabe von Krüger, Berlin 1878, für die fragmenta Vaticana die Ausgabe von Mommsen, Berlin 1861. Wo sich ein Excerpt aus Ulpian oder Paulus in der Collatio legum Mosaicarum et Romanarum oder in der Consultatio veteris iuris consulti (Ausgabe von Mommsen und Krüger, Berlin 1890) befindet, ist dies durch den der betreffenden Stelle vorangesetzten Zusatz Coll. bzw. Cons. angedeutet. In unserem obigen Verzeichnis bezeichnet die römische Ziffer I bzw. II den ersten bzw. zweiten Band der Digesten, die daran sich schliessenden, frei stehenden arabischen Zahlen bezeichnen die Seite, die in Klammern folgenden arabischen Zahlen die Zeile auf der betreffenden Seite. Die Institutionen des Gaius sind durch ein G., die Regeln des Ulpianus durch ein U., die Sentenzen des Paulus durch ein P., die fragmenta Vaticana durch ein V. bezeichnet Die darauf folgenden, frei stehenden arabischen Zahlen weisen dann wieder auf die Seiten der entsprechenden Schriften hin, die in Klammern befindlichen arabischen Zahlen auf die Zeilen der betreffenden Seite. Wo das Wort in der Zeile zweimal vorkommt, ist die Zahl der Zeile doppelt angegeben.

In unserem Verzeichnis haben wir uns eng an den Text angeschlossen und z. B. die betreffende Stelle unter „exceptio" gestellt, wenn an der betreffenden Stelle nur dieses Wort steht, auch wenn aus dem Zusammenhang sich zu ergeben scheint, dass die exceptio doli oder pacti oder eine andere gemeint ist. Man wird daher gut thun, die unter „exceptio" angegebenen Stellen in jedem Fall zu vergleichen, zum mindesten aber diejenigen Stellen unter „exceptio", welche dieselbe Seitenzahl haben, wie die im besonderen gewünschte exceptio.

2. excipere.***)

---

† Wo vorstehendes Zeichen **hinter** der Zeilenzahl hinzugesetzt ist, bedeutet es, dass in der betreffenden Zeile das Wort exceptio nicht vorkommt, trotzdem der Index die Zeile angiebt. In diesen Fällen ist auch die ganze Seite vergeblich durchgesehen worden.

***) Von dem Wort excipere haben wir alle Stellen angegeben, wenn auch nur ein Teil derselben in dem uns hier beschäftigenden Sinne in Betracht kommt. Jedoch sind diejenigen Zeilenziffern, welche das Wort excipere in der uns beschäftigenden Bedeutung enthalten, mit fetteren Lettern gedruckt.

12. excipere de dolo. Vgl. Z. 20.
II 621 (1) 633 (22. 27. 33. 35. 37. 38. 41. 44. 45) 634 (2. 5. 21) 636 (5. 33. 36) 966 (2).

13. exceptio de metu. Vgl. Z. 39.
II 635 (21. 26. 28).

14. excipere de pacto convento. Vgl. Z. 44.
II 631 (30).

15. excipere de pignore sibi reddito. Vgl. Z. 50.
I 407 (8).

16. exceptio de re empta et tradita. Vgl. Z. 77.
I 466 (30).

17. excipere de re iudicata. Vgl. Z. 73.
II 626 (28).

18. exceptio de re usus fructus nomine tradita.
I 248 (37).

19. exceptio dilatoria. Vgl. Z. 48. 49. 115.
II 620 (15. 15. 16. 19. 22. 24) G. 186 (25. 31) 187 (10. 16. 28).

20. exceptio doli. Vgl. Z. 11. 12. 21. 22. 130. 138.
I 53 (39) 56 (7) 65 (17. 19. 21. 21) 66 (15. 16. 18. 32. 34. 36) 67 (20. 22. 28) 68 (8) 69 (10) 71 (23) 154 (23) 161 (36) 194 (30) 196 (14) 208 (29) 210 (22) 250 (13) 252 (6) 299 (3) 312 (14) 318 (9. 11) 326 (34) 360 (32. 36) 381 (37. 38) 400 (39) 411 (2) 414 (6) 433 (10) 437 (6) 489 (11) 494 (12) 542 (17) 549 (5) 571 (11) 597 (20) 598 (31. 32) 621 (39) 624 (28) 630 (7) 636 (8. 39) 670 (19) 672 (27) 674 (13) 706 (32) 707 (2. 3) 720 (23) 721 (4) 765 (10) 800 (8) 811 (9. 44) 812 (2) 906 (12) II 17 (2) 21 (15) 25 (3) 44 (17) 53 (13) 57 (7) 58 (24) 117 (34) 133 (38) 158 (1) 166 (8. 28) 193 (25. 27) 194 (8) 197 (20) 205 (39) 206 (36) 207 (16) 266 (14) 284 (2) 314 (35) 320 (5) 338 (16) 420 (21) 439 (18) 453 (6. 33) 463 (6) 572 (36) 620 (26) 631 (30. 33. 37) 632 (11. 16. 16. 45) 633 (5. 7. 8. 14. 17) 635 (10. 12. 13. 20. 22. 22. 33. 35. 38) 636 (41) 637 (11. 28. 36) 654 (23) 680 (35) 716 (15) P. 99 (22) Coll. 194 (1).

21. exceptio doli mali. Vgl. Z. 20. 25. 55. 93. 94.
I 125 (10) 157 (16. 17) 173 (29) 194 (21) 197 (15) 205 (8) 206 (13. 25) 260 (19) 291 (10) 302 (40) 303 (3) 304 (33. 34) 311 (37) 331 (16) 376 (16. 36) 378 (30) 393 (2) 446 (21) 494 (30) 545 (12. 14) 553 (12) 555 (18) 556 (20) 573 (23) 600 (12) 622 (10) 623 (27) 625 (14) 632 (12) 710 (24. 27) 717 (26) 722 (33) 727 (18) 804 (31) 873 (22) II 21 (37) 23 (32) 24 (6. 11) 35 (20) 42 (10) 55 (19) 78 (2) 81 (36) 123 (1) 148 (11) 156 (11. 12. 14) 160 (2) 162 (32) 163 (10) 167 (34) 168 (15) 169 (36) 204 (35) 217 (8) 219 (42) 235 (39) 270 (8) 283 (39) 289 (26) 313 (45) 408 (29. 32) 412 (28) 416 (14. 39) 417 (33) 454 (17) 489 (42) 490 (13. 19. 24. 26) 620 (20) 621 (7) 622 (23) 631 (2. 22) 632 (14. 21. 33. 41. 42. 44) 633 (3. 40) 634 (33) 635 (17) 636 (13. 17. 20. 24. 27. 31. 44) 637 (3. 6. 17. 22. 29) 646 (34. 38) 650 (33) 661 (8) 671 (17) 674 (14) 680 (18) 688 (34) 695 (18) 697 (16) 699 (18) 704 (28) 705 (34) 709 (41) 712 (34) 724 (9) 732 (8. 35) G. 58 (9. 15. 20. 23) 61 (8) 68 (27) 86

45. exceptio pacti conventi generalis. Vgl. Z. 44.
I *70* (41).

46. exceptio pacti conventi perpetui. Vgl. Z. 44.
II *620* (21), vgl. G *186* (30).

47. exceptio pacti conventi temporalis. Vgl. Z. 44.
II *620* (23) *716* (5), vgl. G *186* (32).

48. exceptio peremptoria. Vgl. Z. 19.
II *620* (15. 19. 19) G. *186* (25. 26) *187* (26).

49. exceptio perpetua. Vgl. Z. 19.
I *116* (8) *371* (37) *382* (1. 18. 30) *385* (28) *387* (5. 6) *434* (27) *598* (9), II *160* (32) *620* (18. 19) *707* (21) *934* (18) *938* (15), vgl. *636* (9); V *91* (19. 21).

50. exceptio pigneraticia. Vgl. Z. 15. 76. 97. 100. 101. 107. 108. 113.
I *324* (13).

51. excipere ,praeterquam si quis eorum contra eum fecerit, qui ipse eorum quid fecisset'.
I *43* (22).

52. exceptio procuratoria. Vgl. Z. 9.
I *94* (29) *95* (2) *489* (27) *646* (21) II *377* (22) *393* (2. 4) *620* (16. 24) *734* (44).

53. exceptio quae personae cohaeret. Vgl. Z. 71.
II *621* (3), vgl. I *623* (16); II *634* (1. 30) *635* (10. 22) *691* (17).

54. exceptio quod contra legem senatusve consultum factum est. Vgl. Z. 114.
G *186* (28).

55. exceptio quod dolo malo factum est. Vgl. Z. 21.
G *186* (27).

56. excipere ,quod eius ripae muniendae causa non fiet'. Vgl. Z. 7.
II *580* (30).

57. exceptio ,quod facere possit'. Vgl. Z. 122.
II *621* (4).

58. excipere ,quod incendii defendendi causa factum non sit'. Vgl. Z. 7.
II *605* (9).

59. exceptio quod libertatis onerandae causa petitur. Vgl. Z. 41.
II *621* (9), vgl. *622* (40) *638* (20. 24. 26).

60. exceptio quod metus causa factum est. Vgl. Z. 39.
II *621* (7) G *186* (27).

61. exceptio ,quod non iure meo receperim'.
II *602* (22).

62. exceptio ,quod non tu vi aut clam feceris'. Vgl. Z. 111.
II *605* (1. 3) vgl. *602* (23).

63. exceptio ,quod pecunia ob hominem illum expromissa est, qui redhibitus est'.
II *621* (39).

64. exceptio ,quod praeiudicium hereditati non fiat'. Vgl. Z. 65. 96.
II *621* (34).

65. exceptio ,quod praeiudicium heredidati non fiat inter actorem et eum qui venum dedit'. Vgl. Z. 64. 96.
I *191* (31).

B. replicatio und replicare.

C. Duplicatio und duplicare.

D. Triplicatio.

Inhalt.

Erstes Buch.

Der Begriff der exceptio.

Erste Abteilung.

Der Gegensatz zwischen dem objektiven Recht als solchem und dem objektiven Recht in seiner Anwendung.

§ 1. Feststellung dieses Gegensatzes.

Durch Rechtsgeschäft zwischen den Parteien wird objektives Rechtsverhältnis begründet. Die staatliche Jurisdiktionsgewalt greift aber erst ein, wenn es zum Prozess kommt. Im Prozess wandelt sich aber das objektive Rechtsverhältnis um in ein prozessuales Rechtsverhältnis. Den Juristen kommt es vor allem auf die Gestaltung des prozessualen Rechtsverhältnisses an. Das prozessuale Rechtsverhältnis ruht häufig auf einer anderen rechtlichen Grundlage als das objektive Rechtsverhältnis. Dennoch stehen objektives und prozessuales Rechtsverhältnis in wechselseitiger Beziehung. Das processuale Rechtsverhältnis ist das objektive Rechtsverhältnis, wie es bei Anwendung des Rechts sich gestaltet. S. 1. — Das objektive Recht in seiner Anwendung sind die Aktionen. Daher ist actio materiellrechtlich das objektive Recht in seiner Anwendung, prozessualisch der Kondemnationsbefehl. S. 5. — Belegstellen zu S. 1—7 S. 7. — Unterschied in der Wirkung, ob etwas nach objektivem Recht als solchem oder nach objektivem Recht in seiner Anwendung eintritt, giebt es nicht. S. 10. — Unser Gegensatz deckt sich nicht mit dem Gegensatz zwischen civilem und prätorischem Recht. Es giebt auch exceptiones civiles. S. 10. — Aber auch nicht mit dem Gegensatz zwischen objektivem und subjektivem Recht. S. 12. —

§ 2. Der Gegensatz zwischen ipso iure und ope exceptionis.

Dieser Gegensatz erklärt sich aus dem Gegensatz zwischen dem objektiven Recht als solchem und dem objektiven Recht in seiner An-

§ 8. Gegnerische Ansichten über den Begriff der exceptio.

Dritte Abteilung.

Durchführung des aufgestellten Begriffs der exceptio an der exceptio doli gegen die actio aus der Stipulation.

§ 9. Der abstrakte Charakter der Stipulation.

§ 10. Die einzelnen Fälle der exceptio doli gegen die actio aus der Stipulation.

Berichtigung.

1) Auf S. 32 ist im letzten Absatz vor necessarias impensas ipso iure minuere ausgelassen: „ipso iure compensatur“ und dazu als Anmerkung: „Ulpianus l. 10 pr., Paulus l. 21 D. de comp. 16, 2; Alexander l. 4, Iustinianus l. 14 C. de comp. 4, 31; § 4 I. de act. 4, 6. Paulus l. 4 D. de comp. 16, 2 rechnen wir nicht hierher, sondern beziehen das ipso iure in dieser Stelle auf die Haftung des Bürgen, entsprechend der Entscheidung von Papinianus l. 49 § 1 D. de fideiuss. 46, 1. Vergl. Eisele, Grundl., S. 72, 73 Anm. 17, 18. Dagegen Dernburg, Kompens., S. 282, 305, 324 und Pand. II. § 62 Anm. 9. Was die Bedeutung des ipso iure in unserer Phrase betrifft, so stehen wir am nächsten der Ansicht von Dernburg, Kompens., S. 318, 319 u. a., so dass auch wir annehmen, dass das ipso iure bezeichnet so viel wie „nach dem Begriff der Kompensation“ oder ähnlich. Wir meinen, dass mit dem ipso iure hervorgehoben werden soll, dass nunmehr die Berücksichtigung der Kompensation im objektiven Recht als solchem anerkannt ist und es daher eines Eingriffs des Prätors (vermittelst der exceptio doli mali) bei Anwendung des Rechts nicht bedarf. Diesen Gegensatz nimmt Dernburg freilich nicht an. Vergl. § 30 I. de act. 4, 6. Dass auch sonst häufig das ipso iure als Gegensatz zum ope exceptionis erwähnt wird, haben wir oben S. 13 Anm. 19 dargethan. Vergl. auch Ubbelohde S. 15 Anm. 8, S. 53, 58, 108. Bekker, Akt., II. S. 356 und oben S. 51.“

2) Auf S. 32 Anm. 53 muss das Citat von v. Jhering lauten III. S. 69 f.

Erstes Buch.

Der Begriff der exceptio.

Erste Abteilung.

Der Gegensatz zwischen dem objektiven Recht als solchem und dem objektiven Recht in seiner Anwendung.

§. 1. Feststellung dieses Gegensatzes.

Ein vornehmlicher Gegensatz, welchen das römische Recht macht, ist der zwischen dem objektiven Recht als solchem und dem objektiven Recht in seiner Anwendung. Die Römer deduzieren sehr fein folgendermassen. Wenn A dem B etwas verkauft, so ist zwischen diesen Personen ein Kaufvertrag zu stande gekommen. Der Kaufvertrag als solcher ist ein Institut des objektiven Rechts. Der konkrete Kaufvertrag zwischen A und B ist ein objektives Rechtsverhältnis. Dies Rechtsverhältnis kümmert den Staat aber nicht. Der Staat greift erst ein, wenn es zum Prozess kommt. Mit diesem Augenblicke hört aber auch das objektive Rechtsverhältnis, wie es zwischen den Parteien durch den Vertrag begründet worden ist, auf. An die Stelle davon tritt das Rechtsverhältnis, wie es sich in seiner prozessualischen Anwendung gestaltet. Beide Rechtsverhältnisse, das objektive als solches und das objektive in seiner Anwendung, sind verschiedene Dinge.[1])

Anderseits besteht zwischen dem objektiven Rechtsverhältnis als solchem und dem objektiven Rechtsverhältnis im Prozess eine Verbindung. Das prozessuale Rechtsverhältnis ist weiter nichts

[1]) Vergl. Puchta, Inst., I. § 172, Kohler, Prozess als Rechtsverhältnis, S. 1 f.

als das objektive Rechtsverhältnis als solches in seiner prozessualischen Gestaltung. Die objektiven Rechtssätze, welche für das Rechtsverhältnis als solches massgebend sind, treten auch in dem prozessualen Rechtsverhältniss auf, nur dass sie hier in eine für die Ausfechtung des Streites angemessene Form gebracht sind. An dem obigen Beispiel klar gemacht stellt sich die Sache folgendermassen dar. Für das Rechtsverhältnis zwischen A und B aus dem Kaufvertrage sind die Grundsätze der emptio venditio massgebend; für das Rechtsverhältnis im Prozess die Grundsätze der actio empti oder venditi. Die Grundsätze der actio empti bezw. venditi stimmen aber mit den Grundsätzen der emptio venditio überein, d. h. wenn A nach den Grundsätzen der emptio venditio ein Recht auf Zahlung von 10 seitens des B hat, so hat er dies Recht auch nach den Grundsätzen der actio venditi. Objektives Recht als solches und objektives Recht in seiner Anwendung stimmen in diesem Falle bezüglich der Rechtsnormen überein. In beiden Fällen, sowohl wo es sich um emptio venditio, wie da, wo es sich um die actio venditi handelt, liegt aber objektives Recht vor. Objektives Recht ist jeder Rechtssatz als Teil der Rechtsordnung. Emptio venditio ist aber ein Komplex von Rechtssätzen, ein Rechtsinstitut.[2]) Die emptio venditio stellt also objektives Recht dar, speziell ius gentium.[3]) Die actio venditi ist aber auch objektives Recht; denn sie stellt diejenigen Rechtsnormen dar, welche massgebend werden, wenn es zwischen den Parteien zum Prozess kommt. Emptio venditio ist objektives Recht als solches, die actio venditi ist objektives Recht in seiner Anwendung.

Aber diese Gleichheit der rechtlichen Grundlagen liegt nicht immer vor. Es ist gerade charakteristisch für die Geschmeidigkeit des römischen Rechts, dass das prozessuale Rechtsverhältnis auf einer anderen rechtlichen Grundlage ruhen kann, als das materielle. Dass dies ein grosser Vorteil ist, wird nicht bezweifelt

---

[2]) Vergl. Dernburg I. § 40.

[3]) So hebt Paulus in l. 27 § 2 D. de pact. 2, 14 ausdrücklich hervor: in stipulationibus ius continetur, in pactis factum versatur.

werden können. Durch diese Eigenschaft bewahrte der Jurist die praktischen Entscheidungen vor dem Fehler, dass sie nur die Konsequenzen eines vielleicht schon erstarrten Rechtssystems seien.[4]) Der Prätor wandte das materielle Recht an. Es lag in seiner Hand, ob er einen materiellen Rechtssatz zur Anwendung bringen wollte, oder nicht. Man wird nun verstehen, warum wir einen besonderen Unterschied machen zwischen dem objektiven Recht als solchem und dem objektiven Recht in seiner Anwendung. Das objektive Recht als solches ist der Inbegriff der theoretischen Rechtsinstitute.[5]) Diese Masse muss ihrer Natur nach starr und unbeweglich sein. Die Abänderung derselben darf nicht zu oft eintreten, da dies die Rechtssicherheit erschüttert und eine konstante und in sich harmonische Ausbildung des Rechts hindert. Anders steht die Sache mit dem objektiven Recht in seiner Anwendung. Hier wird nicht einfach das objektive Recht als solches wiederholt, sondern es werden die mannigfaltigsten Kombinationen mit den bestehenden objektiven Rechtsgrundsätzen vorgenommen. Was im objektiven Recht als solchem zusammensteht, wurde geteilt; was dort getrennt stand,

---

[4]) Moderne Entscheidungen leiden nur zu häufig an diesem Fehler.

[5]) Auf den von uns angenommenen Gegensatz zwischen dem objektiven Recht als solchem und dem objektiven Recht in seiner Anwendung weist auch richtig Schultze, Priv. R. u. Proc. I. S. 373 f. hin. Dagegen nimmt, wohl falsch, Schultze an, dass das objektive Recht als solches gleichbedeutend sei mit ius civile. Vergl. darüber unten S. 10. Gegen solche Deutung des ius civile auch Dernburg I. § 20 Anm. 6. Wenn Karlowa, Rg. I. S. 452 Anm. 4 so entschieden gegen Schultze Stellung nimmt, so liegt wohl ein Missverständnis der Schultzeschen Ansicht vor. Wir glauben, dass die Unterscheidung von „Rechtsinhalt" und „Rechtsbefehl", wie sie Schultze macht, denselben Kern enthält wie unsere Unterscheidung zwischen dem objektiven Recht als solchem und dem objektiven Recht in seiner Anwendung. Die falschen, weiteren Behauptungen von Schultze erklären sich aus der Verselbigung von „Rechtsinhalt" und ius civile und aus dem Umstande, dass Schultze es unterlässt, die Wechselbeziehungen zwischen „Rechtsinhalt" und „Rechtsbefehl" zu untersuchen. Dann wäre er auch wohl zu dem Schluss gekommen, dass der „Rechtsbefehl" in der Regel dem „Rechtsinhalt" entspricht, ja in der Regel entsprechen muss; dass also auch der Rechtsinhalt wahres „Recht" ist.

wird vereinigt. Alles dies, um der Gerechtigkeit, dem inneren Gerechtigkeitsgefühl, der bona fides Genüge zu leisten.[6]) Niemals hat der römische Prätor so gearbeitet: A hat dem B ein Pferd verkauft und es nicht gegeben. Da greift die actio empti ein. Es hilft dem A nichts, er muss das Pferd herausgeben. — Vielmehr hat der Prätor stets geprüft, ob das objektive Recht in seinen starren Grundsätzen auch der Gerechtigkeit Genüge leiste. Der Prätor war nicht ein mechanischer Bureaubeamter. Er hatte das objektive Recht **anzuwenden** und er fasste diese Aufgabe der **Anwendung** des objektiven Rechts sehr gewissenhaft auf.

Haben wir aber einmal den Unterschied zwischen dem objektiven Recht als solchem und dem objektiven Recht in seiner Anwendung festgelegt, so müssen wir noch hervorheben, dass es für den römischen praktischen Juristen vor allem auf das objektive Recht in seiner Anwendung ankam. Was kümmerte es den praktischen Juristen, ob der Pfandvertrag ein Real- oder Konsensualvertrag war. Ihm kam es nur darauf an, an welche Voraussetzungen er die Verurteilung des Beklagten zu knüpfen hatte. Daher sind unsere Quellen so arm an theoretischen Untersuchungen. Die Ausbildung des objektiven Rechts als solchen überliess der römische Jurist der Gesetzgebung und dem Gewohnheitsrecht. Und wir wissen, wie wenig neue objektive Rechtssätze von Gesetzgebung und Gewohnheitsrecht bei den Römern geschaffen sind. Die römischen Juristen liessen es sich vor allem angelegen sein, das objektive Recht in seiner An-

[6]) Wir können es nicht verhalten, darauf hinzuweisen, wie die hervorragenden Untersuchungen von Pernice über die bona fides im römischen Recht (insbesondere Labeo II. S. 143 f.) in der Litteratur noch viel zu wenig Verständnis gefunden haben. Wer aufmerksam jene Untersuchungen liest, dem steht fast erschreckend vor Augen, wie roh unser heutiges Recht ist, wie wenig wir noch von den Römern gelernt haben. Leider wird dies wohl so lange dauern, als nicht unsere römische Rechtswissenschaft tiefer in das klassische römische Recht eingedrungen sein wird, um dort zu lernen, welche Aufgabe die römische Rechtswissenschaft sich stellte und wie sie dieselbe erfüllte. Dann dürfte auch uns klar werden, wie falsch die heutige Rechtswissenschaft sich ihre Aufgabe gestellt hat.

wendung auszubilden. Auf die prozessualische Gestaltung kam es vor allem den Juristen an. Hier wurde gearbeitet, hier wurde das Recht ausgebildet. Während im modernen Recht der Richter strikte an das objektive Recht sich zu halten hat, so dass die Praxis lediglich eine strenge Konsequenz der rechtlichen Grundsätze ist, so dass also das objektive Recht in seiner Anwendung stets identisch ist mit dem objektiven Recht als solchem, weicht im römischen Recht der Prätor häufig von dem objektiven Recht als solchem ab, indem er anders in der Praxis verfährt, als nach den Grundsätzen des Rechts als solchen zu erwarten gewesen wäre. Es ist klar, dass auf diese Weise neues objektives Recht geschaffen wird. Dies neue Recht besteht aber nicht als Recht als solches, sondern als Recht in seiner Anwendung.

Das objektive römische Recht in seiner Anwendung sind aber die actiones. Daher ist die actio nicht die Klage im modernen Sinne, auch nicht das der Klage zu Grunde liegende objektive Recht, sondern beides. Actio ist das objektive Recht in seiner prozessualischen Anwendung, soweit es als Angriffsmittel dient.[7]) Für die Regel entspricht das Recht der actio dem objektiven Recht als solchem, und wo objektives Recht als solches vorliegt, da greift auch eine actio ein. Aber alles dies unterliegt der gewissenhaften Prüfung bei Anwendung des Rechts. Diese lag überwiegend in der Entscheidung des Prätors. Von ihm hing es daher meistens ab, in welcher Gestalt er die actio erteilen, von welchen Voraussetzungen er die Verurteilung abhängig machen wollte. Daher erklärt es sich, dass der Prätor eine actio erteilte, obwohl das objektive Recht keine Rechtsgrundsätze über den vorliegenden Fall enthielt. Daher erklärt es sich weiter, dass der Prätor die actio verweigerte, obwohl alle Voraussetzungen des objektiven Rechts als solchen für die Erteilung

---

[7]) Bekanntlich definiert man gewöhnlich actio mit „Anspruch". Vergl. Windscheid, Die Actio, S. 5 f.; Pand. I. § 44 Anm. 5. Die schwachen Seiten dieser Definition hat schon Muther, Actio hervorgehoben. Vergl. auch Dernburg I. § 39 Anm. 7. Auf eine Kritik der herrschenden Meinung können wir uns nicht einlassen. Wird die im Text aufgestellte Ansicht angenommen, so fallen damit alle anderen Ansichten von selbst. Vergl. auch unten S. 56.

der actio vorlagen.[8]) Das objektive Recht in seiner Anwendung hat sein eigenes Gebiet, es besteht für sich, es grenzt sich scharf ab von dem objektiven Recht als solchem. Und es ist das wichtigere in der Jurisprudenz. Es ist bekannt, dass wir es bei den Römern vor allem mit dem Rechte der Aktionen zu thun haben. Wir haben also bei den Römern zunächst objektives Recht als solches. Es ist dies das Recht, welches durch Gesetz oder die Gewohnheit gebildet ist. Es ist dies wahres und verbindliches Recht. Die Kraft dieses Rechts zeigt sich vor allem dadurch, dass es in der Regel so zur Anwendung kommen soll, wie es als objektives Recht als solches besteht. Dem mutuum entspricht die actio mutui. Aber wir haben auch bei den Römern objektives Recht in seiner Anwendung, welches nicht auf dem objektiven Recht als solchem ruht. Die Hauptmasse dieses Rechts sind die vom Prätor eingeführten neuen actiones. Weiter gehört dazu die Rechtsmasse, welche dadurch gebildet wird, dass bei Anwendung des objektiven Rechts von den Grundsätzen des objektiven Rechts als solchen abgewichen wird. Diese Abweichung kann entweder auf einem Gesetz oder der prätorischen Jurisdiktion beruhen. Wo aber das objektive Recht in seiner Anwendung ohne jeden Zusammenhang mit dem objektiven Recht als solchem besteht, d. h. wo dadurch nicht etwa nur das objektive Recht als solches ausgeführt oder abgeändert wird, da stellt das objektive Recht in seiner Anwendung vollständig neues objektives Recht dar. Solches Recht wird überwiegend vom Prätor gebildet. Es ist uns wenigstens nicht bekannt, dass ein Gesetz lediglich eine actio eingeführt hat, also objektives Recht in seiner Anwendung, ohne zugleich die objektiven Rechtsnormen als solche aufzustellen. Der Prätor dagegen kann nur objektives Recht in seiner Anwendung aufstellen. Denn wenn z. B. der Prätor die actio Publiciana aufstellt, so schafft er damit sicherlich objektives Recht, speziell objektives Recht in seiner Anwendung, da dies Recht nur im Prozess rechtsverbindlich ist, nicht aber ausserhalb des Prozesses für die Parteien. Daher war es natürliche Konsequenz, dass der nachfolgende Prätor von den Rechts-

---

[8]) Vergl. auch Windscheid, Die Actio, S. 4.

normen seines Vorgängers abweichen konnte. Allerdings stellte der Prätor in seinem Edikt auch objektives Recht als solches auf, die sogen. Ediktsnormen. Aber diese Ediktsnormen waren direkt für die Parteien nicht verbindlich. Jus praetor facere non potest. Rechtskraft konnte ihnen der Prätor nur dadurch verleihen, dass er diese Rechtsnormen zugleich zum objektiven Recht in der Anwendung machte, d. h. in die Formeln aufnahm. Der Prätor kann also nur objektives Recht in seiner Anwendung schaffen; das Gesetz und die Gewohnheit können sowohl objektives Recht als solches wie objektives Recht in seiner Anwendung hervorbringen. Wir kommen auf die Begründung der einzelnen Behauptungen im Laufe unserer Darstellung noch zurück.[9]) Hier kam es zunächst darauf an, unsere Gedanken möglichst klar vorzutragen.

Den angegebenen Gegensatz zwischen dem objektiven Recht als solchem und dem objektiven Recht in seiner Anwendung bringen die Quellen mit voller Klarheit zum Ausdruck.

Sehr häufig führen sie Fälle an, in denen bei der Anwendung des Rechts ebenso verfahren werde, wie es den Grundsätzen des objektiven Rechts als solchen entspricht. Es enthält die actio dieselben Normen, wie das objektive Recht als solches. Objektives Recht als solches und objektives Recht in seiner Anwendung ruhen auf denselben Rechtsgrundsätzen. So erklären sich die folgenden Ausdrucksweisen:

Iulianus l. 22 § 8 D. ratam rem hab. 46, 8: ipso iure actio inutilis esset und bei Africanus l. 28 D. de nox. act. 9, 4: ipso iure actio adversus eum competit. Es steht ihm die Klage nach den Grundsätzen des objektiven Rechts über die noxae deditio zu.[10]) Venuleius l. 4 D. usufruct. quemadm. cav. 7, 9: ipso iure inutiliter agi dicendum est. G. IV. 112: actiones quae . . . . . . ipso iure competunt. Gaius l. 1 § 1 D. fam. ercisc. 10, 2: actio nihilo minus ei quoque ipso iure competit. Paulus l. 112 D. de R. I. 50, 17: ipso iure . . . . actionem non habeat.

---

[9]) Vergl. S. 10, S. 11 Anm. 15 und S. 53.

[10]) Vergl. die ausführliche Besprechung der Stelle unten S. 27.

Anderseits führen die Quellen Fälle an, in denen ein Zwiespalt zwischen dem objektiven Recht als solchem und dem objektiven Recht in seiner Anwendung besteht. Das objektive Recht ist in dem ersten Fall anders gestaltet, wie in dem zweiten (bei der Anwendung). Bei der Anwendung des Rechts kommen andere Grundsätze zur Geltung als nach dem Bestande des objektiven Rechts als solchen zu erwarten gewesen wäre.

G. III. 32: Quos autem praetor vocat ad hereditatem, hi heredes ipso quidem iure non fiunt; nam praetor heredes facere non potest; per legem enim tantum vel similem iuris constitutionem heredes fiunt, veluti per senatus consultum et constitutionem principalem, sed cum eis praetor [dat bonorum possessionem], loco heredum constituuntur.

Nach objektivem Recht als solchem sind die prätorischen Erben keine Erben; aber in praxi gelten sie doch als Erben.

Gaius l. 26 D. de fideiuss. 46, 1: Inter fideiussores non ipso iure dividitur obligatio ex epistula divi Hadriani: et ideo si quis eorum ante exactam a se partem sine herede decesserit vel ad inopiam pervenerit pars eius ad ceterorum onus respicit.

Also nicht die Obligation als solche nach den Rechtssätzen über die Obligation wird geteilt, sondern erst bei Anwendung des Rechts im Prozess kommt es zur Teilung der Bürgschaftsschuld unter die mehreren Bürgen.[11])

Papinianus l. 79. pr. D. de hered. inst. 28, 5: Qui non militabat, bonorum maternorum . . . . . libertum heredem instituit, paternorum . . . . . Titium. iure semisses ambos habere constitit, sed arbitrum dividendae hereditatis supremam voluntatem . . . . sequi.

Es hat jemand zwei Personen auf bestimmte Sachen zu Erben eingesetzt. Der Jurist sagt, dass nach den Grundsätzen des objektiven Rechts als solchen jeder auf die Hälfte der ganzen Erbschaft eingesetzt sei, aber bei der Anwendung des Rechts im konkreten Fall könne etwas anderes, als das Recht als solches bestimme, dabei herauskommen. Der arbiter habe da dem Willen des Erblassers einen Einfluss einzuräumen.[12])

---

[11]) Vergl. §. 4. I. de fideiuss. 3, 20.

[12]) Vergl. auch Ubbelohde S. 43.

Ulpianus l. 1 pr. D. quib. mod. ususfr. 7, 4: Non solum usumfructum amitti capitis minutione constat, sed et actionem de usufructu.

Ulpian hebt besonders hervor, dass der deminutus nicht nur den ususfructus, sondern auch die actio de usufructu verliert. Heute ist es uns selbstverständlich, dass jemand, der kein Recht hat, auch keine Klage darauf hat. Bei den Römern war es jedoch möglich, dass jemand ein Recht hatte, aber keine actio. Ulpian unterscheidet deutlich das Recht von der actio.

Der Gegensatz zwischen dem objektiven Recht als solchem und dem objektiven Recht in seiner Anwendung ist bei den Römern uralt. In der Zeit der Legisaktionen stellte die lex nicht nur die objektive Rechtsnorm als solche auf, sondern auch die objektive Rechtsnorm in ihrer Anwendung.

G. IV. 11: Actiones, quas in usu veteres habuerunt, legis actiones appellabantur vel ideo quod legibus proditae erant (quippe tunc edicta praetoris, quibus complures actiones introductae sunt, nondum in usu habebantur), vel ideo quia ipsarum legum verbis accommodatae erant et ideo immutabiles proinde atque leges observabantur.

Gaius führt mithin ausdrücklich aus, dass die ältesten Gesetze nicht nur die Rechtsnormen als solche aufstellten, sondern auch angaben, wie diese Rechtsnormen bei der praktischen Anwendung gestaltet sein sollten. Man hatte zu scheiden lex, d. i. das objektive Recht als solches, und legis actio, d. i. das objektive Recht in seiner Anwendung. Gaius fügt auch hinzu, dass später die Gestaltung des Rechts in seiner Anwendung überwiegend (nicht ausschliesslich) in den Händen der Prätoren lag. Wenn man aber bestreiten wollte, dass die ältesten privatrechtlichen leges auch das objektive Recht in seiner Anwendung aufstellten, mit der Begründung, dass Gaius selbst sage, dass die legis actiones nicht alle von den Gesetzen gebildet, sondern häufig unabhängig von den Gesetzen diesen angepasst seien, so ist darauf zu erwidern, dass diese Anpassung der legis actiones in den Händen der pontifices lag und dass Gaius selbst sagt, dass auch diese legis actiones „proinde atque leges observabantur". Die pontifices hatten eben die Jurisdiktion. Und es ist bekannt, wie sie gerade durch Bildung der Legisaktionen und Formeln die Jurisdiktion in vollem Umfange beherrschten. Der Gegensatz zwischen dem objektiven Recht als solchem und dem objektiven Recht in seiner Anwendung tritt also auch hier schon deutlich zu Tage.

Den Gegensatz zwischen dem objektiven Recht als solchem und dem objektiven Recht in seiner Anwendung betonen die Römer so stark, dass ihnen das Recht in der Anwendung sogar als das sichere für die Parteien erscheint. Der Römer sagte sich: Was nützt es mir, wenn ich nach der objektiven Rechtsordnung als solcher ein Recht habe, dieses Recht aber bei der Handhabung des Rechts im Prozess nicht anerkannt ist, wenn das objektive Recht der Rechtsordnung in dem objektiven Recht der angewendeten Rechtsordnung nicht anerkannt ist.

Paulus l. 34 § 1 D. et O. et A. 44, 7: altera actio alteram peremit aut ipso iure aut per exceptionem, quod est tutius.[13])

Einen Unterschied in der Wirkung, ob etwas nach objektivem Recht als solchem oder nach objektivem Recht in seiner Anwendung beurteilt wird, giebt es nicht. Das heisst, es ist in der Wirkung gleichgiltig, ob jemand zur Zahlung von 10 verurteilt wird, weil dies den Grundsätzen vom mutuum entspricht, oder ob diese Verurteilung eintritt, weil die Grundsätze der actio aus dem mutuum dieses erfordern. Es giebt nur eine Rechtswirkung, nämlich die, welche dem Recht in seiner Anwendung entspricht, welche aktionsmässig ist.

Unser Gegensatz zwischen dem objektiven Recht als solchem und dem objektiven Recht in seiner Anwendung deckt sich keineswegs mit dem Gegensatz zwischen dem prätorischen und civilen Recht. Der letztere Gegensatz beruht auf der Verschiedenheit der Rechtsquellen;[14]) unser Gegensatz dagegen ist unabhängig davon. Sowohl das objektive Recht als solches wie das objektive Recht in seiner Anwendung sind teils prätorisches teils civiles Recht. Der Prätor stellte in seinem Edikt sowohl Grundsätze

[13]) So erklärt sich vielleicht das von Eisele, Grundlage, S. 39, Anm. 9 erhobene Bedenken.

[14]) Vergl. Dernburg I. § 20; Pernice, Z. d. Sav. St. VI. S. 287; Lenel, Ed. perp., S. 8. Vergl. auch oben Anm. 5.

des Rechts als solchen auf (Ediktsnormen), als auch gab er an, wie das Recht bei der Anwendung gestaltet sei (Ediktsformeln).[15] Das civile Recht stellt überwiegend nur Recht als solches dar. Die Anwendung des Rechts und die dabei eventuell stattfindende Umbildung überliess man bekanntlich dem Prätor. Jedoch kam es vor, dass auch das ius civile in das Gebiet der Anwendung des Rechts hinübergriff. Als Beweis dienen unter anderem die Senatus consulta Macedonianum, Vellaeanum und Trebellianum, sowie die lex Cincia, in denen Bestimmungen getroffen werden, unter welchen Umständen eine actio nicht erteilt wird.[16] Dies ist doch unzweifelhaft eine Bestimmung über die Gestaltung des objektiven Rechts in seiner Anwendung. Dem-

---

[15]) Es dürfte dies nunmehr in der Litteratur unbestritten sein. Lenel, Ed. perp., S. IX.; Bruns in Holtzendorff, Encykl., I. § 28 S. 132. Eingehend Wlassak, Edikt und Klageform, S. 16 f. und dazu Bekker, Z. d. Sav. St. IV. S. 146. Auch hier sei nochmals darauf hingewiesen, dass das objektive Recht als solches, welches auf prätorischer Grundlage beruht, nur theoretisch besteht und als solches für den iudex nicht rechtsverbindlich ist. Jus facere praetor non potest. Erst dadurch, dass der Prätor das objektive Recht als solches auch zur Anwendung bringt, dass er es also zum objektiven Recht in seiner Anwendung macht, wird es für den iudex rechtsverbindlich. Wenn also der Prätor im Edikt de edendo die Editionspflicht der argentarii aufstellt, so ist damit noch nichts Rechtsverbindliches geschaffen, wie dies etwa der Fall ist durch die Bestimmung der XII tab. ‚si in ius vocat, ito‘. Denn rechtsverbindliches Recht als solches kann der Prätor nicht schaffen. Daher fügte der Prätor in der Regel seinen Ediktsnormen noch die Ediktsformeln hinzu. Erst damit schuf er rechtsverbindliches Recht, nämlich objektives Recht in seiner Anwendung. Wo der Prätor dies im Edikt nicht that, schuf er rechtsverbindliches objektives Recht in seiner Anwendung bei der Ausübung der Jurisdiktion im konkreten Fall. Vergl. unten S. 53 und oben S. 7.

[16]) l. 1 pr. D. de SC. Mac. 14, 6: placere (das ist der Ausdruck für den formellen Beschluss, welcher gefasst worden ist) ne cui ..... actio petitioque daretur. Ebenso Kaiser Alexander im Jahre 230 (l. 5 C. ad SC. Mac. 4, 28): Macedoniani senatus consulti auctoritas petitionem eius pecuniae non impedit, quae filiofamilias studiorum ..... causa ..... credita est. In derselben Weise l. 2 § 1 D. ad SC. Vell. 16, 1: neque ab his petitio neque in eas actio detur und l. 1 § 2 D. ad SC. Treb. 36, 1: placet, ut actiones ..... neque in eos neque his dari.

gegenüber dürften alle Versuche, jene Gesetze als prätorisches Recht darzustellen, vergeblich sein.[17])

Man könnte geneigt sein, in dem von uns angegebenen Gegensatz zwischen objektivem Recht als solchem und objektivem Recht in seiner Anwendung vielmehr den Gegensatz zwischen objektivem und subjektivem Recht zu erblicken. Dem möchten wir ausdrücklich entgegentreten.

Subjektives Recht ist der „dem Individuum nach der Rechtsordnung zustehende Anteil an den Lebensgütern.“[18]) Objektives Recht ist die Rechtsordnung selbst. Bei dem Gegensatz zwischen dem objektiven Recht als solchem und dem objektiven Recht in seiner Anwendung kommt das subjektive Recht gar nicht in Betracht; vielmehr handelt es sich in beiden Fällen nur um objektives

---

17) Dies thun Albrecht, Except. S. 49 Anm. 10, Lenel, Except. S. 98, Eisele, Grundl. S. 49, 60, 83 f., Brinz, K. Vjsch., XIV. S. 217. Die actiones teilen wir bekanntlich ein in civiles und praetoriae, jenachdem die rechtliche Grundlage, welcher die actio ihre Entstehung verdankt, civiles oder prätorisches Recht ist. (G. III. 122, 210, 212, 216, IV. 37, 76, 110, II. 253 a. E., III. 189, 192, 209, IV. 35, 70, 71, 76, 109, 110—112.) Es ist wirklich befremdend, dass man den Exceptionen dieselbe Verschiedenheit je nach der Verschiedenheit der Rechtsquellen hat absprechen wollen. G. IV. 118 sagt ausdrücklich, dass die rechtliche Grundlage der Exceptionen entweder civiles oder prätorisches Recht ist: quae (sc. exceptiones) omnes vel ex legibus vel ex his quae legis vicem optinent, substantiam capiunt, vel ex iurisdictione praetoris proditae sunt. Belegen wir aber die aus civilem Recht ihre Kraft herleitenden actiones mit dem Eigenschaftswort civiles, so müssen wir auch exceptiones civiles anerkennen. Dass der Prätor die exceptio in die Formel einschiebt, macht noch nicht die exceptio zu einer praetoria. Auch die actio wird vom Prätor erteilt. Und doch giebt es actiones civiles. Zustimmend vergl. auch v. Savigny, Syst. V. S. 173, v. Keller, Civ.-Proz., § 35 Anm. 373, Pernice, Z. d. Sav.-St., VI. S. 287, Leist, Gesch. d. röm. Rechtssyst., S. 83, Birkmeyer, Except., S. 41 f., Bekker, Akt., II. S. 278. Vergl. auch unten S. 74.

18) So Dernburg I. § 39. Wir stimmen Dernburgs Ausführungen gegen die herrschende Meinung bei. Insbesondere meinen wir, dass der modernen Anschauung vom Rechtsleben die herrschende Begriffsbestimmung „Recht ist eine von der Rechtsordnung verliehene Willensmacht oder Willensherrschaft konkreten Inhalts“ (Windscheid I. § 37) nicht entspricht. Vergl. auch Bierling, Krit., II. S. 49 f. Obzwar die Windscheidsche Definition nicht der römischen Anschauung näher liegt wie die Dernburgsche, wollen wir dahingestellt sein lassen. Vergl.

Recht. Die actio ist nicht subjektives Recht, sondern das habeo actionem erst ist solches. Die actio als solche ist objektives Recht, und zwar das objektive Recht in seiner Anwendung.

§. 2. Der Gegensatz zwischen ipso iure und ope exceptionis.

Der in unseren Quellen so häufig wiederkehrende Gegensatz von ipso iure und ope exceptionis[19]) erklärt sich aus dem Gegensatz zwischen dem objektiven Recht als solchem und dem objektiven Recht in seiner Anwendung. Ipso iure bezeichnet so viel wie „nach den Grundsätzen des objektiven Rechts und ohne dass es einer Abänderung bei Anwendung des Rechts (in unserem Fall durch eine exceptio) bedarf"; [20]) ope exceptionis

---

v. Jhering, Geist d. Röm. R., I. S. 107 f. Da die Römer die Begriffe objektives und subjektives Recht nicht kennen, so kommt es uns auf die römische Anschauung nicht an. Es könnte nur der Fall sein, dass wir implicite hier den Gegensatz zwischen subjektivem und objektivem Recht vor uns haben. Wir sind darauf durch die kurze aber scharfe Ausführung von Lenel, Except., S. 1 f. gekommen. Dass aber subjektives Recht der konkrete Staatswille ist, können wir Lenel nicht zugeben. Dass das subjektive Recht durch den konkreten Staatswillen begrenzt wird, ist eine andere Sache. Der Lenelschen Definition fehlt vor allem die Verbindung des subjektiven Rechts mit dem Individuum, mit dem Subjekt. (Gegen Lenel vergl. auch Windscheid, I. § 37 Anm. 3.) Uns scheint es, als ob Lenel richtig gefühlt hat, dass die exceptio sich aus einem bestimmten Gegensatz im römischen Recht erkläre. Er hat diesen Gegensatz gesucht in dem zwischen dem subjektiven und objektiven Recht, unter neuer Begriffsfassung des ersteren. Dies war scharf und originell. Leider geht Lenel im weiteren Verlaufe seiner Untersuchungen in das breitere Fahrwasser über und erklärt mit anderen die exceptio aus dem Gegensatze zwischen dem civilen und prätorischen Recht.

[19]) Dass ipso iure und ope exceptionis als Gegensätze gegenübergestellt werden, ergeben deutlich folgende Stellen: Quintus Mucius l. 34 § 1 D. de auro arg. leg. 34, 2; Africanus l. 38 § 1 D. de solut. 46, 3; Gaius II. 198, III. 168, 181, IV. 116 sq., l. 27 § 1 D. de noxal. act. 9, 4; Scaevola l. 12 § 2 D. de I. D. 23, 3; Paulus l. 27 § 2 D. de pact. 2, 14, l. 112 D. de R. I. 50, 17, l. 34 § 1 D. de O. et A. 44, 7; Ulpianus l. 1 § 7 D. quar. rer. act. 44, 5, l. 8 § 3 D. de V. O. 45, 1; Modestinus l. 34 § 2 D. de legat. II. 31.

[20]) Dass das ipso iure in unserem Gegensatze darauf hinweist, dass es einer exceptio nicht bedarf, nehmen auch an: Lenel, Except., S. 98; Eisele, Grundl., S. 61 und ältere Schriftsteller.

so viel wie „unter Vermittelung einer exceptio bei Anwendung des Rechts“.

Den von uns behaupteten Gegensatz zwischen ipso iure und ope exceptionis zeigen folgende Stellen:

Quintus Mucius bei Pomponius in l. 34 § 1 D. de auro argento legatis. 34, 2: Ein Ehemann, welcher 5 Pfund Goldsachen hatte, errichtete folgendes Legat: aurum quodcumque uxoris causa paratum esset, uti heres uxori daret. Wenn nun um 1 Pfund Goldsachen das Vermögen des Ehemanns vermindert wird, so bleibt der Erbe doch auf 5 Pfund verpflichtet, „quoniam articulus est praesentis temporis demonstrationem in se continens.“ Mucius sagt nun weiter: Quod ipsum quantum ad ipsam iuris obligationem pertineat, recte dicetur, id est ut ipso iure heres sit obligatus. verum sciendum, si in hoc alienaverit testator inde libram, quod deminuere vellet ex legato uxoris suae, tunc mutata voluntas defuncti locum faciet doli mali exceptioni, ut, si perseveraverit mulier in petendis quinque libris, exceptione doli mali submoveatur. Nach objektivem Recht als solchem bleibt also der Erbe zur Leistung des Vermächtnisses in Höhe von 5 Pfund verpflichtet, aber bei der Anwendung des Rechts, wenn die Frau zum Prozess schreitet, wird der Legatar durch die exceptio abgewiesen.

Analog entscheidet G. II. 198: si per damnationem aliquis rem suam legaverit eamque postea alienaverit, plerique putant, licet ipso iure debeatur legatum, tamen legatarium petentem posse per exceptionem doli mali repelli, quasi contra voluntatem defuncti petat.[21]) Iulianus[22]) l. 28 D. de A. E. V. 19, 1: Praedia mihi vendidisti et convenit, ut aliquid facerem: quod si non fecissem, poenam promisi. respondit, venditor antequam poenam ex stipulatu petat, ex vendito agere potest: si consecutus fuerit, quantum poenae nomine stipulatus esset, agentem ex stipulatu doli mali exceptio summovebit: si ex stipulatu poenam consecutus fueris, ipso iure ex vendito agere non poteris.[23])

[21]) Vergl. auch die Entscheidung des Mucius in § 2 l. l.

[22]) Oder Urseius, vergl. darüber H. Krüger, Except. doli, I. S. 210 Anm. 152.

[23]) Den bei Justinian darauf folgenden Schlusssatz hält H. Krüger, Except. doli, I. S. 208 für interpoliert.

A hat dem B Grundstücke verkauft und mit ihm vereinbart, dass B etwas thun solle, und zwar unter einer Strafe. A kann nun sowohl aus dem Kaufvertrag wie aus der Stipulation klagen. Hat A mit der actio ex vendito die ganze Strafsumme erreicht, so dringt er mit der actio ex stipulatu nicht mehr durch, sondern wird durch die exceptio doli mali abgewiesen. Hat A dagegen mit der actio ex stipulatu die Strafsumme erlangt und erhebt er dann noch die actio ex vendito, so wird er ebenfalls abgewiesen, und zwar ipso iure. Warum dieselbe Wirkung das eine Mal ipso iure eintritt, das andere Mal ope exceptionis, erklärt sich aus unserer Auffassung dieses Gegensatzes vollständig. Die Stipulation ist eine abstrakte Obligation und führt zu einem stricti iuris iudicium. Daher kann es nach den Grundsätzen des Rechts als solchen über die Stipulation auf die vorangegangene actio ex vendito bei Geltendmachung der Stipulation nicht ankommen. Aber bei der Anwendung des Rechts kommt der Prätor der Partei zu Hilfe. Er lässt in diesem Fall bei der Anwendung des Rechts nicht das Recht als solches (ipsum ius) über die Stipulation zur Verwirklichung kommen, sondern ändert es mit der exceptio doli mali ab. Anders ist es in dem Fall, wo der A die Strafsumme mit der actio ex stipulatu erhalten hat und dann mit der actio ex vendito klagt. Die emptio venditio ist ein bonae fidei Vertrag.[24]) Nach den Grundsätzen des Rechts als solchen über die emptio venditio ist für die Verpflichtungen aus diesem Vertrag die bona fides massgebend.[25]) Hier brauchen also nur die Grundsätze des Rechts als solchen ohne Abänderung desselben bei Anwendung des Rechts im Prozess verwirklicht zu werden, um den A zur Abweisung zu bringen. Wir meinen, dass sich aus unserer Stelle der Gegensatz zwischen dem objektiven Recht als solchem und dem objektiven Recht in seiner Anwendung deutlich ergiebt. Dass bei der **Anwendung** des Rechts hier prätorisches, nicht civiles Recht eingreift, hat mit unserem Gegensatz nichts zu thun. Es

[24]) Vergl. Pernice, Labeo, I. S. 455 Anm. 5.

[25]) D. h. es kommt nicht auf die Worte der Parteien an, sondern was sie mit den Worten beabsichtigt haben. Dies sollte der iudex ex fide bona beurteilen. Vergl. Pernice, Labeo, I. S. 247 f.

hätte auch ein Senatus consultum oder eine lex bei Anwendung des Rechts eingreifen können.[26])

Eine ähnliche Entscheidung giebt Ulpianus l. 11 § 7 D. de instit. act. 14, 3: Si institoria recte actum est, tributoria ipso iure locum non habet: neque enim potest habere locum tributoria in merce dominica.

Wenn der Beklagte institor ist, d. h. in ein dem Herrn gehöriges Geschäft hineingesetzt ist, so kann dieses Geschäft nicht gleichzeitig sein peculium sein. Das ist die einfache Folge der rechtlichen Grundsätze vom peculium und dem institor. Daher schliesst die institoria schon nach dem objektiven Recht als solchem die actio tributoria aus. Die Begründung Ulpians: neque enim potest rell. beweist dies deutlich. Das ipso iure locum non habet weist auf das objektive Recht als solches hin.

Iulianus l. 22 § 8 D. ratam rem hab. 46, 8: aut ipso iure aut propter exceptionem actio inutilis esset.

Entweder kann die actio nicht durchdringen schon nach den Grundsätzen des objektiven Rechts als solchen, oder nach den Abänderungen, welche bei Anwendung des objektiven Rechts durch die exceptio herbeigeführt sind.

Pomponius l. 29 § 1 D. de evict. 21, 2: vel ipso iure promissor duplae tutus erit vel certe doli mali exceptione se tueri poterit.

Der duplae promissor ist geschützt entweder schon nach den objektiven Rechtsgrundsätzen als solchen über die Retention, wonach Besitz zur Geltendmachung der Retention gefordert wird, oder bei Geltendmachung des Anspruchs seitens des duplex stipulator durch die exceptio doli mali. Dass dies „doli mali

---

26) Wie wir uns zur Auffassung unserer Stelle durch Eisele, Grundl., S. 75 stellen, ergiebt sich aus unserer Interpretation von Labeo bei Ulpianus l. 16 § 1 D. de minor. 4, 4 unten S. 35. Dass das ipso iure hier in Zusammenhang zu bringen ist mit der bona fides-Natur des Kaufvertrags, darin hat wohl Eisele ohne Zweifel Recht. Dies hebt auch hervor H. Krüger, Except. doli, I. S. 213. Nur der Auffassung des ipso iure, wie sie Eisele hat, können wir nicht zustimmen.

exceptione se tueri" sich auf das objektive Recht bei seiner Anwendung im Prozess bezieht, dürfte nicht bezweifelt werden.

Africanus l. 38 § 1 D. de solut. 46,3.

Der A hat seinem Schuldner befohlen, dem Titius zu zahlen, darauf aber dem Titius verboten, die Zahlung in Empfang zu nehmen. Wenn nun der Schuldner, welcher von dem Verbote des A an den Titius nichts weiss, an Titius zahlt, so werde er liberiert, wenn nicht Titius das Geld in der Absicht, sich zu bereichern, angenommen hat. Wenn dem aber anders ist, so verbleibe das Geld dem Schuldner, da ein Diebstahl seitens des Titius vorliege; natürlich werde auch der Schuldner nicht liberiert. — Diese Entscheidung entspricht den Grundsätzen des objektiven Rechts als solchen über die Aufhebung der Obligationen. Jedoch wird nach dem Ausspruche des Julian bei der Anwendung des Rechts dem Schuldner durch eine exceptio geholfen, und werden also auf diese Weise die rechtlichen Grundsätze über die Aufhebung der Obligationen in praxi abgeändert: liberationem quidem ipso iure non posse contingere debitori, exceptione tamen ei succurri aequum esse, si paratus sit condictionem furtivam, quam adversus Titium habet, mihi (dem A) praestare.

Venuleius l. 4 D. usufr. quemadm. cav. 7, 9: aut ipso iure inutiliter agi dicendum est .... aut in factum excipere debebit.

Entweder dringt schon nach den Grundsätzen des objektiven Rechts als solchen die actio nicht durch, oder es wird bei Anwendung des Rechts dem Beklagten mit einer exceptio in factum geholfen.

G. II. 198: si per damnationem aliquis rem suam legaverit eamque postea alienaverit, plerique putant, licet ipso iure debeatur legatum, tamen legatarium petentem posse per exceptionem doli mali repelli.

Wenn der Erbe dem A eine Sache vermacht und sie nachher veräussert, so hat der A nach den Grundsätzen des Rechts als solchen doch einen Anspruch auf die Sache, da auch eine fremde Sache Gegenstand eines Legates sein kann, und vor allem das Legat durch die nachfolgende Veräusserung nicht aufgehoben wird. — Bei der Anwendung des Rechts soll aber die Sache anders gehandhabt werden. A soll einen Anspruch nicht haben.

Gaius setzt ganz deutlich dem ipso iure den petentem entgegen und bringt damit den Gegensatz zwischen dem objektiven Recht als solchem und dem objektiven Recht in seiner Anwendung zum Ausdruck.

G. III. 168: Tollitur autem obligatio praecipue solutione eius quod debetur. unde quaeritur, si quis consentiente creditore aliud pro alio solverit, utrum ipso iure liberetur, quod nostris praeceptoribus placuit, an ipso iure maneat obligatus, sed adversus petentem exceptione doli mali defendi debeat.

Gaius fragt, ob nach dem Begriff der Obligation die Obligation getilgt wird, oder ob dies erst geschieht bei der Anwendung des Rechts. Während die actio das Recht aus der Obligation in der prozessualischen Anwendung darstellt, bildet die exceptio eine Abänderung des Rechts aus der Obligation in der prozessualischen Anwendung.

Dasselbe ergiebt sich aus G. III. 181: si imperio continenti iudicio egerim; tunc enim nihilo minus obligatio durat, et ideo ipso iure postea agere possum, sed debeo per exceptionem rei iudicatae . . . . . summoveri.

Wenn jemand in einem iudicium imp. cont. klagt, so hat dies nach dem objektiven Recht als solchem auf den Bestand der Obligation keinen Einfluss, es bleibt die Obligation bestehen. Da nun die Obligation die actio erzeugt, so ergiebt sich der Schluss, dass Kläger ipso iure noch einmal klagen kann. Die actio ist also hier konform dem objektiven Recht als solchem. Aber die actio wird abgeändert durch die exceptio rei iudicatae. Daher kann Kläger, wenn es zur Anwendung des Rechts kommt, nicht noch einmal klagen; er wird durch die exceptio abgewiesen. So ist hier das Aktionenrecht, sowie das materielle Recht von der Aufhebung der Obligationen abgeändert. Weil durch die exceptio eine Abänderung herbeigeführt wird, daher sagt G. IV. 106 von unserem Falle: ideo necessaria est exceptio rei iudicatae.[27])

Vollends, meinen wir, wird unsere Ansicht bestätigt durch diejenige Stelle des Gaius, welche speziell von den Exceptionen

---

[27]) Vergl. auch die Ausdrucksweise G. IV. 107, III. 181.

handelt, nämlich IV. 115 sq. Gaius begründet die Existenzberechtigung der Exceptionen mit folgendem Beispiel: saepe enim accidit, ut quis iure civili teneatur, sed iniquum sit eum iudicio condemnari. Veluti [si] stipulatus sim a te pecuniam tamquam credendi causa numeraturus nec numeraverim; nam eam pecuniam a te peti posse certum est, dare enim te oportet, cum ex stipulatu teneris; sed quia iniquum est te eo nomine condemnari, placet per exceptionem doli mali te defendi debere.

A lässt sich in Form der Stipulation von B Geld versprechen mit Rücksicht auf ein dem B später zu gewährendes Darlehn, welches thatsächlich der A sodann nicht gewährt. Da die Stipulation eine abstrakte Obligation erzeugt, so ist B aus der Stipulation verpflichtet. Das Recht der Stipulation erzeugt für die Anwendung des Rechts eine actio (pecuniam a te peti posse certum est . . . . . cum ex stipulatu teneris), das objektive Recht als solches stimmt also hier überein mit dem objektiven Recht in seiner Anwendung. Die Stipulation erzeugt eine Obligation und übereinstimmend damit wird auch die actio gegeben. Aber die Römer konnten auch bei der Anwendung des Rechts eine Änderung eintreten lassen, so dass das Recht in seiner Anwendung nicht konform war mit dem Recht als solchem. Dies geschieht hier durch die exceptio doli mali. Wo Gaius von der exceptio spricht, sagt er schon nichts mehr von dem Recht als solchem, sondern spricht nur von der Anwendung des Rechts (iniquum sit eum iudicio condemnari). Dagegen, wo er von dem civilen Recht spricht, da hebt er hervor, dass sowohl nach den Grundsätzen des Rechts als solchen wie auch bei der Anwendung des Rechts dieselbe Rechtsfolge eintrete (dare te oportet . . . . . ex stipulatu teneris). Hieran schliesst sich dann mit einem „sed quia iniquum sit te . . . . . condemnari die Änderung, welche nunmehr bei der Anwendung des Rechts eingeführt ist.

Gaius will in unserem Beispiel keineswegs den Gegensatz zwischen dem ius civile und praetorium hervorheben. Denn dieser Gegensatz weist nur auf die verschiedene Quelle des Rechtes hin. Wäre es ihm darauf angekommen, so hätte er sicherlich den Ausdruck iure praetorio gebraucht, da dieser Gegensatz zum ius civile dem Juristen durchaus geläufig ist. Es kam vielmehr dem Gaius darauf an, hervorzuheben, dass durch die exceptio das Recht sich in seiner Anwendung anders gestalten kann, als es in seinem Bestand als solches ist.

Dasselbe ergiebt sich aus dem zweiten Beispiel, welches Gaius dem ersten anfügt und das hier noch besonders angegeben werden möge: Item si pactus fuero tecum, ne id, quod mihi debeas, a te petam, nihilo minus [id ipsum] a te petere possum dari mihi oportere, quia obligatio pacto convento non tollitur; sed placet debere me petentem per exceptionem pacti conventi repelli.

A ist dem B etwas schuldig. Dies Schuldverhältnis erzeugt eine Obligation, für welche das objektive Recht als solches eine ganze Reihe von Grundsätzen entwickelt hat. In der Anwendung wird das Recht von der Obligation durch eine Anzahl von Aktionen geschützt, welche die Aufgabe haben, das Recht als solches zu verwirklichen. Man ging aber in der Anwendung über die Grundsätze des objektiven Rechts als solchen hinaus und änderte auf diese Weise das objektive Recht als solches ab. Eine solche Abänderung stellt auch die exceptio pacti conventi dar. An sich wird die Obligation durch ein pactum de non petendo nicht beseitigt, aus dem einfachen Grunde, weil das objektive Recht als solches eine solche Aufhebungsart der Obligation nicht kennt. Daher müsste auch die actio nichtsdestoweniger aus der Obligation erteilt werden, da man bei der Anwendung des Rechts in erster Reihe die Verwirklichung des objektiven Rechts als solchen zu erstreben hat. Dies hebt Gaius ausdrücklich hervor: nihilo minus a te petere possum quia obligatio pacto convento non tollitur. Bei der Anwendung des Rechts schuf man aber eine Neuerung und lässt nichtsdestoweniger die actio nicht durchdringen. Dies geschieht durch die exceptio.

Papinianus l. 4 D. de servit. 8, 1: Servitutes ipso quidem iure neque ex tempore neque ad tempus neque sub condicione neque ad certam condicionem (verbi gratia ‚quamdiu volam') constitui possunt: sed tamen si haec adiciantur, pacti vel per doli exceptionem occurretur contra placita servitutem vindicanti: idque et Sabinum respondisse Cassius rettulit et sibi placere.

Nach dem Recht über die Prädialservituten, nach dem Begriff dieses Rechtsinstituts, können diese Servituten weder ex tempore noch ad tempus, weder sub condicione noch ad condicionem bestellt werden. Ein wichtiger Beitrag zur Begriffsbestimmung der Servitut nach altem römischen Recht. Aber in praxi wich man von diesem Grundsatz ab und gewährte gegen denjenigen, welcher beschränkenden Vereinbarungen entgegen die Servitut vindizierte, die exceptio pacti oder doli. So wurde das objektive Recht als solches bei seiner Anwendung abgeändert.[28])

Paulus, Sent. II 2 § 3: Si quis duobus pecuniam constituerit, Tibi aut Titio, etsi stricto iure propria actione pecuniae constitutae manet obligatus, etiamsi Titio solverit, tamen per exceptionem adiuvatur.

Nach den Grundsätzen über das constitutum bleibt der Schuldner beiden Personen, dem A und dem Titius, verpflichtet, aber bei der Anwendung des Rechts werden jene Grundsätze abgeändert.[29]) Der Schuldner braucht dem A nichts mehr zu zahlen, wenn er dem Titius schon Zahlung geleistet hat.

Paulus l. 27 § 2 D. de pactis. 2, 14: Pactus, ne peteret, postea convenit, ut peteret: prius pactum per posterius elidetur, non quidem ipso iure, sicut tollitur stipulatio per stipulationem, si hoc actum est, quia in stipulationibus ius continetur, in pactis autem factum versatur: et ideo replicatione exceptio elidetur.

Nachdem zuerst ein pactum de non petendo zwischen den Parteien abgeschlossen worden ist, wird später ein pactum de iterum petendo zwischen ihnen vereinbart. Paulus sagt, dass das erste pactum durch das zweite pactum beseitigt werde, non quidem ipso iure, sondern durch replicatio. Dass das ipso iure hier nicht etwa „nach ius civile“ heissen kann,[30]) wird wohl nicht bestritten werden. Man müsste denn annehmen, dass die pacta dem ius civile angehören. Paulus will vielmehr sagen, dass erst bei der Anwendung des Rechts das pactum berücksichtigt werde. An sich gehören die pacta überhaupt keinem Rechte an. Daher sagt Paulus im Gegensatze zu den Stipulationen,

---

[28]) Vergl. über unsere Stelle H. Krüger, Except. doli, I. S. 169 f.

[29]) Ebenso entscheidet Gaius l. 141 § 5 D. de V. O. 45, 1.

[30]) So Eisele, Grundl., S. 67.

welche ius seien, dass das pactum ein factum (also kein ius) ist. Die pacta können also nur einen Einfluss haben auf das Recht in seiner Anwendung. Daher erzeugt das pactum de non petendo eine exceptio (§ 1. eod.). Das zweite pactum kann das erste pactum nicht aufheben, weil es im objektiven Recht als solchem überhaupt keine pacta giebt. Da das erste pactum bei der Anwendung des Rechts eine exceptio erzeugt, so muss diese exceptio bleiben. Das zweite pactum kann höchstens wieder einen Einfluss auf die Anwendung des Rechts haben. Dieser Einfluss macht sich geltend in der replicatio, durch welche die frühere Anwendung des Rechts im Erfolg wieder beseitigt wird. Also auch hier steht ipso iure im Gegensatze zum Recht in seiner Anwendung.

Paulus l. 34 § 1 D. de O. et A. 44, 7: Si is, cui rem commodavero, eam subripuerit, tenebitur quidem et commodati actione et condictione, sed altera actio alteram peremit aut ipso iure aut per exceptionem, quod est tutius.

Wenn A eine ihm von B kommodierte Sache entwendet, so haftet er dem B sowohl mit der actio commodati wie mit der condictio. Die eine actio schliesst aber die andere aus, und zwar entweder ipso iure, oder per exceptionem, d. h. entweder schon nach den Grundsätzen des objektiven Rechts als solchen, oder unter Vermittelung der exceptio bei Anwendung des Rechts. Dass nach den Grundsätzen des objektiven Rechts als solchen über die Anstellung von Klagen unter bestimmten Voraussetzungen über dieselbe Sache nach erhobener actio nicht noch einmal geklagt werden kann, ist bekannt. Weiter wissen wir auch aus G. IV. 107, dass für den Fall eines iudicium imperio continens die Grundsätze des objektiven Rechts als solchen nicht ausreichen und es daher eines Korrektivs bei der Anwendung des Rechts bedarf, nämlich der exceptio rei iudicatae. Paulus denkt vielleicht in unserer Stelle an den von Gaius angegebenen Unterschied zwischen den iudicia legitima und imperio continentia. Allerdings ist es fraglich, ob zur Zeit des Paulus der Unterschied zwischen den iudicia legitima und imperio continentia in der Praxis noch bestand. In seinen Sentenzen, welche ein praktisches Lehrbuch für seinen Sohn sein sollten, erwähnt Paulus diesen Unterschied nicht.[31]) Uns scheint daher folgende Interpretation Berechtigung zu haben. Wir nehmen an, dass bei der Geltendmachung der actio commodati die vorangegangene Anstellung der condictio ipso iure berücksichtigt wird, bei der Geltendmachung der condictio die vorangegangene Anstellung der actio commodati dagegen ope exceptionis. Es entspricht dies der Wortfolge bei Paulus: commodati actione et condictione . . . . . ipso iure aut per exceptionem.[32]) Nun ist das commodatum ein bonae fidei Vertrag. Nach den Grundsätzen des objektiven Rechts als solchen über das Kommodat ist der Kommodatar nur dazu verpflichtet, was die bona fides von ihm verlangt. Wenn also B auf Grund der gegen ihn angestellten condictio die Sache dem A schon zurückgegeben hat, so entspricht es nicht der bona fides, dass B jetzt noch auf Grund der actio commodati verurteilt wird. Anderseits führt die condictio zu einem stricti iuris iudicium. Wenn also B auf Grund der gegen ihn angestellten actio commodati die Sache dem A schon zurückgegeben hat, so ist nach den Grundsätzen des objektiven Rechts als solchen sowie nach den Grundsätzen des von den Kondiktionen geltenden Aktionenrechts der B doch noch verpflichtet, die ent-

---

[31]) Vergl. Paulus, Sent., V. 5A.

[32]) Zwar sagt Paulus zwischen den oben angegebenen Worten: altera actio alteram peremit, und könnte es daher scheinen, als ob die actio commodati die condictio vernichte und die condictio die actio commodati. Wenn wir aber erwägen, dass es den Grundsätzen des römischen Rechts vollständig entspricht, wie sich im Text ergeben wird, dass die actio commodati die vorangegangene Erhebung der condictio ipso iure berücksichtigt und in diesem Falle den Kläger nicht zum Siege verhilft, so werden wir es uns erklären, dass Paulus der actio commodati entsprechend von der ipso iure-Wirkung spricht, weil es bei Anstellung der actio commodati nicht mehr einer exceptio bedarf, um den Kläger abzuweisen. In gleicher Art entspricht das ope exceptionis der condictio, weil bei Geltendmachung der condictio es der exceptio bedarf, um den Kläger, welcher mit der actio commodati das seinige erlangt hatte, zur Abweisung zu bringen. Ähnlich heisst es in l. 72. pr. D. de furtis. 47, 2: Si furti actum est, commodati actio extinguitur (d. h. sie dringt nicht durch); si commodati, actioni furti exceptio obicitur (d. h. dann dringt die actio furti nicht durch).

wendete Sache zurückzugeben.[33]) Diese Grundsätze des Rechts wurden bei Anwendung des Rechts durch die exceptio doli ababgeändert, und der Kläger in diesem Fall nach Einschiebung der exceptio in die Formel abgewiesen. Es wäre dann in diesem Falle nicht von der exceptio rei iudicatae die Rede, wie Eisele[34]) annimmt, sondern von der exceptio doli. Es würde dies auch entsprechen der oben angegebenen Entscheidung des Julianus oder Urseius.[35])

Ulpianus l. 31 pr. D. de hered. pet. 5, 3.

Wenn der hereditatis possessor den Gläubigern die Erbschaft zahlt, so heisst es, dass er ipso iure non liberaverit petitorem hereditatis: nam quod quis suo nomine solvit, non debitoris, debitorem non liberat. — So stellt sich die Sache dar nach dem objektiven Recht als solchem über die Zahlung der Schulden. Anders gestaltet sich aber das Rechtsverhältnis bei der Anwendung des Rechts. Wenn es nämlich dazu, d. h. also zum Prozess kommt, so sagt Ulpian: sed et petitor, si a creditoribus conveniatur, exceptione uti debebit.[36])

Ulpianus l. 1 § 17 D. ut legat. seu fideicom. 36, 3.

Es sind dem A 10 sol., welche sich in einem Kästchen befinden, vermacht worden, dem B der Niessbrauch an denselben 10 sol. Es heisst dann: is, cui proprietas legata est, ipso iure decem vindicabit, fructuarium autem ex senatus consulto

---

[33]) Dazu ist keineswegs erforderlich, dass die causa in der Formel angegeben war (vergl. Lenel, Ed. perp., S. 191 § 95). Die Grundsätze über den Begriff des furtum und die Verpflichtung zur Rückgabe des Entwendeten haben sich im ius gentium ausgebildet und waren daher als solche für den iudex bindend.

[34]) Eisele, Grundl., S. 39. Anm. 9; H. Krüger, Except. doli, I. S. 24 nimmt allerdings in unserer Stelle auch die exceptio rei iudicatae an, da dies den von ihm aufgestellten Entwickelungsstufen bei der Behandlung der Konkurrenz der Klagen entspricht. Für uns hat vorderhand diese Frage nicht so grosse Bedeutung. Wir werden bei der exceptio doli darauf zurückkommen müssen.

[35]) l. 28. D. de A. E. V. 19, 1. vergl. oben S. 14.

[36]) Wenn dagegen dem b. f. possessor von den Schuldnern der Erbschaft gezahlt ist, und der possessor dem Erben dies zurückerstattet hat, so meinen Cassius und Julian (nach §. 5. derselben Stelle), dass dann die Schuldner ipso iure liberiert seien. Man sieht, wie es keinen

acturum et quinque usum fructum petiturum constat. sed cum decem vindicat proprietarius, per exceptionem doli repelli, qua[37]) fructuarius de restituendis quinque heredi cavit.

Nach dem objektiven Recht als solchem kann also der Eigentümer vindizieren, aber bei der Anwendung des Rechts wird er zurückgewiesen mit Rücksicht auf das Recht des Niessbrauchers.

Ulpianus l. 12 § 2 D. de I. D. 23, 3: Si cum marito debitore mulier pacta sit, ut id quod debeat in dotem habeat, dotis actione scilicet eam agere posse existimo: licet enim ipso iure priore debito liberatus non sit, sed tamen exceptionem habere potest.

Eine Frau hat ihrem Ehemanne das zur dos bestellt, was ihr der Mann schuldete. Nach den Grundsätzen des Rechts über die Aufhebung der Obligationen wird der Mann durch die Bestellung der dos von seiner Schuld nicht liberiert; aber bei Anwendung des Rechts wird ihm die exceptio gewährt und werden in so fern jene rechtlichen Grundsätze abgeändert. Die Frau kann gegen den Mann nicht mehr auf Grund ihrer Schuld klagen, es bleibt ihr nur noch die dotis actio.

Ebenso sind aufzufassen in dem angegebenen Gegensatz von ipso iure und ope exceptionis:

Iulianus l. 81 § 3 D. de leg. I. 30.

Unterschied machte in der Wirkung, ob jemand ipso iure oder ope exceptionis liberiert war, und wie die römischen Juristen selbst schwankten, ob etwas ipso iure oder ope exceptionis eintrete. Ipso iure tritt eine Wirkung ein, wenn dies dem objektiven Recht als solchem über ein Rechtsinstitut entspricht. An sich müssten auch in dem zweiten Fall die Schuldner nicht liberiert sein, denn sie haben nicht ihrem Gläubiger gezahlt. Dennoch nehmen die Juristen an, dass die Forderung als solche getilgt sei, da thatsächlich das Geld in die Hände des Erben gekommen ist. Vergl. Papinianus bei Ulpianus l. 28 D. mandati. 17,1: mandatorem debitoris solventem ipso iure reum non liberare (propter mandatum enim suum solvit et suo nomine) ideoque mandatori actiones putat adversus reum cedere debere.

[37]) Mommsen nimmt an, dass hier ausgefallen sei ein Satz von etwa folgendem Wortlaut: si paratus sit heres quinque ei solvere et stipulationem ei cedere.

Pomponius l. 27 D. de R. I. 50, 17. (halten wir mit Eisele, Z. d. Sav. St., X. S. 322, für interpoliert.)
Gaius l. 141 § 5 D. de V. O. 45, 1. (vergl. dazu Pomponius l. 18 eod.)
Papinianus l. 21 D. de tutel. et rat. 27, 3.
Ulpianus l. 8 § 3 D. de fideiuss. 46, 1.
Paulus l. 112 D. de V. S. 50, 16.
Modestinus l. 34 § 2 D. de leg. II. 31.

§. 3. Die Bedeutung des Ausdruckes ipsum ius.

Liegt in dem Gegensatze von ipso iure und ope exceptionis der Gegensatz des objektiven Rechts als solchen und des objektiven Rechts in seiner Anwendung, so muss ipsum[38]) ius so viel bedeuten wie objektives Recht als solches. Es soll diese Bedeutung von ipsum ius quellenmässig nachgewiesen und weiter dargethan werden, dass alle Gegensätze, gegenüber welchen von ipsum ius gesprochen wird, sich auf das objektive Recht in seiner Anwendung beziehen. Einen besonderen Ausdruck für das objektive Recht in seiner Anwendung haben die Römer nicht. Sie gebrauchen vielmehr die einzelnen Mittel, welche bei der Anwendung des Rechts gehandhabt werden, als Gegensätze zu dem objektiven Recht als solchem.

Ipsum ius bedeutet so viel wie „das objektive Recht als solches“:

Proculus bei Ulpianus l. 11 § 1 D. de R. C. 12, 1: Si tibi dedero decem sic, ut novem debeas, Proculus ait, et recte, non amplius te ipso iure debere quam novem, sed si dedero, ut undecim debeas, putat Proculus amplius quam decem condici non posse.

Nach den Grundsätzen über den Realvertrag, und von einem solchen ist hier die Rede,[39]) kann eine Verpflichtung nur

---

[38]) Das Wort ipse in der Ausdrucksweise ipso iure „dient zur Hervorhebung und isoliert durch die Hervorhebung. Daher hat es wie das gr. αὐτὸς sehr häufig die Bedeutung: „für sich allein“. So richtig Lenel, Except., S. 88; Ähnlich Eisele, Grundl., S. 65.

[39]) Vergl. Lenel, Ed. perp., S. 30. f. 184; Pernice, Z. d. Sav. St., IX. S. 231. 232. Anm. 1. und 2.

in der Höhe entstehen, in welcher ein Übergang der res stattgefunden hat. Der Jurist sagt daher präzise, dass, wenn 10 gegeben sind, nach den Grundsätzen des Rechts als solchen sehr wohl 9 geschuldet werden können, wenn auch 10 gegeben sind; dagegen nicht 11.

Pomponius bei Paulus l. 9 § 1 D de distr. pig. 20, 5: Quod in pignoribus dandis adici solet, ut quo minus pignus venisset, reliquum debitor redderet, supervacuum est, quia ipso iure ita se res habet etiam non adiecto eo.

Wenn der Pfandgläubiger das Pfand verkauft und durch den Verkauf nicht so viel erreicht, wie die versicherte Forderung beträgt, so ist schon nach den Grundsätzen des Rechts als solchen vom pignus der Pfandschuldner für die Differenz dem Pfandgläubiger noch verpflichtet. Einer besonderen Vereinbarung wegen dieser Verpflichtung bedarf es zwischen den Parteien nicht. Auch hier tritt der Gegensatz zwischen dem objektiven Recht als solchem und der Bethätigung desselben in praxi hervor. Dass nicht nur das Gesetz oder der Prätor bei Anwendung des Rechts dies ändern können, sondern dass auch der Wille der Parteien dies bewirken kann, ist nichts Auffälliges.[40])

Africanus l. 28 D. de nox. act. 9, 4: alioquin, si aliter constituatur, futurum, ut summa iniquitate bonae fidei possessor adficiatur, si cum ipso iure noxalis actio adversus eum competit, necessitas ei imponatur, ut litis aestimationem sufferat.

Es handelt sich um die Noxalklage gegen den bonae fidei possessor eines fremden Sklaven. Der Jurist hat im vorhergehenden ausgeführt, dass auch gegen den bonae fidei possessor die Noxalklage geht. In unserem Schlusssatze wird nun hervorgehoben, dass dies auch gerechtfertigt sei. Denn wenn etwas anderes gälte, so würde eine Ungerechtigkeit sich daraus ergeben, dass der bonae fidei possessor einmal nach den Grundsätzen des Rechts über die noxae deditio zur Einlassung auf das noxale iudicium verpflichtet sei, anderseits aber verbunden sei, dem Eigentümer den Wert des Sklaven zu ersetzen, wenn dieser den-

---

[40]) Eisele, Grundl., S. 81 stellt auch zum ipsum ius richtig die Verabredungen der Parteien in Gegensatz.

selben von ihm vindizieren wolle. Das „ipso iure" bezeichnet also „nach den Grundsätzen des objektiven Rechts als solchen".[41]) Es wird bei Anwendung des Rechts so verfahren, wie dies den Grundsätzen des Rechts als solchen entspricht. Daher heisst es ipso iure noxalis actio competit. Der Gegensatz davon würde darin bestehen, dass nicht entsprechend den Grundsätzen des objektiven Rechts als solchen die actio gegeben wird, sondern dass bei Erteilung der actio andere Voraussetzungen für die actio gefordert würden, als nach dem Recht als solchem zu erwarten wäre. Es wäre in diesem Falle das Recht bei seiner Anwendung (durch die actio) abgeändert worden. Diesen Gegensatz hebt zwar der Jurist nicht ausdrücklich hervor, er ergiebt sich aber aus dem actio competit ipso iure. Denn es ist bekannt, dass die actio häufig nicht den Grundsätzen des objektiven Rechts als solchen entspricht, sondern entweder etwas ganz Neues zur Anwendung bringt, oder das objektive Recht als solches abändert.

Papinianus l. 95 § 4 D. de solut. 46, 3: Naturalis obligatio ut pecuniae numeratione, ita iusto pacto vel iureiurando ipso iure tollitur, quod vinculum aequitatis, quo solo sustinebatur, conventionis aequitate dissolvitur.

Es ist von einer Obligation, welche dem ius naturale angehört, die Rede. Dass der Begriff der Obligation als solcher dem objektiven Recht als solchem angehört, wird nicht bestritten werden.[42]) Als Institut des objektiven Rechts als solchen hat die Obligation einen bestimmten begrifflichen Inhalt. Wie über die Entstehung, so hat auch über die Aufhebung der Obligation das objektive Recht als solches bestimmte Grundsätze entwickelt. Bei der Anwendung des Rechts schliesst man sich in erster Reihe den im objektiven Recht als solchem entwickelten Grundsätzen an. Daher wird aus der Obligation die actio gegeben, so lange nach dem Recht als solchem die Obligation besteht; dagegen die actio nicht gegeben, sobald die Obligation nach den Grundsätzen des Rechts als solchen aufgehoben ist. Diese Entstehungs- und

[41]) So auch Dernburg, Kompens., S. 318: „Dem Verletzten wird die Noxalklage ipso iure, d. h. nach den ihr eigentümlichen Rechtsgrundsätzen" gegeben. Zustimmend auch Ubbelohde S. 47.

[42]) Vergl. oben S. 2.

Aufhebungsart gehört also dem ipsum ius an. Ipsum ius ist das objektive Recht als solches.

G. III. 168: Tollitur autem obligatio praecipue solutione eius quod debetur. unde quaeritur, si quis consentiente creditore aliud pro alio solverit, utrum ipso iure liberetur ...... an ipso iure maneat obligatio, sed adversus petentem exceptione doli mali defendi debeat.

Denselben Gedanken wie Gaius an dieser Stelle will auch Papinian hervorheben, nämlich, dass das pactum wie das iusiurandum schon nach dem Recht als solchem über die Naturalobligation die Obligation aufhebt.[43])

Ulpianus l. 16 D. de sponsal. 23, 1: Oratio imperatorum Antonini et Commodi quae quasdam nuptias in personam senatorum inhibuit, de sponsalibus nihil locuta est. recte tamen dicitur etiam sponsalia in his casibus ipso iure nullius esse momenti, ut suppleatur quod orationi deest.

Der Satz recte tamen ..... deest ist der Interpolation wohl mit Recht für dringend verdächtig erklärt worden.[44]) Nicht nur das „in his casibus", sondern auch der Schluss „ut suppleatur quod orationi deest" gehören wohl nicht dem Latein der klassischen Juristen an. Aber auch wenn wir den Satz nicht für interpoliert erklären, so spricht er doch noch nicht gegen unsere Auffassung. Die lex Papia Poppaea, auf welche sich unsere Stelle bezieht, verbot bekanntlich die Ehen der Senatoren mit gewissen anrüchigen Personen.[45]) Das Gesetz griff direkt in das Eherecht

---

[43]) Ähnlich Eisele, Grundl., S. 80, 79 im Anschluss an von Bethmann-Hollweg, Civ.-Proz., III. S. 389 „zufolge seines eigenen Begriffs". Einen Widerspruch unserer Stelle mit l. 27 § 2 D. de pactis 2, 14 nehmen wir mit Eisele a. a. O. S. 80 Anm. 35 nicht an. Das in l. 27 § 2 D. de pactis 2, 14 erwähnte pactum steht nicht selbständig für sich selbst da, sondern bezieht sich auf die vorhergenannte Obligation, (welche nicht Naturalobligation ist), die durch das pactum nicht aufgehoben wird. Daher kann dies pactum de non petendo durch ein späteres pactum de iterum petendo nicht beseitigt werden. Anders ist es in unserem Fall. Hier wird gerade die bestehende Obligation (naturalis) durch das pactum beseitigt.

[44]) Gradenwitz, Interpol., S. 88, 232.

[45]) Vergl. Rudorff, RG. I. S. 64f.

ein und änderte die rechtlichen Grundsätze über die Voraussetzungen einer Ehe als solcher, nicht etwa griff es erst bei Anwendung des Rechts ein, indem es etwa die Ansprüche aus einer solchen Ehe verweigerte oder dergl., wie einen Eingriff solcher Art z. B. das SC. Macedonianum bezüglich des Darlehnsrechts machte. Der Jurist fragt nun, ob durch jene Bestimmung der Kaiser über die Senatoren-Ehen auch das Recht über deren Verlöbnisse abgeändert sei und bejaht diese Frage. Das „ipso iure" bedeutet also, dass nach den Grundsätzen des Rechts als solchen und ohne dass es eines Eingriffes bei Anwendung des Rechtes bedarf, die sponsalia der Senatoren mit gewissen Personen ungiltig sind.[46]) Es ist also durch das Verbot auch das objektive Recht als solches von den Verlöbnissen abgeändert.

Ulpianus l. 1 pr. D. de curator. furios. 27, 10: Lege duodecim tabularum prodigo interdicitur bonorum suorum administratio . . . . . sed solent hodie praetores vel praesides . . . curatorem ei dare exemplo furiosi: et tamdiu erunt ambo in curatione, quamdiu vel furiosus sanitatem, vel ille sanos mores receperit: quod si evenerit, ipso iure desinunt esse in potestate curatorum.

Das Zwölftafelgesetz bestimmte, dass dem Verschwender die Verwaltung seines Vermögens entzogen, und dass er selbst „in curatione agnatorum" [47]) sein soll. Dies war alles, was das Gesetz feststellte. Über die Anwendung des Rechtssatzes war nichts gesagt. In der Anwendung führten nun die Prätoren diesen Rechtssatz in der Weise aus, dass sie die Tutel des Verschwenders wie die des furiosus behandelten. [48]) Nach den Grundsätzen über die Entmündigung des furiosus endet aber die Vormundschaft, sobald der Grund fortfällt. [49]) Eines besonderen Eingriffes bei Anwendung des Rechts über die Vormund-

[46]) Dernburg, Kompens., S. 317: „Die Anwendung des Gesetzes auf die Verlöbnisse ist im klaren Rechte begründet".

[47]) Ulpianus, Reg., XII. § 2.

[48]) Das deutet Ulpian in unserer Stelle an mit dem sed solent praetores curatorem exemplo furiosi dare. Das sed drückt den Gegensatz zum Zwölftafelgesetz aus.

[49]) Vergl. Dernburg III. §. 47.

schaft bedurfte es nicht. Die Grundsätze, welche in dem objektiven Recht als solchem vom furiosus galten, wurden nun auf den prodigus übertragen, so dass auch hier die Vormundschaft mit dem Fortfall des Grundes aufhörte. Das ipso iure in unserer Stelle heisst also, dass die Vormundschaft in unseren Fällen mit dem Wegfall des Grundes fortfällt nach den Grundsätzen des objektiven Rechts als solchen und ohne dass es eines Eingriffs bei Anwendung des Rechts bedarf. [50])

Paulus l. 9 pr. § 1 D. de liber. et postum. 28, 2: Si quis postumos, quos per aetatem aut valetudinem habere forte non potest, heredes instituit, superius testamentum rumpitur . . . . sed si ex ea, quae alii nupta sit, postumum quis heredem instituerit, ipso iure non valet, quod turpis sit institutio.

Nach einem bekannten Grundsatze des Erbrechts wurde ein früheres Testament durch die Einsetzung eines postumus rumpiert. Dieser Rechtssatz gehört zu der Reihe derjenigen, welche das Not-Erbenrecht der nächsten Verwandten sichern sollten. Paulus sagt nun, dass durch die Einsetzung eines postumus das frühere Testament beseitigt werde, selbst wenn ein postumus nicht zur Welt komme, ja überhaupt nicht zur Welt kommen könne. Der Jurist fügt noch hinzu, dass dies nur für postumi sui gelten könne. Denn wenn jemand einen alienus postumus zum Erben einsetze, so sei diese Einsetzung ipso iure ungiltig. Paulus begründet diese Entscheidung mit dem Satze „quod turpis sit institutio“. Wir wissen aber, dass nicht deswegen das Testament in diesem Fall ungiltig war, sondern deswegen, weil der postumus als persona incerta nach den Grundsätzen des objektiven Rechts als solchen überhaupt nicht zum Erben eingesetzt werden konnte. G. II. 242: Ac ne heres quidem potest institui postumus alienus; est enim incerta persona. Wenn also Paulus die turpitudo als Grund für seine Entscheidung angiebt, so ist dies nur eine philosophische Begründung dafür, was nach den Grundsätzen des objektiven

[50]) Auch Eisele, Grundl., S. 81 meint richtig, dass das ipso iure hervorhebt, dass „die Thätigkeit des praetor u. s. w., welche zur Einleitung der Kuratel erforderlich ist, ausgeschlossen“ ist.

Rechts als solchen schon an sich galt. Das ipso iure hebt dies auch deutlich hervor.[51])

Paulus l. 11 § 1 D. de usur. 22, 1: Quid si servus publicus obligationem usurarum reipublicae adquisivit? aequum est, quamvis ipso iure usurae reipublicae debeantur, tamen pro defectis nominibus compensationem maiorum usurarum fieri.

Nach den Grundsätzen des objektiven Rechts als solchen über die Erwerbsfähigkeit des Sklaven erwirbt dieser alles seinem Herrn, in unserem Falle dem Staate. Dennoch müsse der Staat sich die Aufrechnung mit den Verlusten gefallen lassen, obwohl er nach den erwähnten Grundsätzen des objektiven Rechts den Gewinn an sich ziehen könnte, ohne sich um den Verlust zu kümmern.[52])

Ebenso fassen wir auf das ipso iure in den Redensarten necessarias impensas ipso iure minuere;[53]) peculium eo quod filius familias vel servus patri vel domino debet, ipso iure minuitur;[54]) lex Falcidia legata ipso iure minuit,[55]) heredi portio

---

[51]) Erst Justinian hat dies geändert l. 1. C. de incert. person. 6, 48. Möglich ist es allerdings, dass vielleicht schon früher die Nichtigkeit eines Testaments, in welchem ein fremder postumus eingesetzt wurde, sich nur auf diejenigen postumi bezog, welche von einer Frau waren, quae iure nostro uxor esse non potest § 28 I. de legat. 2, 20. Ob dies auch schon zu des Paulus Zeiten Recht war, wissen wir nicht; zu des Gaius Zeit galt es sicher nicht. Wie dem aber auch sei, auf die Erklärung des ipso iure in unserer Stelle ist dies ohne Einfluss.

[52]) Vergl. Windscheid, II. § 439 Anm. 7.

[53]) Papinianus l. 61 D. de ritu nupt. 23, 2; Marcianus l. 5 D. de dote prael. 33, 4; Ulpianus l. 5 pr. D. de impens. in res dot. 25, 1. l. 1 § 4 l. 2 pr. D. de dote prael. 33, 4. l. 1 § 19 D. ut legat. seu fideicom. 36, 3; Paulus l. 56 § 3 D. de I. D. 23, 3. l. 5 § 2 de pact. dot. 23, 4. Vergl. dazu v. Jhering, Geist d. Röm. R. III. S. 691; Pernice, Labeo, I. S. 385 f.

[54]) Africanus l. 30 pr. D. de A. E. V. 19, 1; Ulpianus l. 8 pr. D. de pec. leg. 33, 8. Vergl. v. Jhering, Geist d. Röm. R., III. S. 74 f. Pernice, Labeo, I. S. 129, 186 f.

[55]) Gaius l. 73 § 5, l. 81 pr. D. ad leg. Falc. 35, 2; Ulpianus l. 1 § 5 D. quod legat. 43, 3. Vergl. v. Jhering, Geist d. Röm. R., III. S. 73 f.; Pernice, Labeo I S. 390 f.

hereditatis, bonorum possessio ipso iure adcrescit [56]) als gleichbedeutend mit „nach den Grundsätzen des objektiven Rechts als solchen". Einer eingehenden Interpretation der einschlagenden Stellen bedarf es nicht, da wir uns bezüglich der Minderung der dos und des peculium den Ausführungen von Dernburg [57]) anschliessen können, bezüglich der Minderung der Legate den Ausführungen von Ubbelohde. [58])

Hierher gehören auch folgende Ausdrucksweisen:

Gaius l. 14. D. de suis et legit. hered. 38, 16: In suis heredibus aditio non est necessaria, quia statim ipso iure heredes exsistunt.

Nach den Grundsätzen des objektiven Rechts als solchen über den Erwerb der Erbschaft bedarf es zum Erwerbe seitens der heredes necessarii einer aditio nicht. Allerdings ist in dieser Stelle von einer Thätigkeit der Partei die Rede, aber diese Thätigkeit steht in keinem Gegensatze zu dem ipso iure, erläutert vielmehr lediglich das ipso iure. Man hat daher zu Unrecht sich besonders auf solche Stellen berufen und mit ihnen verschiedenartige Bedeutungen des ipso iure begründen wollen.[59])

In der Bedeutung von „objektives Recht als solches" kommt ipso iure noch vor in folgenden Stellen:

Sabinus bei Paulus l. 42 § 1 D. de furtis. 47, 2.

Iavolenus l. 2 D. de duob. reis. 45, 2.

---

[56]) Ulpianus l. 2 § 8 D. de bonor. poss. 37, 11. Die bonorum possessio ist ein Eingriff bei Anwendung des Rechts. Eines solchen Eingriffs bedarf es bei der Akkrescenz nicht, da die Grundsätze über den Erwerb der Erbschaft ausreichen. Würde sich dies nicht schon aus den Grundsätzen des objektiven Rechts als solchen ergeben, so würde ein offenbarer Verstoss gegen den Hauptgrundsatz des römischen Erbrechts, dass die Erbschaft als Gesamtheit auf den oder die Erben übergeht, vorliegen, ein Grundsatz, der auch formuliert wird mit dem bekannten nemo pro parte testatus pro parte intestatus decedere potest. Vergl. auch Dernburg III. § 91.

[57]) Kompens., S. 115 f., 126 f.

[58]) S. 57 f.

[59]) Lenel, Except., S. 96. Ziff. 4.

Iulianus l. 86 § 1 D. de legat. I. 30; l. 3 § 5 D. de collat. bon. 37, 6. Iulianus bei Gaius l. 17 § 1 D. de testam. milit. 29, 1 (vergl. dazu Ubbelohde S. 42).

Pomponius l. 34 D. de op. libert. 38, 1; l. 18 D. de V. O. 45, 1.

Terentius Clemens l. 61 pr. D. de I. D. 23, 3.

Marcellus l. 72 pr. D. de solut. 46, 3.

Gaius l. 26 D. de fideiuss. 46, 1.

Papinianus bei Ulpianus l. 14 § 1 D. de legat. I. 30; l. 49 § 1 D. de fideiuss. 46, 1.

Ulpianus l. 1 § 19 D. ut legat. seu fideicom. 36, 3 (ipso iure pro ea parte legata debent, pro qua heredes sint); l. 16 pr. D. de iure patron. 37, 14 (vergl. dazu Ubbelohde S. 44); l. 23 § 3 D. de recept. 4, 8; l. 8 § 16 de inoffic. testam. 5, 2; l. 3 § 4 D. usufr. quemadm. cav. 7, 9; l. 1 § 24 D. de exercit. act. 14, 1; l. 9 § 1 D. de I. D. 23, 3; l. 19 pr. D. de testam. milit. 29, 1 (nicht nach dem Recht über das Testament); l. 1 § 9 D. de superfic. 43, 18: Servitutes quoque praetorio iure constituentur et ipsae ad exemplum earum, quae ipso iure constitutae sunt, utilibus actionibus petentur. Hier könnte man meinen, sei der Gegensatz des ipso iure ganz deutlich das praetorio iure. Treten wir aber der Stelle näher, so ist dies keineswegs der Fall. Der Jurist spricht von Servituten, welche an superfiziarischen Grundstücken bestellt werden können. Vorher hat er hervorgehoben, dass die superficies auch Gegenstand einer Schenkung und eines Legats sein kann, jetzt fügt er hinzu, dass auch Servituten an der superficies möglich sind. Diese Servituten beruhen aber auf prätorischem Recht, und Ulpian hebt hervor, dass dennoch diese Servituten so bestellt werden, wie die gewöhnlichen Servituten (es ist natürlich nur von Prädialservituten die Rede), nach den allgemeinen Regeln des objektiven Rechts als solchen. Nichts anderes bedeutet das ipso iure. Weitere Belegstellen von Ulpian sind l. 4. pr. D. rem pupilli. 46, 6; lib. sing. regul. I., 10.

Paulus l. 4 §§ 1, 2; l. 17 § 1 D. de pactis. 2, 14; l. 6 § 2 D. quod cuiusc. univ. 3, 4; l. 40 i. fi. D. de R. C. 12, 1;

l. 46 §§ 5, 7 D. de admin. tut. 26, 7; l. 31 pr. D. de excus. 27, 1; l. 34 pr. D. de donat. 39, 5; l. 44 § 4 D. de O. et A. 44, 7.

Tryphoninus l. 50 § 5 D. de bon. libert. 38, 2.

Modestinus l. 54 § 1 D. de A. R. D. 41, 1; l. 13 § 12 D. de excus. 27, 1.

§. 4. Die Gegensätze des ipsum ius.

Alle Gegensätze, gegenüber welchen vom ipsum ius gesprochen wird, beziehen sich auf das objektive Recht in seiner Anwendung.

A. Ein sich häufig in den Quellen findender Gegensatz von ipsum ius ist ope exceptionis. Dass dieses ope exceptionis ein Mittel des Rechts in seiner Anwendung darstellt, wird nicht bestritten werden. Im näheren ist über diesen Gegensatz schon ausführlich gehandelt, und werden wir noch Belegstellen dafür beibringen, dass die exceptio objektives Recht in seiner Anwendung ist, ebenso wie die actio.

B. Sehr häufig wird das ipso iure gegenübergestellt der in integrum restitutio, also einem Institut des Rechts in seiner Anwendung. Dass man die in integrum restitutio als ein solches Institut zu bezeichnen hat, dürfte nicht angefochten werden. Denn die in integrum restitutio ist das Mittel, wodurch der Prätor die Folgen des objektiven Rechts als solchen in praxi annulliert.

Labeo und Ofilius bei Ulpianus l. 16 § 1 D. de minor. 4, 4: Item relatum est apud Labeonem, si minor circumscriptus societatem coierit vel etiam donationis causa, nullam esse societatem nec inter maiores quidem et ideo cessare partes praetoris: idem et Ofilius respondit: satis enim ipso iure munitus est.

Es handelt sich um die Erteilung der in integrum restitutio an den minor[60]). Wenn der Minderjährige betrügerischerweise bewogen worden ist, eine Sozietät einzugehen, so liegt doch keine Sozietät vor. Daher bedarf es eines Eingriffs des Prätors (näm-

---

[60]) Vergl. pr. eiusd. leg. 16 § 1 D. de minor 4, 4 und Eisele, Grundl., S. 75 Anm. 24.

lich der in integrum restitutio) bei Anwendung des Rechtes nicht. Denn schon nach den Grundsätzen des Rechts als solchen (ipso iure) ist der Minderjährige geschützt. Warum ist dies letztere der Fall? Die Sozietät ist ein bonae fidei-Vertrag. Schon nach den Grundsätzen des objektiven Rechts als solchen über diese Verträge gilt für diese Verträge nur das, was der bona fides entspricht. Also schon objektivrechtlich, ohne Berücksichtigung der Anwendung des Rechts, ist der socius nur dazu verpflichtet, was die bona fides erheischt[61]). Diese Grundsätze des objektiven Rechts als solchen kommen auch zur Geltung bei der Anwendung des Rechts. Recht als solches und Recht in seiner Anwendung sind hier konform. Daher heisst es: „in bonae fidei iudiciis exceptio doli inest", ein Satz, den wir noch erörtern werden. Weil aber hier das Recht als solches konform ist dem Recht in seiner Anwendung, daher kann man auch sagen, dass schon nach dem objektiven Recht als solchem (d. h. ipso iure) der minor sicher ist. Auch auf diesen Grundsatz werden wir noch näher eingehen. Hier müssen wir nur darauf hinweisen, dass sich aus der Stelle deutlich der Gegensatz zwischen dem objektiven Recht als solchem und dem objektiven Recht in seiner Anwendung ergiebt. Dass bei der Anwendung des Rechts der Prätor eingreift, hängt mit den Befugnissen dieses Magistrats zusammen. Er hat nämlich die in integrum restitutio zu erteilen. Daher können wir Eisele[62]) in der Interpretation dieser Stelle nicht folgen. Das ipso iure soll hier heissen so viel wie nach bona fides. „Schon hienach, also zwar nicht nach ius civile im eigentlichen Sinn, aber nach dem ius, welches sich aus

---

[61]) Vergl. Paulus l. 3 § 3 D. pro socio. 17, 2: Societas si dolo malo aut fraudandi causa coita sit, ipso iure nullius momenti est, quia fides bona contraria est fraudi et dolo.

[62]) Eisele, Grundl., S. 75. Wir stimmen Eisele in vielen Punkten bei, und die Lehre von den Exceptionen hat durch Eiseles Forschungen einen gewaltigen Fortschritt gemacht. Wenn wir also auch aus seinen Resultaten einen grossen Nutzen gezogen haben, so halten wir es gerade deswegen für notwendig, möglichst scharf unsere verschiedene Auffassung zu betonen, um eventuell Material für weitere Forschungen und weitere Resultate zu bieten.

der Formelkonzeption der actio pro socio ergiebt, ist in dem referierten Fall der minor geschützt." Man wird zugeben, dass diese Interpretation etwas gekünstelt ist.

Ulpianus l. 16 pr. D. de minor. 4, 4: In causae cognitione etiam hoc versabitur, num forte alia actio possit competere citra in integrum restitutionem, nam si communi auxilio et mero[63]) iure munitus est, non debet ei tribui extraordinarium auxilium.

Ulpian hebt hervor, dass wenn eine andere actio dem minor helfen kann, man nicht zur in integrum restitutio greifen solle. Natürlich! In erster Reihe soll das Recht in seiner Anwendung gleichgestaltet sein mit dem Recht als solchem. Bei der Anwendung soll das Recht verändert werden erst dann, wenn das objektive Recht als solches für die Anwendung keine genügende Handhabe gewährt. Daher wird die Abänderung des Rechts bei der Anwendung desselben als extraordinarium auxilium bezeichnet.

Recht charakteristisch für die Bedeutung von ipso iure ist auch die Ausdrucksweise in der Konstitution Justinians l. 5 § 1 C. in quib. caus. in integr. restit. 2, 30: Sed humanius et latius eandem legis interpretationem extendere, in omnibus casibus, in quibus vetera iura currere quidem temporales praescriptiones adversus minores concesserunt, per in integrum autem restitutionem eis subveniebant, eas ipso iure non currere. melius etenim est intacta iura eorum servari, quam post causam vulneratam remedium quaerere.

Justinian erwähnt, dass in früherer Zeit nach den Grundsätzen des objektiven Rechts als solchen die Verjährungsfristen an sich gegen die Minderjährigen liefen, dass man aber bei der Anwendung des Rechts mit der in integrum restitutio half. Jetzt solle dies schlechtweg nach den Grundsätzen des objektiven

---

[63]) Dass „merum ius" synonym ist mit „ipsum ius", nehmen wir mit Eisele, Grundl., S. 69 und Dernburg, Kompens., S. 311, 320 f. an. Wir stimmen auch der Interpretation unserer Stelle von Dernburg S. 320 f. bei, wonach es Ulpian darauf ankommt, hervorzuheben, dass der minor nach dem objektiven Recht und ohne Restitution geschützt ist.

Rechts als solchen gelten, damit die Minderjährigen nicht erst auf das Hilfsmittel bei der Anwendung des Rechts angewiesen seien. Den Gegensatz zwischen dem objektiven Recht als solchem und dem objektiven Recht in seiner Anwendung hebt ganz deutlich Justinian zweimal hervor (iura currere concesserunt . . . per in integrum restitutionem subveniebant; ipso iure non currere . . . . . quam remedium quaerere). Dass Justinian an den Unterschied zwischen dem civilen und prätorischen Recht gedacht hat, wird man schwerlich Eisele [64]) glauben dürfen. Weil die Anwendung des Rechts in den Händen des Prätors lag, darf man nicht das Recht in seiner Anwendung mit dem prätorischen Recht identifizieren.

C. Häufig wird das ipso iure dem iudicium, der actio, gegenübergestellt. Die actio ist aber das objektive Recht in seiner Anwendung. Es ergiebt sich daraus, dass in diesen Fällen das Recht in seiner Anwendung dem Recht als solchem gegenübergestellt ist.

Gaius l. 27 § 1 D. de noxal. act. 9, 4: A hat dem B einen Sklaven verpfändet. Durch noxae deditio wird B nicht liberiert, da der Sklave nicht sein Eigentum ist. Nichtsdestoweniger kann er in einem noxale iudicium giltigerweise belangt werden, quamvis noxali iudicio teneantur, non tamen posse noxae deditione ipso iure liberari, quia nullum ad actorem dominium transferre possunt, cum ipsi domini non sint.

Es stehen sich also gegenüber „non ipso iure liberari" und „quamvis iudicio teneantur". Nach den Grundsätzen des objektiven Rechts als solchen wird B von der Verpflichtung zum Schadensersatz an den Dritten durch noxae deditio nicht liberiert; aber bei Anwendung des Rechts kann er doch auf noxae deditio verklagt werden. Was bezweckt dieses noxale iudicium? Die Auslieferung des Sklaven. Da nun der B an sich dadurch nicht liberiert wird, so müssen wir annehmen, dass der Dritte ausserdem (d. h. ausser der noxae deditio) keinen Schadensersatzanspruch an B hat; denn sonst hätte das noxale iudicium keinen Sinn. Also nach objektivem Recht als solchem wird B

---

[64]) Grundl., S. 73.

nicht liberiert, wohl aber bei Anwendung des Rechts. Dies ergiebt sich auch aus der Fortsetzung unserer Stelle. Wenn nämlich A den Sklaven nach stattgehabter deditio an den Dritten von diesem kraft seines Eigentumsrechts vindizieren will, so wird er mit der exceptio doli abgewiesen, sofern er nicht litis aestimationem offerat. Es kann also der Dritte den Sklaven behalten und wird dennoch bei Anwendung des Rechts B liberiert, da er auf jeden Fall ausser der noxae deditio nichts zu geben hat. Wir meinen, dass sich hier deutlich der Gegensatz zwischen dem Recht als solchem und dem Recht in seiner Anwendung ergiebt. Daher können wir Eisele[65]) nicht zustimmen, wenn derselbe annimmt, dass hier der Gegensatz zwischen civilem und prätorischem Recht vorliege. Das noxale iudicium ist kein prätorisches Recht, sondern civiles, beruhend auf den Bestimmungen des Zwölftafelgesetzes.[66]) Das ius in dem ipso iure stellt die Grundsätze des objektiven Rechts als solchen über die Übertragung des Eigentums dar. Wäre Eiseles Ansicht richtig, so wäre civiles Recht dem civilen Recht gegenübergestellt.

Ulpianus l. 1 § 17 D. quod legat. 43, 3: Satis datum sic arbitror, si sic satis datum sit, ut legatario vel ipso iure adquisita sit idonea cautio vel per mandati actionem adquiri possit.

Dem Anspruche des Legatars auf Kautionsleistung ist dann genügt, wenn ihm eine Kaution nach den Grundsätzen des objektiven Rechts als solchen über die cautio bestellt wird, oder wenn er denselben Effekt durch eine actio mandati erreichen kann. Die actio mandati stellt zwar nicht etwa die Anwendung des Rechts von der cautio dar, vielmehr ist sie ohne jeden rechtlichen Zusammenhang mit dem Begriffe der cautio. Dennoch meinen wir, dass die Bedeutung von ipso iure in unserer Stelle

---

[65]) Grundl., S. 71. Was die l. 16 pr. D. de iure patron. 37, 14 betrifft, so meinen wir, dass diese Stelle hier nicht hergehört. Denn die actio Faviana und Calvisiana steht hier keineswegs im Gegensatze zu dem vorhergehenden ipso iure non valebit. Die actio wird vielmehr unabhängig von den Bestimmungen der lex Iulia et Papia Poppaea gegeben.

[66]) Tab. VIII. Ziff. 6 (Bruns, fontes, p. 29) nach Ulpianus l. 1 pr. D. si quadr. 9, 1.

durch das per actionem adquiri charakterisiert wird. Das ipso iure steht sicherlich im Gegensatze zu dem per actionem adquiri[67]), und damit wird hervorgehoben, dass die Kaution effektiv bestellt werden könne, dass aber anderseits es auch genüge, wenn durch ein Mittel der Anwendung des Rechts (die actio) der Legatar in die Möglichkeit versetzt werde, auf diesem Wege Sicherheit oder Ersatz zu erlangen.

Ulpianus l. 7 D. de impens. in res dot. 25, 1: utiles (impensae) non quidem minuunt ipso iure dotem, verumtamen habent exactionem.

Um die nützlichen Aufwendungen soll nach den Grundsätzen des objektiven Rechts als solchen die dos nicht vermindert werden, wie dies bezüglich der notwendigen Aufwendungen gilt. Dagegen soll bei der Anwendung des Rechts (habent exactionem) dem Manne wegen der nützlichen Auslagen geholfen werden. Da aber jeder, der eine actio hat, auch die exceptio erhält, so müssen wir annehmen, dass bei Anwendung des Rechts auch wegen der nützlichen Auslagen dem Manne ein Minderungsrecht der dos zusteht.[68]) Insofern hat also das Recht als solches über die Rückerstattung der dos eine Änderung erfahren und ist thatsächlich, nämlich bei Anwendung des Rechts, wenn auch nicht theoretisch (ipso iure), der Satz, dass die impensae necessariae dotem minuant, auf die impensae utiles ausgedehnt. Dies umsomehr, als die Dotalklage meist[69]) zu einem iudicium bonae fidei führt, und hier die Gegenansprüche auch ohne exceptio berücksichtigt werden.[70]) Wenn trotzdem gesagt wird, dass die utiles impensae dotem non ipso iure minuunt, anderseits es aber heisst, dass in den bonae fidei iudicia der dolus schon ipso iure berücksichtigt wird, so erklärt sich dies daraus, dass die Dotalklagen nicht immer zu einem bonae fidei iudicium zu führen brauchten, die Juristen aber bei Minderung der dos um die impensae

---

[67]) So auch Eisele, Grundl., S. 81.

[68]) Vergl. Dernburg, Kompens., S. 156; Pand. II. § 22 Anm. 13.

[69]) Vergl. auch Rudorff, R.G. II. S. 151.

[70]) Vergl. Lenel, Ed. perp., S. 243.

necessariae das Dotalrecht als solches in Betracht zogen, ohne Rücksicht auf die verschiedenartige Bestellung der dos.

Ulpianus l. 16 § 2 D. de. minor. 4, 4: non enim ipso iure, sed per condictionem munitus est.

D. In anderen Fällen wird das ipso iure der denegatio actionis gegenübergestellt, also auch einem Eingriff bei Anwendung des Rechts.

Gaius l. 27 pr. D. de noxal. act. 9, 4: Si noxali iudicio agitur de servo qui pignoris iure tenetur aut de eo cuius usus fructus alterius est, admonendi sumus, si creditor vel usufructuarius praesens defensionem suscipere noluerit, proconsulem interventurum et pignoris persecutionem vel ususfructus actionem negaturum. quo casu dici potest ipso iure pignus liberari (nullum enim pignus est, cuius persecutio negatur): ususfructus autem, etiamsi persecutio eius denegetur, ipso iure durat, donec eo usque non utendo constituto tempore pereat.

A hat dem B einen Sklaven zum Pfand oder Niessbrauch gegeben. B wird wegen dieses Sklaven von C in einem noxale iudicium belangt. Dass B verpflichtet ist, für den Sklaven einzustehen, ergiebt sich aus § 1 ebendaselbst und l. 28 ausdrücklich. Zwar wird B durch noxae deditio nicht liberiert ipso iure, aber bei Anwendung des Rechts kommt ihm der Prätor in der Weise zu Hilfe, dass der Eigentümer den Sklaven von C nicht vindizieren kann, sofern er nicht dem C vollen Schadensersatz leistet. Auf diese Weise wird das Resultat erzielt, dass B nach erfolgter noxae deditio auf jeden Fall nichts mehr zu leisten hat.[71]) Anderseits hat aber damit B sein Pfandrecht oder seinen Niessbrauch aufgegeben, denn er hat den Sklaven noxae dediert. Dieses letzte praktische Resultat wird in unserem principium erörtert. Es wird nämlich gesagt, dass, wenn der B für den Sklaven nicht eintreten will, er dann auch sein Recht an dem Sklaven verliere. Es wird also derselbe Effekt erzielt, wie wenn B den Sklaven noxae dediert hätte. Natürlich ist es gerechtfertigt, dass derjenige, welcher den Sklaven noxae dediert,

---

[71]) Es ist dies oben S. 27 bei der Interpretation von Africanus l. 28 D. de noxal. act. 9, 4 ausgeführt.

nicht schlechter dabei fortkommt, als der, welcher sich überhaupt auf das noxale iudicium einlässt. In diesem letzteren Falle soll also B auch sein Recht verlieren, er soll nicht etwa berechtigt sein, in einer besonderen Klage sein dingliches Recht zu verfolgen. Sowohl für das pignus wie für den ususfructus wird die persecutio verweigert. Wir sehen, dass durch diesen Eingriff des Magistrats (proconsulem interventurum) das objektive Recht als solches vom Pfandrecht wie vom ususfructus abgeändert ist, und zwar durch einen Eingriff bei Anwendung des Rechts. Obwohl B an dem Sklaven ein Pfandrecht oder einen Niessbrauch hat, darf er dieses Recht doch nicht realisieren. Er hat kein aktionsmässiges Recht mehr. Das ist die materielle Entscheidung des Falls.

Wir kommen nun auf die Ausdrucksweise des Gaius. Von dem Niessbrauch sagt Gaius, dass der „ususfructus ipso iure durat", aber „persecutio eius denegetur". Dies stimmt mit unserer Auffassung vollständig überein. Nach den Grundsätzen des objektiven Rechts als solchen (ipso iure) vom Niessbrauch bleibt der Niessbrauch bestehen. Er ist in keiner nach den Grundsätzen des Rechts über den ususfructus zulässigen Weise beseitigt worden. Aber bei der Anwendung des Rechts tritt eine Änderung ein. Obwohl an sich nach den Grundsätzen des Rechtes die actio aus dem ususfructus gegeben werden müsste, wo und so lange ein ususfructus vorliegt, geschieht dies in diesem Falle nicht. Dieselbe Ausdrucksweise hätte man für den Fall erwartet, wo vom pignus die Rede ist. Liegt aber deshalb die Sache in diesem Fall anders? Wir behaupten: Nein! Auch das pignus besteht an sich weiter, und nur bei der Anwendung des Rechts wird es nicht anerkannt. Gaius sagt aber selbst, dass ein Recht, welches in der Anwendung des Rechts nicht zur Anerkennung gelangt, gleichbedeutend ist mit keinem Recht (nullum enim pignus est, cuius persecutio negatur). Theoretisch besteht ein Unterschied dazwischen, ob ein Recht nach den Grundsätzen des Rechts als solchen nicht besteht, oder ob es nicht besteht nach den Grundsätzen des angewendeten Rechts. Praktisch, d. h. in der Wirkung, kommt es auf dasselbe hinaus. Dies will Gaius hervorheben. Daher sagt er, man könne auch ebenso gut sagen, dass das pignus nach den Grundsätzen des objektiven Rechts als solchen nicht bestehe (dici[72] potest ipso iure pignus liberari). Wir meinen, dass diese Stelle ein klassischer Beweis dafür ist, dass ein Unterschied in der Wirkung, jenachdem ein Recht nach den Grundsätzen des objektiven Rechts als solchen oder des angewendeten objektiven Rechts (in diesem Fall ope exceptionis) beseitigt wird, nicht besteht. Deutlicher kann dies gar nicht hervorgehoben werden, wie dies Gaius thut. Denn pignus und ususfructus beruhen beide auf prätorischem Recht. Aber natürlich nicht die Institute selbst, sondern nur die actiones aus ihnen sind „Recht", speziell „Recht in seiner Anwendung". Daher scheint es für das Verständnis unserer Stelle ohne Belang zu sein, die prätorische Natur des pignus hervorzuheben.[73])

Obwohl also in beiden Fällen die Sache ganz gleichartig ist, sagt Gaius doch in dem einen Falle, dass die Wirkung ipso iure eintrete, in dem anderen Fall ope exceptionis oder, was damit gleichbedeutend ist, durch denegatio actionis. Damit ist hervorgehoben, dass die Wirkung zwischen beiden Arten der Realisierung eines Rechtssatzes nicht verschieden ist.

E. An unsere Reihe schliessen sich noch an solche Fälle, in denen das ipso iure zwar nicht einem bestimmten Institute der Anwendung des Rechts gegenübergestellt ist, aber doch aus dem Zusammenhange sich deutlich ergiebt, dass an den Gegensatz zwischen dem objektiven Recht als solchem und der Anwendung desselben gedacht ist.

Iulianus bei Terentius Clemens l. 64 § 1 D. de condic. 35, 1: Quodsi ita scriptum esset, si Ariciae non nubserit, interesse, an fraus legi facta esset: nam si ea esset, quae aliubi nuptias non facile possit invenire, interpretandum ipso iure rescindi, quod fraudendae legis gratia esset adscriptum: legem enim utilem reipublicae, sobolis scilicet procreandae causa latam adiuvandam interpretatione.

---

72) Eisele, Grundl., S. 79, hebt wohl mit Recht hervor, dass Gaius nur sagt, „man könne auch sagen".

73) Dies thut Eisele, Grundl., S. 79.

Es handelt sich um Bestimmungen der lex Papia Poppaea. Wenn jemandem ein Legat vermacht wurde unter der Bedingung der Ehelosigkeit, so sollte diese Bedingung nach dem Willen jenes Gesetzes ungiltig sein, und das Legat bedingungslos zu Recht bestehen. Es fragt sich, ob in der Bedingung „wenn sie zu Aricia nicht geheiratet haben wird“, implicite ein Verstoss gegen das Gesetz bestehe. Der Jurist entscheidet bejahend für den Fall, wenn jene Bedingung thatsächlich dasselbe erzielt wie die ausdrücklich ausgesprochene Bedingung der Ehelosigkeit. Es solle für diesen Fall die Bedingung als beseitigt gelten, und zwar solle man diesen Erfolg für herbeigeführt halten (interpretandum) nach den Grundsätzen des Gesetzes selbst, ohne dass man bei Anwendung des Gesetzes eine Änderung eintreten lasse. Dies bedeutet das ipso iure interpretandum.

G. III. 32: Quos autem praetor vocat ad hereditatem, hi heredes ipso quidem iure non fiunt; nam praetor heredes facere non potest . . . . . sed cum eis praetor dat bonorum possessionem, loco heredum constituuntur.

Die nach prätorischer Erbfolge Berufenen sind nicht Erben nach den Grundsätzen des Rechts als solchen, aber in der Praxis, d. h. bei der Anwendung des Rechts werden sie für solche gehalten. Dies drückt Gaius deutlich aus mit dem loco heredum constituuntur. Wenn man hier ipso iure in Gegensatz stellen wollte zum ius praetorium,[74]) so müssten die betreffenden Personen Erben nach prätorischem Rechte sein.[75]) Sie sind aber keine Erben, sondern werden nur in der Praxis wie solche behandelt. Wenn man später diese Personen prätorische Erben genannt hat,

---

[74]) So Eisele, Grundl., S. 64; Ubbelohde S. 46.

[75]) Diesen Schluss zieht folgerichtig Dernburg. Wenn Eisele, Grundl., S. 64. Anm. 6, darauf erwidert, dass man dann „freilich nicht glauben sollte, dass die Römer ein ius civile und ein ius honorarium hatten“, so weisen wir darauf hin, dass der Gegensatz von ius civile und ius honorarium lediglich auf die Verschiedenheit der Rechtsquellen sich bezieht und keineswegs identisch ist mit dem Gegensatze zwischen dem Recht als solchem und dem Recht in seiner Anwendung. Anderenfalls müsste man den Begriff der actio in das ius honorarium verweisen, trotz der actio legis Aquiliae u. a. Daran ändert nichts der Umstand, dass die meisten actiones dem Prätor ihre Entstehung verdanken.

so ist deswegen nicht zu vergessen, dass diese Erben hervorgegangen sind aus der Anwendung des Rechts. Dass hier die Abänderung des Rechts bei der Anwendung durch den Prätor eingetreten ist, ist eine Sache für sich. Es hätte ebenso gut auch durch das civile Recht bei Anwendung des Rechts eine Abänderung herbeigeführt werden können. Wir behaupten also, dass es nicht sowohl auf die verschiedenen Rechtsquellen (ius civile . . . . . ius praetorium) in unserer Stelle ankommt, als auf den Gegensatz zwischen dem objektiven Recht als solchem und der Praxis desselben.

Callistratus l. 1 § 1 D. de iure fisci 49, 14: An bona, quae solvendo non sint, ipso iure ad fiscum pertineant, quaesitum est. Labeo scribit etiam ea, quae solvendo non sint, ipso iure ad fiscum pertinere. sed contra sententiam eius edictum perpetuum scriptum est, quod ita bona veneunt, si ex his fisco adquiri nihil possit.

Es handelt sich um die Frage, ob das Erbrecht des Fiskus sich auch auf überschuldete Erbschaften erstrecke. Labeo sagt, dass nach den Grundsätzen des objektiven Rechts als solchen (ipso iure) das Erbrecht auch überschuldete Erbschaften umfasse. Es ist dies nur konsequent. Wenn der Fiskus ein Erbrecht auf vakante Erbschaften hat und im objektiven Recht als solchem eine Ausnahme davon nicht konstituiert worden ist, so muss dieses Erbrecht sich auch auf überschuldete Erbschaften beziehen. In der Praxis dagegen schrieb der Prätor über solche überschuldete Erbschaften den Konkurs aus. Damit war das Erbrecht des Fiskus nicht beseitigt, aber er erhielt aus der Erbschaft nichts. Wir meinen, dass auf diese Weise sich die Stelle hinreichend erklärt, und dass sich auch aus ihr der Beweis ergiebt, dass das ipso iure im Gegensatz stehe zum angewendeten Recht, welches implicite sehr häufig eine Abänderung des ipsum ius darstellt[76]. Dass der Verkauf der Güter

---

[76]) Das ipsum ius fasst in dieser Stelle ebenso wie wir auf: Dernburg, Kompens., S. 317, Anm. 2, wenn auch mit anderen Worten und ohne den von uns hervorgehobenen Gegensatz. Ähnlich Lenel, Except., S. 97.

im Konkurs durch den Prätor der Anwendung des Rechts angehört, wird nicht bestritten werden.

Ulpianus l. 8 pr. D. de reb. eor. qui sub tut. 27, 9: Qui neque tutores sunt ipso iure neque curatores, sed pro tutore negotia gerunt vel pro curatore, eos non posse distrahere res pupillorum.

In Gegensatz werden gestellt diejenigen Vormünder, welche dies nach den Grundsätzen des objektiven Rechts als solchen sind,[77]) und diejenigen, welche nicht Vormünder sind, sondern nur mit Vormundschaftsgeschäften betraut sind. Wir meinen, dass auch hier der Gegensatz zwischen dem Recht als solchem und den angewendeten Rechtsgrundsätzen in einem praktischen Fall angedeutet ist.

Von solchen Personen sagt auch Ulpian an anderer Stelle (l. 1 § 5 D. quod falso tutore 27, 5), dass ihre Geschäfte nur dann giltig sind, wenn der Prätor sie bestätigt, tunc enim valebit per praetoris tuitionem, non ipso iure. Also nicht nach den Grundsätzen des Rechts als solchen sind die Geschäfte giltig, sondern kraft eines Eingriffs bei Anwendung des Rechts (in unserem Fall seitens des Prätors, wie ja überhaupt diesem die Anwendung des Rechts überwiegend überlassen ist).

---

[77]) Ähnlich Eisele, Grundl., S. 80. Dagegen stimmen wir Eisele nicht zu, wenn derselbe meint, dass die tutores ipso iure in Gegensatz gestellt sind zu den tutores dativi. Der tutor dativus ist ebensogut voll und ganz tutor wie der legitimus. (G. I. 185. Hier ist mit keinem Wort erwähnt, als ob der tutor legitimus etwa ein tutor zweiten Ranges wäre.) Also auch vom tutor dativus kann man sagen, dass er ipso iure tutor ist. An diesen Gegensatz, welchen Eisele annimmt, kann auch Ulpian nicht gedacht haben. Denn man wird doch nicht behaupten, dass der tutor dativus etwa nur pro tutore negotia gerit. Vielmehr spricht Ulpian im Gegensatz zu den tutores ipso iure von solchen Personen, welche nicht tutores sind, sondern nur thatsächlich Tutorgeschäfte übernommen haben, also die Grundsätze des Tutorrechts praktisch bethätigen, sich wie Tutoren gerieren oder wie man sonst diesen Gegensatz des Rechts in seiner praktischen Anwendung ausdrücken will. Ähnlich richtig Dernburg, Kompens., S. 315. Dass die curatores im Gegensatze stehen zu den tutores, wird man Ubbelohde, S. 45, nicht leicht zugeben, da ganz deutlich in unserer Stelle die tutores und curatores denen, welche pro tutore und pro curatore negotia gerunt, gegenübergestellt sind.

Paulus l. 4 D. de compensat. 16, 2: Verum est, quod et Neratio placebat et Pomponius ait, ipso iure eo minus fideiussorem ex omni contractu debere, quod ex compensatione reus retinere potest: sicut enim, cum totum peto a reo, male peto, ita et fideiussor non tenetur ipso iure in maiorem quantitatem, quam reus condemnari potest.

Paulus führt aus, dass der Bürge nur für die thatsächliche Schuld des Hauptschuldners (d. h. minus der Gegenforderungen desselben) hafte[78]). Er sagt, dass der Bürge nach den Grundsätzen des Rechts als solchen (und nicht etwa erst bei der Anwendung des Rechts) nur für so viel hafte, als der Hauptschuldner im Prozess (also bei der Anwendung des Rechts) zu zahlen verurteilt werden könne (condemnari potest). Damit, dass Paulus sagt ipso iure, will er hervorheben, dass sich dies aus dem Begriffe der Bürgschaft ergebe, wie derselbe im objektiven Recht als solchem bestehe. Also auch hier steht sich objektives Recht als solches und objektives Recht in seiner Anwendung gegenüber. Würde das ipso iure im Gegensatz zum prätorischen Rechte stehen, wie Eisele annimmt,[79]) so müsste die condemnatio immer auf Grund prätorischen Rechtes erfolgen. Es giebt aber auch civile actiones.

Paulus l. 5 § 1 D. de his quae ut indign. 34, 9: divus Pius ita rescripsit: cognati Sophronis licet ab herede instituto acceperant legata, tamen, si is eius condicionis fuerit visus, ut optinere hereditatem non possit, et iure intestati ad eos cognatos pertinet, petere hereditatem ipso iure poterunt. prohibendi autem sint an non, ex cuiusque persona, condicione, aetate causa cognita a iudice constituendum erit.

Wenn also auch die Verwandten des Sophron von dem eingesetzten Erben die Legate angenommen haben, so hindert dies nicht, dass nachher die Erbschaft an sie gelangt, sofern der eingesetzte Erbe die Erbschaft nicht behält, und sie als Intestaterben berufen sind. Vielmehr können sie nach den Grundsätzen des objektiven Rechts als solchen die Erbschaft einklagen. Diesem

[78]) So fassen wir die Stelle auf. Vergl. l. 63, D. de fideiuss. 46, 1.
[79]) Grundl. S. 72, 73.

ipso iure wird entgegengesetzt das prohibendi sint an non[80]) und von diesem letzteren wird gesagt, dass dies der Untersuchung des Richters vorbehalten bleibt. Also bei der Anwendung des Rechts soll eventuell von den Grundsätzen des objektiven Rechts als solchen abgewichen werden.

§. 5. Abweichende Ansichten über die Bedeutung des ipsum ius.

Im Gegensatz zu dem Ausgeführten hat man besonders hartnäckig behauptet, dass der Gegensatz von ipso iure liege in dem ius praetorium.[81]) Ipsum ius sei gleichbedeutend mit ius civile.[82]) Einen gewissen Schein von Berechtigung hat diese Behauptung für sich, und es erklärt sich derselbe mit Leichtigkeit. Denn das objektive Recht als solches ist, soweit es rechtsverbindlich ist, ius civile, und zwar aus dem einfachen Grunde, weil praetor ius facere non potest. Dies ist also der Grund, warum es kein prätorisches ipsum ius giebt. Der Beweis, dass es beim ipsum ius nicht auf die Rechtsquelle ankommt, sondern dass das ipsum ius das objektive Recht als solches im Gegensatze zum objektiven Recht in seiner Anwendung ist, liegt darin, dass der Gegensatz von ipsum ius keineswegs bloss prätorisches, sondern

---

[80]) Diesen Gegensatz nimmt auch an Eisele, Grundl., S. 69 und Ubbelohde S. 41. — Dernburg, Kompens., S. 319 nimmt wohl unrichtig als Gegensatz zu ipso iure das „a iudice constituendum est" an. Nicht dass die Zulassung der Erbschaftsklage von dem Ermessen des Richters abhängt, soll hervorgehoben werden, sondern, dass bei der Anwendung des Rechts unter Umständen von den Grundsätzen des objektiven Rechts als solchen abgewichen werden könne.

[81]) Namentlich Ubbelohde S. 41 f. und Eisele, Grundl., S. 62 f. Auch Zimmermann, Krit. Bemerkungen, S. 17, 18; Lenel, Except., S. 55, 99, 100, 135; Gradenwitz, Ungiltigkeit, S. 257; wie es scheint auch H. Krüger, Except. doli, S. 169 und Sanio, Varron., S. 224, mit Bezug auf Pomponius, l. 2 pr. D. de O. I. 1, 2. Wir meinen aber, dass gegen Sanio schon der Umstand entscheidet, dass Pomponius in seinem Enchiridion keineswegs ausschliesslich vom ius civile (gedacht als Gegensatz zum ius praetorium) spricht.

[82]) So namentlich Eisele a. a. O.

auch civiles Recht ist.[83]) Weil also das rechtsverbindliche objektive Recht als solches stets ius civile (einschliesslich des ius gentium), das Recht in seiner Anwendung aber überwiegend prätorisches Recht ist, so ist es natürlich, wenn häufig für das objektive Recht als solches mit Rücksicht darauf, dass es zugleich dem ius civile entstammt, schlechtweg ius civile gesagt wird, und umgekehrt von den Aenderungen, welche bei der Anwendung am objektiven Recht vorgenommen werden, ius praetorium in den Fällen, wo zugleich diese Abänderungen auf prätorischem Rechte beruhen. So erklären sich zahlreiche Stellen, auf welche man besonderes Gewicht gelegt hat. Es laufen also in diesen Stellen die Gegensätze „ius civile“: „ius praetorium“, „objektives Recht als solches“: „objektives Recht in seiner Anwendung“ nebeneinander. Denn das objektive Recht als solches ebenso wie das objektive Recht in seiner Anwendung zerfallen je nach ihren Rechtsquellen in ius civile, ius gentium, ius praetorium, ius naturale u. s. w., nur dass es bei dem objektiven Recht als solchem ein ius praetorium nicht giebt, quia praetor ius facere non potest.

Ulpianus l. 3 § 1 D. de pec. constit. 13, 5: Si quis autem constituerit quod iure civili debebat, iure praetorio non debebat, id est per exceptionem, an constituendo teneatur, quaeritur.

Ulpian untersucht, ob für das debitum, welchem eine exceptio entgegensteht, giltigerweise ein constitutum vorgenommen werden könne; er verneint die Frage im Anschluss an Pomponius. Worauf es dem Ulpian ankommt, ist augenscheinlich dies, dass dem debitum eine exceptio gegenübersteht; daher musste dies noch besonders hervorgehoben werden. Da Ulpian aber seinen Satz anfängt mit iure civili, so ist es natürlich, dass er sogleich an den Hauptgegensatz vom ius civile, das ius praetorium denkt. Das „id est per exceptionem“ soll keineswegs eine Begriffsbestimmung des ius praetorium geben; wenn auch

---

[83]) Vergl. auch oben S. 7, 10 und Anm. 15 und unten S. 53. Die von Eisele, Grundl., S. 75, angeführten Stellen sprechen gegen die Ansicht von Eisele, als ob ipsum ius gleichbedeutend sei mit ius civile.

nur aus dem Grunde, dass der Begriff des ius praetorium ein viel weiterer ist. Aber es soll dem Ulpian durchaus nicht ein grober Fehler imputiert werden, welcher darin bestehen würde, dass er etwas zum ius praetorium rechnet, was nicht zum ius praetorium gehört. Erwägen wir doch, dass thatsächlich die meisten Exceptionen dem Prätor ihre Entstehung verdanken. Da ist es wohl nicht auffallend, wenn Ulpian an einer Stelle, wo er sich gedrängt ausdrückt (eine klare Ausführung wird niemand in den Worten iure praetorio . . . . id est per exceptionem sehen wollen) bei der exceptio zunächst an das ius praetorium dachte. Bedenken wir noch weiter, dass die Veränderungen, welche im Rechte bei dessen Anwendung gemacht wurden, überwiegend ebenfalls vom Prätor ausgingen, so werden wir die Worte Ulpians richtig verstehen und nicht auf der gedrängten und etwas ungenauen Ausdrucksweise eine ganze Theorie aufbauen wollen.[84])

Wenn Eisele[85]) meint, dass G. IV. 116b das ipso iure gleichbedeutend gebraucht mit iure civili, so beruht diese Annahme insbesondere auch auf einer falschen Lesart. Nach der Ausgabe von Krüger und Studemund steht in der Stelle wahrscheinlich nicht ipso iure, sondern id ipsum. Wir haben aber keinen Grund, hier eine Konjektur vorzunehmen. Zum mindesten hätte dies von Eisele begründet werden müssen. Wenn man sich etwa auf IV. 116 berufen wollte, so ist darauf zu verweisen, dass der Ausdruck ius civile in den Quellen auch in der Bedeutung „objektives Recht als solches“ im Gegensatz zum „objektiven Recht in seiner Anwendung“ gebraucht wird. Was aber G. II. 198 anbetrifft, so spricht Gaius von „iure civili“ und „ipso iure“ in zwei untereinander verschiedenen Fällen. Im ersten Fall spricht er vom legatum per vindicationem und gebraucht da iure civili im Sinne von iure Quiritium im Gegensatze zum SC. Neronianum. Im zweiten Fall spricht er vom legatum per damnationem und stellt dem ipso iure gegenüber das „per exceptionem repelli“. Es besteht zwischen beiden Fällen kein Zusammenhang, und muss

[84]) Eisele, Grundl., S. 57, 62.
[85]) Grundl., S. 64.

es daher als unerlaubt bezeichnet werden, das iure civili des ersten Falls mit dem ipso iure des zweiten zu identifizieren, wie dies Eisele[86]) thut.

Proculus bei Paulus l. 17 § 1 D. soluto matr. 23, 3: dabitur ei exceptio, quamvis iure civili sit obligata.[87])

G. IV. 112: Non omnes actiones, quae in aliquem aut ipso iure competunt, aut a praetore dantur.[88])

Lenel[89]) unterscheidet fünf Gegensätze von ipso iure und kommt zu dem Schluss,[90]) dass der Ausdruck ipso iure eine technische Bedeutung überhaupt nicht habe. Der Ausdruck ipso iure stellt allerdings nicht einen fest ausgebildeten Begriff dar, wie etwa die Begriffe mutuum, depositum, commodatum u. s. w., verbindet aber mit sich eine ganz bestimmte Vorstellung, nämlich die des objektiven Rechts als solchen. Und wenn wir die von Lenel angeführten Stellen durchgehen, so finden wir, dass unsere Bedeutung überall passt. Auch der von uns angegebene Gegensatz zwischen dem objektiven Recht als solchen und dem objektiven Recht in seiner Anwendung findet überwiegend Bestätigung, nirgends aber Widerspruch in den von Lenel angezogenen Beleg-

86) Grundl., S. 64.

87) Da die exceptio, von welcher die Rede ist, eine prätorische ist, so ist es nicht auffallend, dass dem gegenüber von dem ius civile gesprochen wird.

88) Direkt gegen unsere Auffassung spricht diese Stelle nicht. Es ist anerkannt, dass das objektive Recht als solches actiones erzeugt; ausserdem aber giebt es actiones, welche im objektiven Recht als solchem nicht ihre Grundlage haben, sondern erst im Prozess geschaffen werden. Nun ist unzweifelhaft objektives Recht als solches auch das Ediktalrecht der Prätoren, soweit dies nicht actiones vorstellt. Dies objektive Recht als solches erzeugt aber noch nicht actiones, vielmehr muss der Prätor erst solche geben, denn der iudex würde das Ediktalrecht ohne besondere Anweisung in einer actio nicht zur Anwendung bringen dürfen. Daher kommt thatsächlich die Bedeutung von ipso iure hier auf das ius civile hinaus. Dass beide Ausdrücke identisch sind, ist damit noch nicht gesagt.

89) Except. S. 89 f.

90) Except. S. 89. Ähnlich auch schon Dernburg, Kompens., S. 314 f.

stellen. Denn es kommt bei unserem Gegensatze nicht darauf an, ob von dem angewendeten Recht mit Rücksicht auf den Eingriff des Magistrats oder des Gesetzes gesprochen wird. Unserer Auffassung ist Genüge geleistet, wenn da, wo überhaupt ipso iure in einen Gegensatz gestellt wird, dieser Gegensatz besteht in der Anwendung des Rechts in praxi. In vielen von Lenel angegebenen Stellen steht das ipso iure überhaupt in keinem Gegensatz, sondern für sich allein und bedeutet lediglich „nach den Grundsätzen des Rechts als solchen". Wenn dabei von einer Thätigkeit der Partei gesprochen wird, so geschieht dies nur zur Erläuterung des Begriffs ipso iure, nicht, um einen Gegensatz hervorzuheben.[91])

Bekker[92]) ist folgender Ansicht: „Der Rechtssatz, der wegen seines Bestehens als solcher, und also ohne jeden besonderen Hinweis, von dem iudex zu beachten ist, der gilt ipso iure; was der iudex nicht ohne besonderen, regelmässig von dem Prätor ausgehenden Hinweis zu beachten hat, das gilt allgemein ‚tuitione praetoria', je nachdem ‚ope exceptionis'." Ipso iure wäre danach gleichbedeutend mit officio iudicis. Es liegt ein richtiger Kern in dieser Ansicht. Und wir glauben, dass unsere Auffassung der Bekkerschen verwandt ist. Wir möchten aber der Fassung, wie sie Bekker aufstellt, einen doppelten Vorwurf machen. Einmal klingt die Fassung so, dass man leicht zu dem Schlusse kommen könnte, als ob Bekker jener Ansicht beitritt, wonach ipso iure gleichbedeutend ist mit iure civili. Denn „ohne besonderen, regelmässig von dem Prätor ausgehenden Hinweis" hat der iudex nur das ius civile (einschliesslich des ius gentium) zu beachten. Dass aber ipso iure mit iure civili, soweit es auf die Rechtsquelle ankommt, nicht gleichbedeutend ist, glauben wir oben nachgewiesen zu haben. Wir meinen aber nicht, dass dies Bekker behaupten will. Deswegen sind wir gegen dessen Fassung aufgetreten. Der andere Vorwurf, den wir Bekker machen, ist der, dass seine Erklärung des ipsum ius nur eine Umschreibung ist, aber keine Erklärung, was ipsum ius sei. Wir sind mit Bekker der Meinung, dass der iudex das ipsum ius zur Anwendung bringt

---

[91]) Vergl. oben S. 27 Anm. 40.

[92]) Akt. II. S. 279. Vergl. unten S. 114.

ohne besonderen Hinweis.[93]) Hierbei müssen wir noch einen Punkt unserer Auffassung erklären, welcher zu Anstoss veranlassen könnte. Unsere Meinung geht dahin, dass ipsum ius das objektive Recht als solches ist, ohne Rücksicht auf die Quelle. Dazu müssen wir aber hinzusetzen, dass es natürlich ein ipsum ius auf prätorischer Rechtsquelle beruhend nicht giebt. Denn ius facere praetor non potest. Wohl schafft der Prätor objektives Recht als solches und objektives Recht in seiner Anwendung. Objektives Recht als solches sind die Rechtsnormen, welche der Prätor im Edikt aufstellt; objektives Recht in seiner Anwendung sind die Formeln des Edikts.[94]) Aber die Ediktsnormen als solche sind nicht rechtsverbindlich; erst wenn der Prätor diese Normen, sei es in den ediktalen Formeln, sei es in der Praxis im konkreten Fall zur Anwendung bringt, werden sie rechtsverbindlich. Dann sind aber jene Normen nicht mehr objektives Recht als solches, sondern sie sind schon objektives Recht in seiner Anwendung. So dürfte es begründet sein, wenn wir sagten, dass der Prätor zwar objektives Recht als solches aufstellen könne, aber nicht rechtsverbindliches, nicht ipsum ius. Damit aber, dass das ipsum ius nicht prätorisches Recht sein kann, ist etwa nicht gesagt, dass ipsum ius gleichbedeutend ist mit ius civile. Denn das ius civile kann entweder ipsum ius (objektives Recht als solches) sein, oder aber auch objektives Recht in seiner Anwendung (z. B. exceptio SC. Macedoniani.) Also rechtsverbindliches objektives Recht als solches kann nur ius civile sein. Dagegen kann das objektive Recht in seiner Anwendung entweder civiles oder prätorisches sein. Prätorisches Recht deswegen, weil dem Prätor die Anwendung des Rechts übertragen ist. Die Anwendung des Rechts ist der wesentliche Inhalt der prätorischen Jurisdiktion. Dass die Römer die Anwendung des Rechts nicht so auffassten, als ob darunter nur die Befolgung des bestehenden Rechts zu verstehen sei, sondern dass mit der Anwendung des Rechts eine bedeutende rechtschaffende Thätigkeit verbunden war, ist bekannt. Wir meinen, dass sich aus dem Angeführten der Gegensatz, den wir annehmen,

---

[93]) Vergl. Paulus l. 38 D. de hered. pet. 5, 3; fr. Vatic. 94.

[94]) Vergl. oben Anm. 15.

deutlich hervorhebt. Nicht um den Gegensatz zweier Rechtsquellen („ius civile“: „ius praetorium“) handelt es sich, sondern um den Gegensatz zweier getrennten Rechtsgebiete, des objektiven Rechts als solchen und des objektiven Rechts in seiner Anwendung. Dass das eine Rechtsgebiet (das objektive Recht als solches) das prätorische Recht nicht zur Rechtsquelle hat, während das andere Rechtsgebiet (das objektive Recht in seiner Anwendung) hauptsächlich auf prätorischem Rechte beruht, hängt mit der Stellung des römischen Prätors zusammen und kann gegen unseren Gegensatz nicht ins Feld geführt werden. Also ipsum ius ist nicht gleichbedeutend mit ius civile. Es ist ein engerer Begriff, da das ius civile auch objektives Recht in seiner Anwendung sein kann (exceptio SC. Macedoniani, SC. Vellaeani u. a.) und da ist das ius civile nicht ipsum ius.[95]) Dagegen giebt es ein prätorisches ipsum ius nicht, wenigstens kein rechtsverbindliches, und nur solches heisst ius. Das objektive Recht in seiner Anwendung ist auch nicht identisch mit dem prätorischen Recht, sondern ein weiterer Begriff, da es auch civiles Recht sein kann.

Zweite Abteilung.

Der Begriff der exceptio.

§. 6. Das Verhältnis zwischen actio und exceptio.

Actio und exceptio gehören dem objektivem Recht in seiner Anwendung an.

Wie die actio dem objektivem Recht in seiner Anwendung angehört, so auch die exceptio. Beide Institute stehen auf demselben Boden und zu einander in engster Beziehung.[96])

---

[95]) Daher wird die exc. Sc. Vell. in Gegensatz zum ipsum ius gesetzt l. 1 §§ 1, 2 ad Sc. Vell. 16, 1.

[96]) Es ist dies allgemein anerkannt und bedarf nicht weiterer Ausführungen. Vergl. Keller, Litiskont., S. 208; Windscheid, Actio, S. 225 f.

Die Quellen sagen uns ausdrücklich, dass die exceptio ein Mittel ist, welches bei der Anwendung des Rechts gehandhabt wurde.

Pomponius l. 66 D. de solut. 46, 3: Wenn der Schuldner eines Mündels auf Befehl dieses, aber ohne Ermächtigung durch den Vormund dem Gläubiger des Mündels Zahlung geleistet hat, so befreit er zwar das Mündel von dem Gläubiger, aber er selbst bleibt verpflichtet. Es entspricht dies den Grundsätzen des Rechts als solchen über die Handlungsfähigkeit des Mündels. Dem Mündel ist ohne tutoris auctoritas gezahlt worden; diese Zahlung ist ungiltig, da das Mündel nicht berechtigt ist, die Obligation zu tilgen. Bei der Anwendung des Rechts schuf man aber ein Korrektiv, falls der Schuldner des Mündels auf Zahlung verklagt würde. Pomponius sagt, dass der Schuldner dann exceptione se tueri potest. — Dass dieses Hilfsmittel sich auf die Anwendung des Rechts bezieht, wird nicht bestritten werden, einmal weil die exceptio ein Institut des Aktionenrechtes ist und unzweifelhaft nur im Prozess geltend gemacht werden kann, und dann, weil Pomponius se tueri potest nur sagen konnte von der Verteidigung im Prozess.

Iulianus bei Ulpianus l. 4 § 32 D. de doli mali exc. 44, 4.

Wenn A von Titius ein dem Sempronius gehöriges Grundstück kauft und tradiert erhält, Titius nachher Erbe des Sempronius wird und dasselbe Grundstück dem Maevius verkauft und tradiert, so nimmt Iulian an aequius esse praetorem te (den A) tueri, nämlich mit der exceptio doli oder mit der replicatio. — Auch diese Ausdrucksweise weist deutlich auf die Zugehörigkeit der exceptio zum Recht in seiner Anwendung hin.

Daher heisst es so oft in den Quellen, dass dem Beklagten durch die exceptio „geholfen“ werde, oder der Kläger mit der exceptio „abgewiesen“ werde. Solche und ähnliche Ausdrücke können sich aber nur auf das objektive Recht in seiner Anwendung beziehen.

Quintus Mucius bei Pomponius l. 34 § 1 D. de auro arg. 34, 2: si perseveraverit . . . . . . in petendis quinque libris, exceptione doli mali submoveatur.

Iulianus l. 4 § 32 D. de doli mali exc. 44, 4: exceptione se tueri, und ähnlich bei Africanus l. 38 § 1 D. de solut. 46, 3; ebenso Pomponius l. 66 D. de solut. 46, 3; Gaius l. 27 § 1 D. de noxal. act. 9, 4: per exceptionem repelli und ähnlich l. 141 § 5 D. de V. O. 45, 1 und G. III. 168; Ulpianus l. 1 § 1 D. Ut legat. seu fideicom. 36, 3; Paulus Sent. II. 2 § 3; Modestinus l. 34 § 2 D. de legat. II. 31.

Wir haben schon oben ausgeführt, dass actio das objektive Recht in seiner Anwendung ist, soweit dies sich auf den Angriff gegen den Beklagten bezieht. Die actio stellt die Voraussetzungen dar, unter denen der iudex den Beklagten verurteilen soll, und zwar die regelmässigen Voraussetzungen. Die römischen Juristen haben zahlreiche Schemata von Voraussetzungen für die Verurteilung des Beklagten aufgestellt und die einzelnen Schemata actiones genannt. Insofern stimmt unser Begriff mit dem von Lenel aufgestellten überein, wonach actio ist der Kondemnationsbefehl.[97]) Denn die actio stellt die regelmässigen Voraussetzungen dar, unter denen der iudex kondemnieren soll. Das involviert auch die Angehörigkeit der actio zum objektiven Recht in seiner Anwendung, da nur hier von einer Kondemnation die Rede sein kann.

Es soll hier noch dem Einwand entgegengetreten werden, als ob die actio keineswegs objektives Recht in seiner Anwendung enthalte.[98]) Die actio in ius concepta enthält zwar nicht ausdrücklich die rechtlichen Grundsätze, welche der Beurteilung im

---

[97]) Lenel, Except., S. 17 f. Die Lenelsche Definition stellt den prozessualen Begriff der actio, unsere dagegen den materiellrechtlichen Begriff in den Vordergrund. Vereinigt man beides, so haben wir wohl das, was die Römer unter actio verstehen. Vergl. auch Schultze, Privatr. u. Proc., I. S. 236 f. und oben S. 5.

[98]) Dies scheint Eisele, Grundl., S. 6 f. zu behaupten. Eisele hebt mit Recht hervor, dass der iudex keineswegs etwa bloss den Thatbestand der formula zu prüfen, sondern auch das Recht zu kennen und anzuwenden habe. Dennoch geht wohl Eisele zu weit, wenn er a. a. O. S. 6 Anm. 7 sagt: „Nehme ich den Kondemnations- und Absolutionsbefehl, der, wie gesagt, eine mehr logische Folge der intentio ist, weg und ausserdem noch die Ernennung des iudex, die mit der Gerichtsorganisation zusammenhängt, so steht in der formula de certa pecunia

Prozess zu Grunde gelegt werden sollen, verweist aber ausdrücklich auf das ius civile. Insofern ist also das ius civile in die formula der actio mit aufgenommen; es wird durch die Fassung der actio bestimmt, dass das civile Recht, so wie es da sei, angewendet werden solle; es wird das civile Recht durch diese allgemeine Fassung der actio autorisiert.[99]) Bei der actio in factum concepta ergiebt sich unsere Auffassung mit Leichtigkeit, da die Voraussetzungen für die Verurteilung spezialisiert und nicht bloss unter Hinweis auf das civile Recht angegeben werden.

Weiter mag hier, mit Rücksicht auf die häufige Zusammenstellung von actio und iudicium in unseren Quellen und die in neuester Zeit von Gradenwitz[100]) darüber ausgesprochene Ansicht, eine Untersuchung über den Unterschied zwischen actio und iudicium im klassischen römischen Recht hingesetzt sein.

Erörtern wir zunächst den Sprachgebrauch bei Gaius. Iudicium ist das Verfahren in iudicio; aber auch das Recht auf dies Verfahren in iudicio, während actio auch das Recht auf das Verfahren in iure ist. Wo Gaius den Ausdruck actio gebraucht, denkt er vor allem an das Verfahren in iure, an den Angriff des Klägers in iure. Wo dagegen Gaius vom iudicium spricht, denkt er vor allem an den durch das Prozessverfahren herbeizuführenden Endeffekt. Einen tiefer gehenden Unterschied als den erwähnten macht aber Gaius zwischen actio und iudicium nicht. Aber dieser Unterschied wird auch von ihm festgehalten. Es ist daher nicht richtig, iudicium mit actio für gleichbedeutend zu halten,[101]) oder zu behaupten, dass der Ausdruck iudicium auch das Verfahren

---

credita nichts mehreres als auf einem etwa wie folgt überschriebenen Aktendeckel: Akten des Kgl. Kreisgerichts zu N. in Sachen des N. N. Kl. gegen N. N. Bekl. Wechselforderung von 1000 Thlr. betreffend." Uns scheint es, als ob Eisele in der Betonung der Thätigkeit des iudex die Bedeutung der Formula doch zu gering schätzt. Übrigens zieht aber Eisele keine Konsequenzen dieser zu weit gehenden Auffassung von der Bedeutung der Formula. Vergl. unten S. 68.

99) Vergl. auch v. Bethmann-Hollweg, Civ.-Proz. II. § 85 und Karlowa, Rechtsgeschäft, S. 134.

100) Interpol. S. 101.

101) So die Turiner Institutionenglosse (Z. f. d. R.-G., VII. S. 53 No. 13) zu § 7 I. de tut. Atil. 1, 20.

in iure mit umfasse, wie Wlassak[102]) behauptet. Das letztere darf man nicht etwa damit beweisen wollen, dass Gaius häufig in Verbindung mit Verben, insbesondere dare, agere, statt actio auch iudicium gebraucht. Denn agere wird insbesondere vom Verfahren in iure gebraucht; dennoch findet sich wiederholt bei Gaius: iudicio agitur. Daraus folgt aber nicht, dass iudicium auch das Verfahren in iure umfasst, sondern nur, dass Gaius auch beim Verfahren in iudicio von agere spricht. Schlagend ergiebt sich dies aus den Stellen, in denen agere vom iudicium gebraucht wird, wo eine Bezugnahme auf das Verfahren in iure vollständig ausgeschlossen ist, nämlich

G. IV. 80 cum iis imperio continenti iudicio agitur, ähnlich IV. 106, 181.

G. I 184: si legitimo iudicio agatur, ähnlich III. 180. Die Unterscheidung zwischen iudicia legitima und imperio continentia bezieht sich aber bekanntlich nur auf das Verfahren in iudicio. Wenn sich Wlassak noch besonders auf G. III. 180 beruft, wo es heisst: Tollitur adhuc obligatio litis contestatione, si modo legitimo iudicio fuerit actum, so meinen wir, dass der Schluss, dass die Litiskontestation in das iudicium fällt, keineswegs berechtigt ist. Gaius sagt nur, wenn auf die Litiskontestation ein legitimum iudicium folgt, so hat die Litiskontestation die aufhebende Wirkung, da nunmehr der reus aus der Litiskontestation hafte. Es ist also berechtigt nur der Schluss, dass die Wirkung der Litiskontestation eine verschiedene ist, je nachdem das darauffolgende iudicium ein legitimum oder imperio continens ist. Und dies hat nichts Auffälliges. Übrigens schliesst G. IV. 104, 106 es vollständig aus, dass der Ausdruck iudicium legitimum sich auch auf das Verfahren in iure erstrecken könne.[103]) Es mag auch darauf hingewiesen werden, dass in den oben angeführten Stellen von Gaius regelmässig das Passivum gebraucht wird, nur einmal das Aktivum. Damit kommt zum Ausdruck der Gedanke, dass es sich nicht sowohl um den Angriff des Klägers handelt, als um die Art des Verfahrens in iudicio. Das

---

102) Prozessges., I. S. 29, II. S. 52 f. 78.

103) Gegen Wlassak auch Gradenwitz, Z. d. Sav. St. IX., S. 189.

agi (Passivum) bezieht sich auf beide Parteien, nicht auf den Kläger allein. Wo Gaius den Angriff des Klägers, also das Verfahren in iure hervorheben will, gebraucht er regelmässig actione agere.[104]) Daher heisst es stets actio competit,[105]) niemals iudicium competit. Auch aus anderen Verbindungen, in denen sowohl actio wie iudicium gebraucht wird, darf lediglich der Schluss gezogen werden, dass Gaius häufig das Verfahren in iudicio im Auge hat, wo man den Nachdruck auf das Verfahren in iure erwarten könnte; nicht aber darf daraus die Synonymität von actio und iudicium gefolgert werden. Solche Verbindungen sind insbesondere folgende:

iudicio teneri (III. 117, 198) neben actione teneri (IV. 4); iudicium locum habet (IV. 175, 179, 181) neben actio locum habet (IV. 71); iudicium datur (IV. 37 a. E. I. 191, IV. 170) neben actio datur (II. 78, 255, 258, III. 84, 122 a. E. 202, 219, IV. 36, 54, 69, 71, 109 bis 112); iudicium habere (III. 127) neben actionem habere (II. 61, III. 127, 156, 161, 205); proprium iudicium comparatum est, quod appellatur fructuarium (IV. 169) neben actiones lex constituit (III. 122, 210, IV. 76, 110), actio constituta, introducta est (III. 186, 187, 189, 192, 215 bis 217, IV. 37, 38, 72, 76, 121), actionem praetor introduxit (III. 209), actio a praetore conparata est (IV. 35, 70, 71, 109 bis 112, II. 253 a. E.)

Während also Gaius häufig das Verfahren in iudicio hervorhebt, wo er vom Verfahren in iure spricht, spricht er dagegen niemals in umgekehrter Weise vom Verfahren in iure statt vom Verfahren in iudicio. Daher heisst es stets damnari, condemnari iudicio, niemals actione.[106]) Einmal kommt damnari in Verbindung mit actio vor,[107]) da heisst es aber ex actione damnari. Weiter heisst es aus demselben Grundsatze stets accipere iudicium,[108]) niemals actionem. Und zwar wird accipere iudicium

[104]) G. III. 160; IV. 2, 7, 9, 69.

[105]) G. II. 78 a. E. 253 a. E. 255; III. 111, 114, 203—205, 207; IV. 74 a. 112, 113.

[106]) G. IV. 116, 166 a. E. 178, 180, 182.

[107]) G. IV. 60.

[108]) G. IV. 87, 105, 109, 90, 102, 114, 170; vergl. auch Wlassak, Prozessges., II. S. 36.

stets in Bezug auf den Beklagten oder auf beide Parteien gebraucht, niemals in Bezug auf den Kläger allein.[109])

Denselben Sprachgebrauch wie Gaius hat auch das prätorische Edikt. Es gebraucht stets iudicium accipere,[110]) nicht actionem. Dagegen kommt neben dem regelmässigen iudicium dabo[111]) und non dabo[112]) auch vor actionem dabo,[113]) actionem non dabo,[114]) ne actio detur,[115]) actio non datur.[116]) Im Gegensatze dazu behauptet Gradenwitz,[117]) dass actionem dabo heisse im Edikt: „ich werde in einem bestimmten Fall eine der bestehenden Klagen (oder alle diese Klagen) geben". Iudicium dabo heisst: „ich werde eine neue Klage geben". Gradenwitz[118]) stützt sich für seine Ansicht auf l. 7 D. de iureiur, 12, 2 und l. 1 pr. D. quae in fraud. cred. 42, 8. In der ersten Stelle will der Prätor in dem Falle, wo der Beklagte den von dem Kläger zugeschobenen Eid geleistet hat,[119]) dem Kläger die ihm an sich zustehende actio nicht erteilen. Dass diese actio an sich bestehen muss, soll nicht bestritten werden, denn nur eine solche

---

[109]) Vergl. Keller, Litiskont. S. 67, welcher sich wohl vergeblich bemüht, einen festen Sprachgebrauch von actio und iudicium bei Justinian aufzustellen. Wir haben daher zu den klassischen Juristen zurückgegriffen. Vergl. auch Keller, Civ.-Proz., § 50 i. A. Analog zum oben angeführten Sprachgebrauch wird postulare actionem nur vom Kläger gebraucht, postulare iudicium auch vom Beklagten, wie Lenel, Z. d. Sav. St., IX. S. 180 Anm. 2 mit Recht hervorhebt.

[110]) Bruns, Font., S. 191 Zeile 25, S. 192, Z. 6.

[111]) Bruns S. 189 Z. 2, 4, 8; S. 192 Z. 22, 26, 31; S. 193 Z. 5, 24, 31; S. 194 Z. 7, 18, 21, 22, 27; S. 195 Z. 1, 3, 9, 14; S. 196 Z. 18, 27; S. 197 Z. 2, 10, 12, 19, 22; S. 198 Z. 7, 21; S. 200 Z. 20; S. 203 Z. 1, 15, 17, 18, 23, 24, 27; S. 204 Z. 5, 11, 16, 17, 21; S. 206 Z. 4, 7; S. 209 Z. 2, 25. Ebenso im ädilizischen Edikt Bruns S. 214 Z. 11, 20, 22, 29; S. 215 Z. 1, 9, 11.

[112]) Bruns S. 195 Z. 17.

[113]) Bruns S. 196 Z. 22; S. 198 Z. 13; S. 206 Z. 21; S. 209 Z. 25; S. 212 Z. 12.

[114]) Bruns S. 194 Z. 12.

[115]) Bruns S. 206 Z. 14.

[116]) Bruns S. 213 Z. 10.

[117]) Interpol., S. 101.

[118]) Z. d. Sav., St. VIII. S. 253.

[119]) Vergl. dazu Lenel in Bruns, Font., S. 194 Anm. 8.

kann der Prätor verweigern. Man kann nicht annehmen, dass der Prätor in dem Edikt noch besonders hervorgehoben haben würde, dass eine actio nicht erteilt werde, weil die in dem schon bestehenden Recht geforderten Voraussetzungen nicht vorlägen.[120]) Also eine Änderung des bestehenden Rechts nehmen wir in dem „neque . . . . actionem dabo“ ebenfalls an. Anders steht die Sache in der zweiten von Gradenwitz herangezogenen Stelle. Hier schafft der Prätor eine neue Klage, die actio Pauliana, gegen denjenigen, welcher mit dem Schuldner zum Schaden der Gläubiger ein Geschäft abgeschlossen hat. Man kann nicht annehmen, dass unter der actio nur eine der schon bestehenden actiones verstanden werden soll, welche nun der Prätor gegen den näher bezeichneten Kontrahenten geben will. Danach würde das Edikt dem Gläubiger nur ein Eintrittsrecht in die Geschäfte des Schuldners gewähren.[121]) Es will aber der Prätor mit der actio eine neue Klage schaffen.[122]) — Auch die anderen von Gradenwitz[123]) angeführten Stellen beweisen dessen Ansicht keineswegs. In dem Edikt quod cum eo qui in aliena potestate No. b[124]) wird mit dem iudicium dabo nicht eine neue Klage gegeben, sondern eine schon bestehende actio wird nur beschränkt in ihrer Kondemnation, die adjektizische Klage nach dem Tode des Haussohns dumtaxat de peculio gegeben. Will aber Gradenwitz nur so viel behaupten, dass die Ausdrucksweise iudicium dabo jede Neuerung hervorhebe, so lässt sich nicht ersehen, warum von No. c in demselben Edikt nicht dasselbe gelten soll. Auch da handelt es sich um die Einschränkung der Kondemnation bei einer bestehenden actio[125]) und doch sagt der Prätor: actionem dabo. Im Edikt de interdictis 9[126]) erklärt sich aber der Ge-

---

[120]) So auch Gradenwitz, Z. d. Sav. St., VIII. S. 252.

[121]) Dies scheint allerdings Gradenwitz anzunehmen, vergl. namentlich die Ausdrucksweise in Z. d. Sav. St. VIII. S. 253.

[122]) Vergl. auch Lenel, Ed. perp., S. 351; Dernburg II. S. 375 Anm. 8.

[123]) Z. d. Sav. St., VIII. S. 252.

[124]) Bruns, Font., S. 198.

[125]) Vergl. l. 2 § 1; l. 4 §§ 3, 4 D. quod cum eo. 14, 5.

[126]) Bruns, Font., S. 209.

brauch von actio hinreichend durch das nachfolgende postulabitur, welches vom Kläger nicht gut in Verbindung mit iudicium gebraucht werden konnte.[127]) Dass das Edikt de sepulcro violato[128]) mit dem von Gradenwitz vermuteten Sprachgebrauch nicht übereinstimmt, führt Gradenwitz selbst an, meint aber der Stelle aus dem Wege gehen zu können, indem er das in der Mitte jenes Edikts vorkommende ei centum aureorum actionem dabo[129]) für interpoliert erklärt. Eine solche Annahme scheint aber nicht gerechtfertigt zu sein. Wären die angegebenen Worte nicht ediktal, so würde die Popularklage nicht auf eine bestimmte Summe gehen, wie dies die Regel war in den Fällen, wo wie hier sich der Schaden nicht besonders schätzen liess,[130]) sondern auf quanti ob eam rem aequum videbitur. — Aber auch andere Stellen widersprechen ausdrücklich der von Gradenwitz aufgestellten Ansicht. Lenel,[131]) welcher gleichfalls die Gradenwitzsche Meinung verwirft, weist mit Recht darauf hin, dass in dem Edikt de aleatoribus mit Bezugnahme auf schon bestehende Klagen der Ausdruck iudicium gebraucht wird. Dasselbe ist der Fall im Edikt de in integrum restitutionibus No. 4;[132]) und de furtis No. 2d,[133]) wodurch das Edikt nur die noxae deditio ausgeschlossen hat und im übrigen die alte actio furti als noxalis bestätigt wird.[134])

---

[127]) So auch Lenel, Z. d. Sav. St., IX. S. 180 Anm. 2.

[128]) Bruns, Font., S. 196.

[129]) Die blosse Thatsache, dass von den aurei, welche natürlich interpoliert sind, die Rede ist, dürfte für die Interpolation auch der anderen Worte nicht entscheidend sein.

[130]) So bei den Popularklagen de albo corrupto auf 500 aurei (Lenel, Ed. perp., S. 46), ne quis in suggrunda auf 10 000 Sesterzen (Lenel, Ed. perp., S. 133). Andere Beispiele vergl. bei Rudorff, R.-G., II. S. 157.

[131]) Z. d. Sav. St., IX. S. 179.

[132]) Bruns, Font., S. 192.

[133]) Bruns, Font., S. 200.

[134]) G. IV. 75, 76. Das Edikt de publicanis (Bruns, Font., S. 203) hat natürlich mit dem obigen allgemeinen Edikt de furtis nichts zu thun. Vergl. Lenel, Ed. perp., S. 268 No. 11.

Einen anderen Unterschied zwischen iudicium und actio als Prozessindividuen sieht Gradenwitz (Interp. S. 110, 111) darin, „dass actio (depositi, commodati) das ganze Rechtsinstitut bezeichnet, während iudicium jede Art von Prozess ist, welche sich aus dem Rechtsverhältniss entwickeln kann. Mit anderen Worten, es giebt nur eine actio depositi, aber es giebt manche iudicia depositi. — Actio ist eben ein selbständiger Prozessorganismus, der im Edikt unter besonderer Überschrift steht; die mannigfaltigen Prozessarten, welche dabei ins Leben treten können, die Formen, in denen diese actio ausgeübt wird, (und für welche ein für viele actiones gemeinschaftliches Schema besteht) sind nicht wieder actiones, sondern eben iudicia." Auch diese Unterscheidung entspricht keineswegs den Quellen.[135]) Die Ausführungen über das „gemeinschaftliche Schema für mehrere Aktiones" können vor allen Dingen nicht gebilligt werden.[136])

[135]) Dass in den wenigen von Gradenwitz angegebenen Stellen (G. IV. 166, 169) der behauptete Sprachgebrauch eine Stütze findet, ist natürlich ohne Bedeutung.

[136]) Im Gegenteil muss betont werden, dass jede actio ihr eigenes Schema hat. Dass dieselbe actio aus mehreren materiellen Klaggründen hervorgehen kann (die actio certae creditae pecuniae kann wegen vieler civilrechtlichen Obligationsansprüche angestellt werden), kommt nicht in Betracht. Sie bleibt in allen Fällen dieselbe actio. Vergl. Bekker, Akt., I. S. 133 f. Ebenso kann man deswegen, weil z. B. die actio legis Aquiliae bald rein, bald als utilis, oder als in factum concepta erscheint (vergl. Dernburg II. § 131 Anm. 4; Pernice, Sachbeschäd., S. 145 f.), nicht von einem gemeinschaftlichen Schema für viele actiones sprechen. Es liegen hier mehrere actiones vor. Und wenn es aus dem Edikt de hominibus coactis et vi bonorum raptorum verschiedene actiones gab (Lenel, Ed. perp. S. 318), so sind das mehrere selbständige actiones. Alle actiones, welche aus einem Edikt gegeben werden, führen den Namen des Edikts. Daher führen die actiones utiles, in factum conceptae, directae und contrariae alle denselben Namen, und doch sind es verschiedene actiones. Es kann das Edikt nicht etwa als Hauptschema für diese actiones betrachtet werden. Dies Verhältnis zwischen Edikt und actio charakterisiert unserer Meinung nach Gaius sehr zutreffend in Redewendungen actio praetoris edicto constituta (IV. 76, III. 189), ex edicto praetoris introducta (III. 192). Wie die formula auf Grund des Edikts vom Prätor gebildet wurde (vergl. Lenel, Ed. perp., Einl. S. IX; Dernburg, Alter der einzelnen Sätze, S. 105),

Nach Gradenwitz ist iudicium die „individuelle Klage“, der einzelne Prozess in concreto, während actio einen mehr „allgemeinen Charakter“ hat und also das ganze Rechtsinstitut in abstracto bedeutet. Nun gebraucht aber Gaius zur Bezeichnung des ganzen Rechtsinstituts auch iudicium.

G. IV. 62: Sunt autem bonae fidei iudicia haec: ex empto vendito, locato conducto, negotiorum gestio, mandati etc.

Hier denkt Gaius sicherlich nicht an einzelne Prozesse, sondern an die ganzen Rechtsinstitute, soweit sie natürlich prozessualisch in Betracht kommen.

G. IV. 169: proprium iudicium conparatum est quod appellatur fructuarium, quo nomine actor iudicatum solvi satis accipit.

Anderseits kommt actio auch zur Bezeichnung einer individuellen Klage vor, G. III. 127: In eo quoque par omnium (sc. sponsorum, fidepromissorum, fideiussorum) causa est, quod si quid pro reo solverint, eius reciperandi causa habent cum eo mandati iudicium. Es ist also von einem konkreten Prozess die Rede. Dann heisst es weiter: et hoc amplius sponsores ex lege Publilia propriam habent actionem in duplum, quae appellatur depensi. Der zweite Teil der Stelle ist die Fortsetzung des in dem ersten Teil erörterten Falls. Das ergiebt auch das hoc amplius. Hier ist sicherlich nicht von dem ganzen Rechtsinstitute der actio ex lege Publilia die Rede, sondern speziell von dem Regressrechte der Bürgen gegen den Hauptschuldner.

G. IV. 175: calumniae iudicium adversus omnes actiones locum habet. Hier kann auch nur von den actiones als von individuellen Klagen die Rede sein; denn gegen das ganze Rechtsinstitut richtet sich das iudicium calumniae nicht.[137])

G. IV. 171: ex quibusdam causis dupli actio constituitur, veluti si iudicati . . . . agitur G., III. 156: si otiosam pecuniam

---

so gilt dies auch von der actio. Vergl. auch Wlassak, Edikt und Klageform, S. 16 f., 34, 55, 61, 68, 70, 124, 136. Wir können daher der Ansicht von Gradenwitz über den Sprachgebrauch von actio und iudicium, so bestechend auch diese Ansicht auf den ersten Blick erscheint, nicht beitreten.

[137]) Ebenso G. IV. 177 a. E.

domi te habentem hortatus fuerim, ut eam faenerares, quamvis eam ei mutuam dederis a quo servare non potueris, non tamen habebis mecum mandati actionem.[138])

Fragt man nun danach, aus welchem Grunde der Prätor im Edikt regelmässig sagt iudicium dabo, nicht actionem dabo, so meinen wir, dass Lenel[139]) eine genügende Erklärung für diesen Sprachgebrauch gegeben hat. Der Prätor hätte mit dem actionem dabo das Recht des Klägers zu sehr in den Vordergrund gestellt; die Hauptaufgabe des Prätors bestand in der Bestellung des Gerichts, in welchem nun über die actio des Klägers entschieden wurde, nachdem der klägerische Anspruch in die formula eingeführt war, in welcher aber auch die Stellung des Beklagten ihre Berücksichtigung gefunden hatte.[140]) Weil

[138]) Ebenso G. IV. 160, 161, III. 205 a. E. (furti actio conpetit, quia hoc casu ipsius interest rem salvam esse).

[139]) Lenel, Z. d. Sav. St., IX. S. 180, vergl. auch Windscheid, Actio, S. 7 und 8; Wlassak, Edikt, S. 61; Dernburg I. § 127; vergl. Voigt, XII. tab. S. 98, 125, 173; v. Jhering, G. d. R. R., II. § 47 C. — Wlassak, Prozessges., I. S. 77 sieht in dem Gegensatze von iudicium und actio den von Schriftformel und Spruchformel. Ohne im näheren darauf eingehen zu wollen, muss mit Rücksicht auf die uns hier beschäftigenden Fragen hervorgehoben werden, dass damit nur ein formeller Gegensatz zwischen actio und iudicium charakterisiert wird, welcher allerdings nicht ohne Berechtigung zu sein scheint (vergl. zustimmend Gradenwitz, Z. d. Sav. St., IX. S. 188). Dass aber auch ein materiellrechtlicher Gegensatz zwischen iudicium und actio besteht, scheint uns schon die bekannte Definition von Celsus l. 51 D. de O. et A. 44, 7 zu beweisen. Dass actio aber nur actio civilis sei, während iudicium auf das prätorische Recht verweise, ist eine sehr bestechende Beobachtung, welche aber für die klassische Zeit wohl nicht mehr berechtigt ist, was Wlassak auch selbst angiebt. Immerhin ist jene Beobachtung für die historische Entwickelung des Sprachgebrauchs von iudicium und actio interessant.

[140]) Recht präzise heisst es bei Ulpianus l. 23 § 7 D. de aedil., ed. 21, 1: Iulianus ait iudicium redhibitoriae actionis utrumque, id est venditorem et emptorem quodammodo in integrum restituere debere. Also das iudicium lässt auch dem Beklagten sein Recht werden; ein römischer Jurist würde wohl nicht gesagt haben actionem redhibitoriam utrumque .... restituere debere.

also der Prätor bei seinen Edikten insbesondere die Konstituierung des Verfahrens in iudicio im Auge hatte, daher sagt er regelmässig iudicium dabo, nicht actionem dabo. Dies Verhältnis zwischen actio und iudicium scheint uns Gaius l. 139 pr. D. de R. J. 50, 17 zu veranschaulichen: omnes actiones, quae morte aut tempore pereunt, semel inclusae iudicio permanent. Das Angriffsmittel des Klägers wird von dem iudicium umfasst, es geht in das iudicium über. Iudicium ist also der weitere Begriff.[141])

Nachdem wir hervorgehoben haben, dass sowohl die actio wie die exceptio dem objektiven Recht in seiner Anwendung angehören, nachdem wir auch darauf hingewiesen haben, dass den Römern das Recht in seiner Anwendung als das wichtigste erscheine, da es hier praktisch ins Leben eingreife,[142]) kommen wir nun auf das Verhältnis zwischen actio und exceptio zu sprechen, um auf diesem Wege zu dem Begriff der exceptio zu gelangen. Es empfiehlt sich wohl, unsere Ansicht an einem praktischen Beispiele durchzuführen, da wir dabei am besten den römischen Juristen nachgehen können.

Der Haussohn A hat von dem B ein Darlehen empfangen und wird nun auf Rückgabe des Darlehns beklagt. Als Klage aus dem mutuum nennt das Justinianische Gesetz die condictio certi[143]). Erwägen wir aber, dass der Ausdruck condictio certi sonst in den Quellen sehr selten vorkommt,[144]) dass in der klassischen Jurisprudenz die Darlehnsklage die actio certae creditae pecuniae war,[145]) so dürfte der Schluss berechtigt sein, dass der Ausdruck condictio certi in der Justinianischen Kompilation auf Interpolation[146]) beruht. Wir nehmen daher als

---

141) Bekker, Akt., II. S. 7 sagt zutreffend: „Was der Kläger fordert, ist ein iudicium, Formel und Richter“.

142) Lenel, Except., S. 37, 106 f. hebt mit Recht hervor, dass „das Schicksal der actio zugleich Schicksal des subjektiven Rechts“ ist, und dass da, wo keine actio bestehe, auch kein subjektives Recht vorliege

143) L. 9 §§ 8, 9; l. 13 § 1 D. de RC. 12, 1.

144) Vergl. Lenel, Ed. perp., S. 185, 186.

145) Vergl. Lenel, Ed. perp., S. 186 Anm. 1.

146) So auch Lenel, Ed. perp., S. 185, 186; Pernice, Labeo. III. S. 211 Anm. 2.

Klage aus dem mutuum die actio certae creditae pecuniae an. [147]) Es fragt sich, ob in der formula dieser actio die causa, aus welcher geklagt wurde, angegeben werden musste. Es könnte aber die causa in zweifacher Weise in der formula bezeichnet sein, nämlich durch eine demonstratio oder in der intentio. Was nun die Angabe der causa durch eine demonstratio betrifft, so nimmt man wohl mit Recht übereinstimmend an, dass unsere actio eine demonstratio nicht enthalten habe. [148]) Aber auch in der intentio brauchte die causa nicht angegeben zu sein. [149]) Ging die Klage aus dem mutuum auf die Zahlung einer bestimmten Geldsumme, so lautete demnach die formula:

Iudex esto. Si paret N. Negidium A. Agerio sestertium X milia dare oportere, iudex N. Negidium A. Agerio sestertium X milia condemna. s. n. p. a. [150])

Klagte also der B gegen den A mit der actio certae creditae pecuniae, so waren in der oben angegebenen formula

---

[147]) Übereinstimmend Lenel, Ed. perp., S. 186; Dernburg II. § 87 Anm. 1; Pernice, Labeo, I. S. 420, III. S. 212 Anm. 3; Karlowa, Rg. II., S. 595.

[148]) Keller, Litiskont., S. 247 Anm. 12; Zimmern, Röm. Pr. R., III. S. 152; Bekker, Akt., I. S. 111 Anm. 34; Puchta, Inst., § 167 Anm. b, c; Huschke, Darlehn, S. 199 Anm. 2. — Dagegen nehmen eine demonstratio an: Hasse, Rh. Mus. f. Jurispr., VI. S. 85, 86 und Buhl, Krit. Vjschr., Bd. 24 S. 231, jedoch ohne Begründung. Für zulässig halten die demonstratio v. Savigny, Syst., V. S. 609 und Heimbach, Creditum, S. 579, aber gleichfalls ohne Begründung.

[149]) Dies nimmt man gleichfalls übereinstimmend an. Vergl. schon Cujacius, Opp., VII. 621 C., weiter Baron, Cond., S. 1, 22, 33 f.; Lenel, Ed. perp., S. 187 Anm. 7; Pfersche, Bereicherungskl., S. 6 f.; Pernice, Labeo, II. S. 266 Anm. 19, III. S. 212 Anm. 2. Eine andere Frage ist es, ob in der intentio die Angabe der causa überhaupt zulässig war. Da unsere Erörterungen sich aber auf den Fall beschränken können, wo in der intentio die causa nicht angegeben war, so brauchen wir auf diese Frage nicht einzugehen. Vergl. darüber Zimmern, Röm. Pr. R., III. S. 152 Anm. 9; v. Savigny, Syst., V. S. 609; Heimbach, Creditum, S. 579; Salpius, Novation und Delegation, S. 183; Schlesinger, Formalkontr., S. 21, 22 Anm. 13; Puchta, Instit., § 167 Anm. d; Dernburg I. § 131 Anm. 5.

[150]) Vergl. G. IV. 41, 43. Übereinstimmend Cujacius, Opp., VII. 622 E. I. 759 A.; Baron, Cond., S. 41, 42; Schlesinger, Formalkontr., S. 21; Lenel, Ed. perp., S. 187; Dernburg I. § 131 Anm. 3.

für ihn die Voraussetzungen des Obsiegens gegeben. Zwar stand in der formula vom mutuum nichts, aber die Fassung derselben wies ausdrücklich darauf hin, dass A nur dann verurteilt werden sollte, wenn nach den Grundsätzen des ius civile er zur Zahlung von 10 000 Sesterzen verpflichtet war. Das ius civile war also hier in die formula aufgenommen; es enthielt also die formula die rechtlichen Voraussetzungen der Kondemnation.[151]) Dieses Prozessverhältnis, wie es durch die formula der actio certae creditae pecuniae vorgestellt wird, ist an die Stelle des zwischen A und B vorher vorhandenen Rechtsverhältnisses aus dem mutuum getreten. Die Grundsätze dieses Prozessverhältnisses sind nunmehr allein massgebend für die Ausfechtung des Streites zwischen A und B.

Der Haussohn A beantragt und erwirkt nun die Einschiebung der exceptio SC. Macedoniani in die formula. Man wird zugestehn, dass damit eine neue Voraussetzung für die Kondemnation entstanden ist.[152]) Der A wird erst dann verurteilt, wenn nicht nur die Voraussetzungen der actio certae creditae pecuniae vorliegen, sondern auch das Nichtvorliegen der Haussohnsqualität gemäss den Grundsätzen des SC. Macedonianum dargethan ist. Die Beweisfrage spielt hierbei keine Rolle und ist unabhängig davon. Es empfiehlt sich nicht, die Beweisfrage mit dem Begriff der exceptio zusammenzubringen; denn nicht immer hat der Excipient die exceptio zu beweisen.[153]) Durch die exceptio SC. Macedoniani ist also die formula der actio certae creditae pecuniae abge-

---

[151]) Dass die von der Rechtswissenschaft ausgebildeten Rechtssätze über den Begriff des mutuum für den iudex als ius gentium und in so fern auch als ius civile verbindlich waren, wird wohl nicht bestritten werden. Vergl. Karlowa, Rg., I. S. 452 f. Vergl. oben S. 56.

[152]) G. IV. 119: exceptio ..... ita formulae inseritur, ut condicionalem faciat condemnationem, id est ne aliter iudex eum, cum quo agitur, condemnet, quam si rell.

[153]) Bei der exceptio non adimpleti contractus liegt die Beweispflicht bekanntlich dem Kläger ob. In der Beweispflicht unterscheidet sich die exceptio nicht von anderen Einreden des Beklagten. Auch die Zahlung hat der Beklagte zu beweisen; und doch hat niemand deswegen in der Zahlung eine besondere Art von Einrede erblicken

ändert, insofern als in die Formel noch ein neuer Bestandteil aufgenommen wird. Das SC. Macedonianum bestimmt aber, dass diese Abänderung der Formel bei allen Klagen aus dem mutuum stattfinden solle.[154]) Die exceptio SC. Macedoniani greift also in das Recht als solches vom mutuum ein und ändert es ab auf dem Wege der Anwendung des Rechts. Theoretisch liegt ein mutuum vor, sobald eine vertretbare Sache einem anderen mit der Verpflichtung zur Rückgabe übergeben worden ist.[155]) Bei der Anwendung des Rechts wird aber nur dasjenige Darlehen von der Rechtsordnung berücksichtigt, welches nicht an einen Haussohn gegeben ist.

Wir wollen sogleich im Anschluss an das Ausgeführte einem Einwande begegnen, den man zu machen geneigt sein möchte. Man könnte nämlich folgendermassen deduzieren. Das SC. Macedonianum schaffte sicherlich civiles Recht.[156]) G. III. 32: praetor heredes facere non potest; per legem enim tantum vel similem iuris constitutionem heredes fiunt, veluti per senatus consultum et constitutionem principalem. Nach der Formel der actio certae creditae pecuniae hatte der iudex den A zu verurteilen, wenn er nach civilem Recht 10000 Sesterzen an den B zu zahlen hatte. Da das SC. Macedonianum civiles Recht war, so hätte der iudex also auf Grund der einfachen Formel unserer actio entscheiden können, dass A zur Zahlung nicht verpflichtet sei. Wie kommt es, dass zur Berücksichtigung dieser

---

wollen. Vergl. neuestens Pernice, Z. d. Sav. St., XIII. S. 277 Anm. 6, S. 278 Anm. 1.

[154]) Es ist bekannt, dass die Klage aus einem Darlehn nicht nur die actio certae creditae pecuniae sein kann (obwohl diese die regelmässige Darlehnsklage ist), sondern auch eine andere, z. B. die actio in factum civilis l. 19 D. de RC. 12, 1. Vergl. dazu Pernice, Z. d. Sav. St., IX. S. 257.

[155]) Statt aller Pernice, Labeo, I. S. 416, 423, 429, II. S. 262, Z. d. Sav. St., IX. S. 226, 237.

[156]) Dies hat man allerdings zu leugnen versucht, da man sich nicht zu erklären vermochte, warum nicht das SC. Macedonianum direkt ipsum ius schaffte. Brinz, K.Vjschr., XIV. S. 216 und Pand. I. S. 376 Anm. 20; Zimmermann, Krit. Bem., S. 24. Dagegen mit Recht Lenel, Except., S. 49 und Karlowa, Rechtsgeschäft, S. 137.

civilrechtlichen Bestimmung es noch einer bestimmten Anweisung des iudex durch den praetor vermittelst der exceptio bedurfte?[157]) Darauf ist zu erwidern. Das SC. Macedonianum hat nicht das civile Recht vom mutuum als solchem abgeändert, es hat nicht bestimmt, dass der hergebrachte Begriff des mutuum abgeändert werden solle, sondern es hat in die Anwendung des Rechts eingegriffen.[158]) Es bestimmte: ne actio petitioque daretur.[159]) Die Anwendung des Rechts lag aber in den Händen des Prätors. Das SC. Macedonianum hatte Normen über die Anwendung des objektiven Rechts, nicht über das objektive Recht als solches aufgestellt. Daher war es Sache des Prätors, nicht die des iudex, die Bestimmungen des SC. Macedonianum zur Ausführung zu bringen. Wir haben oben gesehen, dass die Verschiedenheit der Rechtsquellen neben dem Unterschiede zwischen dem objektiven Recht als solchem und dem objektiven Recht in seiner Anwendung besteht. Es giebt sowohl civiles wie prätorisches objektives Recht als solches, ebenso wie civiles und prätorisches objektives Recht in seiner Anwendung. Wenn man weiter fragen wollte, warum das SC. eine Bestimmung über die Anwendung des Rechts aufstellte, statt in das objektive Recht als solches direkt einzugreifen, so ist auch dies nichts Auffallendes. Es ist bekannt, wie ungern die römischen Juristen von einem einmal aufgestellten Begriff abwichen. Der Begriff des mutuum hatte sich aber im Rechtsleben fest eingebürgert. Da ist es wohl natürlich, dass man den Begriff unangetastet liess, aber auf dem Wege der Anwendung des Rechts den Erfolg herbeiführte, welchen man haben wollte. Es ist dies echt römische Art, zu verfahren.

---

[157]) Vergl. zu dieser Frage auch Lenel, Except., S. 50.

[158]) So auch Bekker, Akt., II. S. 281.

[159]) Dies bestätigen alle übrigen Nachrichten von der Abfassung des SC. Macedonianum. Ulpianus l. 9 § 2 D. de SC. Maced. 14, 6: decreto amplissimi ordinis actio denegatur. Paulus, Sent. II. 10: Qui filio familias ..... pecuniam mutuam crediderit ..... cum eo agere non potest. Kaiser Alexander, l. 5 C. ad SC. Maced. 4, 28: Macedoniani senatus consulti auctoritas petitionem eius pecuniae non impedit, quae filio familias studiorum ..... causa ..... credita est; Sueton. Vesp. 11: neve filiorum familiarum foeneratoribus exigendi crediti ius umquam esset.

§. 7. Aufstellung des Begriffs exceptio.

Die exceptio ist also dasjenige aktionsmässige (d. h. bei der Anwendung des Rechts in die Erscheinung tretende) Mittel, durch welches das objektive Recht in seiner Anwendung abgeändert wird.[160]) Es werden der gerichtlichen Entscheidung nicht die Voraussetzungen der actio zu Grunde gelegt, sondern es wird noch eine weitere Voraussetzung, nämlich die in der exceptio enthaltene, gefordert. Das objektive Recht in seiner Anwendung sind die Aktionen. Dies Aktionensystem wird abgeändert durch systematisch daneben hergehende Exceptionen, indem nicht so, wie das Aktionensystem es fordert, sondern anders verfahren wird. Hier müssen wir daran erinnern, was wir oben[161]) über das Verhältnis zwischen dem objektiven Recht als solchem und dem objektiven Recht in seiner Anwendung gesagt haben. In erster Reihe entspricht das objektive Recht in seiner Anwendung dem objektiven Recht als solchem, d. h. es wird bei der Anwendung des Rechts so verfahren, wie es den Grundsätzen des objektiven Rechts als solchen entspricht. In diesen Fällen, in denen das objektive Recht in seiner Anwendung dem objektiven Recht als solchem entspricht, stellt also die exceptio zugleich eine Abänderung des objektiven Rechts als solchen vor. Wir wollen dies an unserem Beispiele noch klarer machen. Der Begriff mutuum ist objek-

[160]) Unsere Begriffsbestimmung der exceptio bezieht sich sowohl auf die exceptio bei den actiones in ius wie bei den in factum conceptae. Denn auch bei den letzteren wird mit juristischen Begriffen (z. B. dem des Pfandrechts, vergl. die Formel der actio hypothecaria nach Lenel, Ed. perp., S. 397), welche dem objektiven Recht als solchem entstammen, nicht bloss mit reinen Thatsachen operiert. Vergl. die zutreffenden Ausführungen bei Karlowa, Rechtsgeschäft, S. 143 f. und Thon, Z. f. RG., II. S. 243. Wo also von den von der Theorie ausgebildeten Rechtsinstituten bei der Kondemnation abgewichen werden sollte, da wird auch bei den actiones in factum conceptae die exceptio gebraucht. Wie sehr die exceptiones bei den actiones in factum notwendig waren, darüber vergl. Thon, Z. f. RG., II. S. 242, 247, 250, 252 f.

[161]) S. 1 ff.

tives Recht als solches. Dieser Begriff ist durch die Rechtswissenschaft fest ausgebildet und hat seine ganz bestimmten Voraussetzungen; als ius gentium ist er rechtsverbindlich geworden und zum ipsum ius gemacht. Die actio aus dem mutuum entspricht vollständig dem Begriff des mutuum, d. h. die Voraussetzungen, welche vom objektiven Recht als solchem gefordert werden, damit ein mutuum zustande komme, sind auch massgebend für die Verurteilung aus der actio ex mutuo. Die exceptio SC. Macedoniani verändert nun die Voraussetzungen für die Verurteilung aus der actio ex mutuo. Es werden nicht nur die Voraussetzungen der actio, sondern auch die Voraussetzungen der exceptio gefordert, damit der Beklagte verurteilt werde. Es ist also hier zugleich der Begriff des mutuum abgeändert, zwar nicht des mutuum nach dem objektiven Recht als solchem (ipso iure), wohl aber bei Anwendung des Rechts. Es kommt nämlich bei der Anwendung des Rechts in bestimmten Fällen nicht mehr der Begriff des mutuum nach ipsum ius in Betracht, sondern es wird noch eine andere Voraussetzung gefordert. Das mutuum an einen Haussohn ist in der Anwendung des Rechts kein mutuum mehr. So greift also die exceptio in das objektive Recht als solches ein, wo das objektive Recht in seiner Anwendung auf denselben rechtlichen Grundsätzen ruht, wie das objektive Recht als solches. Wir haben aber schon hervorgehoben, dass das objektive Recht in seiner Anwendung keineswegs immer objektives Recht als solches zu seiner rechtlichen Grundlage hat. Dies gilt vor allem von allen vom Prätor geschaffenen actiones. Der actio praetoria entspricht kein ipsum ius. Die actio praetoria liegt ausschliesslich auf dem Felde des objektiven Rechts in seiner Anwendung. Auch in diesen Fällen, wo also das objektive Recht in seiner Anwendung auf sich beruht und nicht objektives Recht als solches zu seiner rechtlichen Grundlage hat, stellt die exceptio eine Abänderung des objektiven Rechts in seiner Anwendung dar. Denn es wird nicht entsprechend den Voraussetzungen der actio verfahren, sondern es wird für die Kondemnation noch die in der exceptio enthaltene Voraussetzung gefordert. In das objektive Recht als solches greift die exceptio in diesen Fällen nicht ein, führt also nicht eine Abänderung desselben herbei, denn die actio steht in diesen Fällen auf eigener Grundlage und ohne Zusammenhang mit dem objektiven Recht als solchem. Also hat auch die exceptio mit dem objektiven Recht als solchem in diesen Fällen nichts zu thun. So kommt es, dass in diesen Fällen die exceptio eine Abänderung des objektiven Rechts in seiner Anwendung herbeiführt, dass aber gleichzeitig dadurch ein allgemeiner Grundsatz des objektiven Rechts als solchen zum Ausdruck kommt, welcher bis dahin verdeckt blieb, da die actio, d. i. das objektive Recht in seiner Anwendung, andere Grundsätze aufstellte, als das objektive Recht als solches forderte. Indem nun die exceptio das Recht der actio abändert, kann diese Abänderung gerade das Wiederhervortreten des objektiven Rechts als solchen bewirken, weil in diesem Falle bei der Anwendung des Rechts nicht nach den Voraussetzungen der actio verfahren wird, sondern eine im objektiven Recht als solchem begründete Voraussetzung zur Geltung kommt. Das klassische Beispiel für einen solchen Fall ist die exceptio iusti dominii. Die exceptio iusti dominii geht bekanntlich gegen die actio Publiciana.[162]) Die actio Publiciana ist aber eine prätorische Klage, mit welcher der Prätor den redlichen titulierten Erwerber schützt.[163]) Mit der actio Publiciana wollte der Prätor demjenigen einen Schutz gewähren, welcher eine Sache redlich erworben hat, ohne jedoch die Beweise dafür in der Hand zu haben, und nachträglich die Sache verloren hat.[164]) Nur diese Voraussetzung fordert der Prätor für das Obsiegen mit der actio Publiciana. Nun wäre es möglich, dass der Kläger alle Voraussetzungen der actio Publiciana für sich hat und also obsiegen müsste, obwohl der Beklagte Eigentümer der Sache ist. Das war natürlich nicht die Absicht des Prätors bei Schaffung der Klage. Dem rechtmässigen Eigentümer sollte die Sache mit der Publiciana nicht abgenommen werden. Da aber nach den strikten Voraussetzungen der Publiciana dies letztere dennoch möglich war,

---

[162]) Papin. l. 16 D. de Public. act. 6, 2. Exceptio iusti dominii Publicianae obicienda est.

[163]) Vergl. Dernburg I. § 228.

[164]) Vergl. Puchta, Inst., II. § 233.

so musste der Prätor ein Korrektiv schaffen. Er that dies, indem er das objektive Recht in seiner Anwendung (die actio Publiciana) abänderte dadurch, dass er für das Obsiegen aus dieser actio eine neue Voraussetzung forderte, nämlich, dass der Beklagte nicht Eigentümer der eingeklagten Sache sei. Diese Abänderung des objektiven Rechts in seiner Anwendung ist die exceptio iusti dominii. So stellen die Sache auch die Quellen dar.

Neratius l. 17 D. de Public. act. 6, 2: Publiciana actio non ideo comparata est, ut res domino auferatur: eiusque rei argumentum est primo aequitas, deinde exceptio, ‚si ea res possessoris non sit'[165]): sed ut is, qui bona fide emit possessionemque eius ex ea causa nactus est, potius rem habeat.

Das im allgemeinen von der exceptio iusti dominii und denen, welche ihr analog sind, Gesagte bestätigt sich aus der soeben gemachten Einzeluntersuchung. Mit der actio Publiciana hat der Prätor neues objektives Recht in seiner Anwendung geschaffen. Dies objektive Recht in seiner Anwendung hat eine rechtliche Grundlage im objektiven Recht als solchem nicht, denn nach dem objektiven Recht als solchem wird der redliche titulierte Erwerber nach Verlust der Sache nicht geschützt (sofern er nicht zugleich quiritischer Eigentümer geworden ist). Dies objektive Recht in seiner Anwendung erleidet aber eine Ausnahme, eine Änderung, indem das objektive Recht als solches sich Geltung verschafft auch gegen die actio Publiciana. Die exceptio iusti dominii ändert also das objektive Recht als solches nicht ab. Warum dies der Fall ist, haben wir schon erwähnt. Die actio Publiciana beruht auf eigener Rechtsbasis des objektiven Rechts in seiner Anwendung und hat mit dem objektiven Recht als solchem nichts zu thun. Daher kann die exceptio iusti dominii auch nur das Recht der actio Publiciana abändern; mit dem objektiven Recht als solchem hat die exceptio als exceptio nichts zu thun. Nicht unerwähnt wollen wir lassen, dass die exceptio iusti dominii natürlich eine Civilexception

---

165) Dass dies die exceptio iusti dominii ist, ergiebt sich aus Ulpian l. 72 D. de R. V. 6, 1, wo derselbe Fall, wie oben, behandelt und festgestellt wird, wer „potior" sei.

ist.[166]) Es greift eben in diesem Falle das ius civile in das objektive Recht in seiner Anwendung ein, zwar nicht so ausdrücklich, wie das z. B. das SC. Macedonianum thut, welches ausdrücklich sagt, dass bei Anwendung des Rechts unter bestimmten Umständen die actio nicht erteilt werden solle,[167]) aber vermöge eigener Kraft. Die exceptio iusti dominii ruht auf den Rechtssätzen vom quiritischen Eigentum;[168]) also zweifellos auf civilem Recht als solchem. Dies civile Recht verschafft sich in dem uns beschäftigenden Fall auch Geltung bei der Anwendung des Rechts und wird damit auch zum Recht in der Anwendung. Die exceptio iusti dominii ist also objektives civiles Recht in seiner Anwendung.

Was den Begriff der exceptio im allgemeinen anbetrifft, so haben wir also folgendes zu sagen. Die exceptio ändert das objektive Recht in seiner Anwendung ab. Da aber das objektive Recht in seiner Anwendung in der Regel den Grundsätzen des objektiven Rechts als solchen entspricht, so stellt gleichzeitig die exceptio in der Regel (nicht immer; so z. B. nicht die exceptio iusti dominii) auch eine Abänderung des objektiven Rechts als solchen dar. Dies letztere zwar nicht direkt, indem etwa der Begriff des mutuum durch die exceptio SC. Macedoniani abgeändert wird. Der Begriff des mutuum bleibt ipso iure nach wie vor derselbe. Aber die exceptio ändert indirekt den Begriff des mutuum ab, indem bei der Anwendung des Rechts es in bestimmten Fällen nicht bloss auf die Voraussetzungen des mutuum ankommt, sondern auch noch andere Voraussetzungen gefordert werden. Wir heben dies deshalb hervor, weil dem objektiven Recht in seiner Anwendung doch schliesslich immer als Substrat das entsprechende objektive Recht als solches unterlegt werden kann. Wenn A dem Haussohne B ein Darlehen giebt, so wird er sich sagen müssen, dass da ein bei Anwendung des Rechts geschütztes mutuum nicht vorliegt. Es ist also in

---

[166]) So auch Bekker, Akt., II. S. 282. Vergl. oben S. 12 Anm. 17 und unten S. 113.

[167]) Vergl. oben Anm. 16.

[168]) G. IV. 16. a. E., bezeichnet mit dem iustum dominium ausdrücklich das quiritische Eigentum, als dessen Symbol die hasta galt.

so fern hier kein mutuum da, wenn auch der theoretische Begriff des mutuum durch die exceptio nicht abgeändert ist. Da es aber für die Parteien vor allem auf das objektive Recht in seiner Anwendung ankommt, und da sie ihre Rechtsgeschäfte daher so einzurichten haben, dass sie mit dem objektiven Recht in seiner Anwendung im Einklang stehen, so ist es gerechtfertigt, wenn wir in diesem Sinne sagen, dass durch die exceptio auch das objektive Recht als solches abgeändert wird. Direkt kann natürlich die exceptio nur das objektive Recht in seiner Anwendung abändern, weil die exceptio als Institut des objektiven Rechts in seiner Anwendung nur mit diesem Recht auf gleicher Grundlage steht. Aber diese Abänderung des objektiven Rechts in seiner Anwendung übt auch ihre Wirkung auf das objektive Recht als solches, indem die Parteien darauf zu achten haben, dass ihre Rechtsgeschäfte nicht nur den Grundsätzen des objektiven Rechts als solchen, sondern auch den Grundsätzen des objektiven Rechts in seiner Anwendung entsprechen. Wenn also A ein vollgiltiges mutuum erteilen will, so hat er bei Abschluss des Rechtsgeschäfts darauf zu achten, dass auch die Voraussetzungen der exceptio SC. Macedoniani vorliegen.

Stellt aber die exceptio eine Abänderung des objektiven Rechts in seiner Anwendung dar, so ist es nur eine Folge davon, dass die exceptio nur da eingreift, wo sie vom Rechte (sei es prätorischem oder civilem) ausdrücklich anerkannt ist, d. h. wo das objektive Recht durch sie ausdrücklich abgeändert ist. Es steht somit nicht im Belieben des Beklagten, eine exceptio vorzuschützen, sofern er meint, nachweisen zu können, dass der Kläger sich hat einen dolus zu Schulden kommen lassen. Der Beklagte hat vielmehr nur dann die exceptio doli, wenn in dem konkreten Fall das Recht das objektive Recht in seiner Anwendung durch eine exceptio doli abgeändert wissen will. Dass der Beklagte den Thatbestand für das Vorliegen eines solchen Falles nachzuweisen hat, ist eine Sache für sich. Es hängt mit dem römischen Prozesssystem zusammen, dass die Einschiebung der exceptio in der Regel vom Beklagten betrieben wird. Handelt es sich doch um die Anwendung des Rechts und hier hat der Kläger seine actio zu betreiben, ebenso wie der Beklagte die exceptio. Bei der Anwendung des Rechts geschieht nichts ohne Antrag. Dies bezieht sich in gleicher Weise auf die actio wie auf die exceptio. Wäre die exceptio nicht ein aktionsmässiges Institut, nicht ein Institut des angewendeten Rechts, dann würde die Sache anders liegen. Also die Besonderheiten der exceptio beruhen lediglich auf jenem Gegensatze zwischen dem objektiven Recht als solchem und dem objektiven Recht in seiner Anwendung. Da wir heute diesen Gegensatz nicht kennen, haben wir auch für die exceptio als prozessualisches Institut keinen Platz mehr, ebensowenig wie man aus dem Begriff der actio den modernen Begriff der Klage herausnehmen kann. Das römische Aktionensystem ist kein Prozesssystem. Die Römer haben überhaupt kein prozessualisches System entwickelt, sondern stellen nur einzelne prozessuale Bestimmungen auf, wie über die Beweislast u. a. Die Römer kennen den Prozess nur aus seiner praktischen Handhabung.[169])

Wir wollen nunmehr Belegstellen dafür anführen, dass die exceptio eine Abänderung des objektiven Rechts in seiner Anwendung und indirekt häufig auch des objektiven Rechts als solchen ist und dass sie daher nur in bestimmten Fällen vorkommt.

1. Dass die exceptio SC. Macedoniani eine Abänderung des Begriffs mutuum vermittelt und nur beim mutuum vorkommen kann, dass dies in gleicher Weise von der exceptio SC. Vellaeani bezüglich der Intercession und von der exceptio legis Cinciae bezüglich der Schenkung gilt, bedarf nicht erst des Beweises. Es leuchtet von vornherein ein.

2. Die exceptio SC. Trebelliani l. 1 § 2 D. ad SC. Treb. 36, 1 lautet: placet, ut actiones . . . . . . neque in eos neque his dari. Nach römischen Begriffen war der Fiduciar Erbe und als solcher verpflichtet, in die Rechte und Verflichtungen des Erblassers einzutreten. Hätte man diese Verpflichtung beseitigt, so hätte man die Grundpfeiler des römischen Erbrechts erschüttert. Dies umging man, indem man nach dem objektiven Rechte als solchem die Stellung des Fiduciars

[169]) Es ist daher wohl nicht Zufall, dass wir über römische Prozessgesetze (lex Aebutia u. s. w.) so wenig wissen. Vergl. auch Wlassak, Grünhut's Zeitschrift, XIX. (1892) S. 705 f.

unverändert liess, aber bei der Anwendung des Rechts die Klagen für und gegen den Fiduciar verweigerte, und so indirekt den Grundsatz des Rechts als solchen von dem Eintritt des Erben in die Persönlichkeit des Erblassers abänderte. Dass die Absicht des SC. Trebellianum auf eine Änderung des Rechts hinausgeht und man nicht etwa bloss eine bestimmte Art der Einrede für den Fiduciar schaffen will, ergiebt sich auch daraus, dass das SC. Trebellianum keineswegs bloss zu Gunsten des Fiduciars, sondern auch gegen den Fiduciar eingreift (§ 4 eod.), ebenso aus der Translation der actiones auf die weiteren Fideikommissare (§ 8 eod.).

3. Iavolenus Priscus führt nach l. 25 D. de donat. 39, 5 aus, dass wenn A dem B eine Sache giebt, damit dieser sie dem C schenke, B jedoch die Sache in seinem eigenen Namen dem C schenke, C nicht Eigentümer der Sache werde. An sich kann also A die Sache von C vindizieren. Das ist die Konsequenz der allgemeinen Rechtssätze über die Schenkung wie über den Eigenthumsübergang. Dies hebt Iavolen ausdrücklich hervor: quantum ad iuris suptilitatem accipientis facta non est. Diesem Zustande gegenüber hilft dem C an sich keine Einrede. Welche Einrede sollte er auch machen? B hat ihm die Sache des A als von sich herrührend geschenkt; die Schenkung ist also nicht zustande gekommen. Der Prätor kommt aber dem C zu Hilfe, indem er bei der Anwendung des Rechts, d. h. im Prozess dem C die exceptio doli mali gegen die Vindikation erteilt. Auf diese Weise durchbricht der Prätor im konkreten Fall die Schranken des bestehenden Rechts. Der Grundsatz, dass man nur im stande ist, seine eigenen Sachen zu verschenken (nemo plus iuris transferre potest quam ipse habet), ist hiedurch im konkreten Falle beseitigt. Dass eine solche Abweichung von den bestehenden Grundsätzen hier vorliegt, deutet auch Iavolenus an, wenn er sagt: sed benignius est, si agam contra eum, qui rem accepit, exceptione doli mali me summoveri. Wäre die exceptio nur eine besondere Einrede, welche erst dann eingreife, wenn die Partei sie geltend mache, so könnte doch der Jurist nicht so scharf hervorheben, dass eigentlich die Schenkung ungiltig sei. Denn jene Einrede müsste dann doch zum Begriff

der Schenkung gehören, und eigentümlich wäre ihr nur, dass sie auf Antrag berücksichtigt würde. Also eine Abänderung der bestehenden Rechtssätze liegt vor. Man könnte nun sagen, dass, nachdem einmal der Prätor diese exceptio aufgestellt habe für den uns beschäftigenden Fall, nunmehr der Begriff der Schenkung verändert sei und also jene Einrede thatsächlich in den objektiv-rechtlichen Begriff der Schenkung übergegangen sei. Also bleibe von dem ganzen Verfahren bei dieser Veränderung des Rechtsbegriffs noch das übrig, dass jene Einrede nur auf Antrag berücksichtigt werde. Das erste ist richtig. Die Abänderung besteht und kommt in allen gleichen Fällen zur Geltung bei der Handhabung des Rechts. Was die zweite Schlussfolgerung betrifft, so soll unten eingehend die Frage erörtert werden, welche Bewandtnis es damit hat, dass die exceptio nur auf Antrag berücksichtigt wird. Hier mag nur so viel hervorgehoben werden, dass es nicht erfindlich ist, inwiefern für diese neue Einrede noch etwas anderes charakteristisch sein soll, als dass sie ihre Entstehung der Anwendung des Rechts verdankt. Der Prätor änderte das bestehende Aktionenrecht; aber dafür, dass er bestimmte, dass er eine „solche" Einrede nur dann berücksichtigen wolle, wenn die Partei dies ausdrücklich verlange, haben wir keinen Anhalt. Die Partei konnte dies auch gar nicht verlangen, denn der Prätor schuf ja erst die exceptio. Also konnte die Partei sich gar nicht auf sie berufen. Wir haben nun wieder keinen Anhalt dafür, dass es mit den Exceptionen anders gehalten wurde, als sie geschaffen wurden, und anders, als sie schon da waren. Die exceptiones in factum wurden immer erst im konkreten Fall geschaffen.

4. Auch das Beispiel bei G. II. 84 ist charakteristisch dafür. Wenn ein Schuldner seinem Gläubiger, welcher Mündel ist, Zahlung leistet, so geht zwar das Geld in das Eigentum des Mündels über, aber der Schuldner wird nicht befreit, da das Mündel ohne Zustimmung des Vormundes eine Verpflichtung nicht aufheben kann. Wenn aber das Mündel durch jene Zahlung bereichert ist und trotzdem von dem Schuldner nochmalige Zahlung einklage, so werde das Mündel mit der exceptio doli abgewiesen. Gaius giebt selbst an, dass die exceptio dem Zwecke diene, die

Grundsätze für Einklagung einer Verpflichtung für gewisse Fälle abzuändern. An sich ist die Verpflichtung zwischen dem Schuldner und dem Mündel nicht beseitigt. Dem Mündel steht also die actio auf Grund des Schuldverhältnisses zu. Nichtsdestoweniger solle in diesem Falle die actio nicht durchgreifen. Die Grundsätze von der beschränkten Handlungsfähigkeit des Mündels sind durchbrochen, insofern als das Mündel unter Umständen Zahlung annehmen kann.

5. Ebenso spricht sich Gaius über die exceptio aus bei der exceptio rei iudicatae. Nach G. IV. 106 kann bei den iudicia imp. cont. die einmal erledigte actio nichtsdestoweniger wieder angestellt werden. Es hängt dies mit der Zuständigkeit der Prätoren zusammen, wonach die von den Prätoren eingesetzten iudicia tamdiu valent, quamdiu is, qui ea praecepit, imperium habebit (G. IV. 105). Dieser Grundsatz der römischen Gerichtsverfassung bei der Erteilung der actiones sollte eine Abänderung erfahren für die Fälle, wo durch einen früheren Prätor über dasselbe Streitverhältnis schon einmal eine actio gegeben war. Diese Änderung wurde vermittelt durch die exceptio. Dies hebt auch Gaius deutlich hervor, indem er nach den Worten postea nihilo minus ipso iure de eadem re agi potest fortfährt et ideo necessaria est exceptio rei iudicatae vel i. i. d. Das ideo dokumentiert die abändernde Wirkung der exceptio.[170])

6. Eingehend spricht sich über die Exceptionen aus Gaius in seinen Institutionen IV. 115 ff. Er führt aus, dass die Exceptionen ein Verteidigungsmittel des Beklagten sind. Damit ist die prozessualische Natur der Exceptionen gekennzeichnet. Wie die actio das prozessualische Mittel zur Verwirklichung des

170) Im näheren soll nicht darauf eingegangen werden, warum auch bei den iudicia legitima in gewissen Fällen (nämlich bei den actiones in rem und in factum) die exceptio notwendig ist. Es scheint, als ob ein iudicium legitimum nur deshalb ein solches war, welches in personam gerichtet ist, weil nach altrömischer Auffassung jede Klage gegen die Person gerichtet werden musste. Andere Klagen scheint man nicht gekannt zu haben. Aus diesem Grunde durften alle nicht persönlichen Klagen des civilen Rechts in den Kreis der iudicia legitima nicht gehören. Auch die actiones in factum dürften wegen ihrer späteren Entstehung nicht zu den iudicia legitima gerechnet worden sein.

Rechts ist, so ist die exceptio ein Institut des römischen Aktionensystems, welches dem Beklagten zur Hand steht. Iniquum sit eum iudicio condemnari sagt G. IV. 116a, nachdem er vorher angegeben, dass der Beklagte häufig nach den Grundsätzen des ius civile verurteilt werden müsste. Gaius führt folgendes Beispiel an: A verpflichtet sich dem B in Form einer Stipulation zur Zahlung einer Geldsumme, welche B dem A mit der Verpflichtung zur Rückzahlung gegeben habe. Auf Grund dieser Stipulation hat B gegen A die Klage (dare enim te oportet), da das römische Aktionensystem schon auf Grund der formellen Stipulation ohne Rücksicht auf das thatsächliche Rechtsverhältnis die actio gewährt. Nun aber hat B dem A das Geld, in Erwartung dessen A spondiert hatte, nicht gegeben. An der Gewährung der actio zu Gunsten des B ändert dies nichts. Sollte also in diesem Falle dem A geholfen werden, so müsste die Stipulation ihres abstrakten Charakters entkleidet werden. Dies wollte man nicht geschehen lassen, da in anderen Fällen gerade der abstrakte Charakter der Stipulation vollberechtigt war. Es blieb also nur der Weg offen, da man den Begriff der Stipulation nicht ändern wollte, die Grundsätze über die Erteilung der actio auf Grund der Stipulation zu ändern. Dies geschah durch die exceptio, durch welche die erteilte actio annulliert wurde. Wir haben auch keine Spur davon bei Gaius, dass die exceptio eingeführt wurde, um eine Einrede zu schaffen, welche nur auf Antrag berücksichtigt werden soll. Sicher hätte an dieser Stelle Gaius sich darüber ausgesprochen, wenn das der Fall wäre. Das Gleiche lässt sich ausführen für die Beispiele bei G. IV. 116b, 117a und b. Gaius hebt auch hervor, dass die Exceptionen eine Änderung des bestehenden Aktionenrechts darstellen, denn er sagt IV. 118, dass die Exceptionen teils der Prätor im Edikt schon hat, teils sie im konkreten Fall erteilt. Dass die Änderung bei Anwendung des Rechts eintritt, hebt Gaius IV. 119 auch hervor mit den Worten exceptio condicionalem faciat condemnationem, id est, ne aliter iudex condemnet.

7. Die exceptio ‚ac si non in ea causa sint tabulae testamenti, ut contra eas bonorum possessio dari possit‘. Diese exceptio steht demjenigen entgegen, qui cum herede eius egit,

qui filium (Mommsen schiebt hier wohl mit Recht emancipatum ein[171]) praeterierat (Ulpianus l. 2 D. de except. rei iud. 44, 2).

Der emanzipierte Sohn konnte nach civilem Recht im Testament übergangen werden. Es ist bekannt, dass behufs Abänderung des civilen Erbrechts der Prätor eingriff und thatsächlich nach anderen Grundsätzen die bonorum possessio erteilte. Wenn nun jemand gegen den Erben eines Mannes klagte, welcher seinen emanzipierten Sohn im Testament übergangen und den X zum Erben eingesetzt hatte, so ist der X nach civilem Recht Erbe und somit für die Schulden der Erbschaft verhaftet. Die Erbschaft wird ihm nun zwar durch den prätorischen Eingriff der Erteilung der bonorum possessio entrissen, nichtsdestoweniger bleibt X Erbe (heres sine re) und für die Schulden der Erbschaft verpflichtet. Um diesen Rest des verbliebenen alten Rechts zu beseitigen und also auch hier eine Änderung herbeizuführen, wird unsere exceptio gegeben. Der Grundsatz also, dass der heres für die Schulden der Erbschaft hafte, wird abgeändert. Der heres weist die Zumutung mit der exceptio zurück. — Es braucht wohl nicht des weiteren ausgeführt zu werden, dass unsere exceptio nur für diesen Fall berechnet ist. So führt Iulian sie für denselben Fall an in l. 15 D. de O. et A. 44, 7. Wo die Sache zwar ähnlich, aber nicht gleichartig liegt, wird eine andere exceptio gegeben. So ist es bei Marcian l. 15 D. de bon. poss. 37, 4. Der emanzipierte Sohn ist im Testament übergangen und wird nun von dem eingesetzten Erben auf das verklagt, was er dem Vater schuldig war. Hier wird dem Sohn eine andere exceptio gegeben, nämlich ‚si non contra tabulas bonorum possessio filio dari potest‘. Recht bezeichnend für die exceptio doli ist es, dass sie mit der genannten exceptio konkurriert. Ebenso wird eine andere exceptio gegeben in einem Fall, der gleichfalls unserem ersten ähnlich ist, bei Iulianas l. 25 D. de bon. libert. 38, 2: Quamdiu patrono bonorum possessio partis debitae dari potest, exceptio debitoribus datur adversus heredem petentem: ‚si non in ea causa sit patronus, ut bonorum possessio-

---

[171]) Dass vom emancipatus filius die Rede ist, ergiebt sich aus der Fortsetzung in der Stelle.

nem pro parte debita contra tabulas petere possit'. Obwohl also der heres ein Recht hat, die Schulden der Erbschaft einzuziehen, werden doch mit Rücksicht auf die anderweitige (prätorische) Regelung des Erbrechts ihm die actiones versagt, er mit den actiones abgewiesen.

Die drei verschiedenen Exceptionen, welche wir soeben angeführt haben, beruhen sämtlich auf dem Rechtssatze, dass der heres sine re aus der Erbschaft weder verpflichtet noch berechtigt wird. Man wird zugestehen, dass hier die Aufgabe der exceptio, das bestehende Recht abzuändern, deutlich zu Tage tritt. Es ist nun vielleicht auffallend, dass man diese drei exceptiones nicht unter einem höheren Gesichtspunkte vereinigte, da sie doch auf demselben Prinzipe beruhen. Wir erklären uns dies damit, dass unsere exceptiones verhältnismässig spät vorkommen, die eine bei Iulian, die anderen dagegen erst gegen Ende der klassischen Jurisprudenz. Dabei sei hervorgehoben, dass es an einem Versuch der Zusammenfassung nicht gefehlt hat. Marcian will unsere Exceptionen unter die allgemeine exceptio doli einreihen, eine Idee, die wahrscheinlich Marcian bei einem anderen Juristen seiner Zeit gefunden und zu Papier gebracht hat. Dabei entgeht es uns keineswegs, dass auch nach Marcian ein Unterschied zwischen der exceptio ,si non contra tabulas rel' und der exceptio doli besteht. Vielleicht haben wir die Zusammenfassung unserer drei Exceptionen in der exceptio bonorum possessionis non datae, welche Paulus l. 20 D. except. rei iud. 44, 2 erwähnt. Dagegen gehört die exceptio, ,si A° A° ex edicto meo bonorum possessio data est' wohl nicht hierher[172]). Unsere drei genannten Exceptionen führen also dieselbe Änderung im objektiven Recht herbei, wie auf einem anderen Gebiete das SC. Trebellianum.

8. Die exceptio ,quod incendii defendendi causa factum non sit'. Aquilius Gallus[173]) führt nach einem Excerpt aus Ulpian (l. 7 § 4 D. quod vi. 43, 23) eine exceptio ,quod incendii defendendi causa factum non sit' an, welche in das interdictum quod vi aut clam eingeschoben wird. Nach den allgemeinen

---

172) Lenel, Z. d. Sav. St., X. S. 76.
173) Vergl. Krüger, R. Q., S. 69 Anm. 92.

Grundsätzen dieses Interdikts ist jeder eigenmächtige Eingriff in die Interessensphäre des Nachbarn verboten[174]). Dieser Begriff des Interdikts soll nicht Platz greifen, wenn der Eingriff zur Abwehr einer Feuersbrunst geschieht. Wollte man den Begriff des interdictum quod vi aut clam festhalten, wie er oben angegeben ist, so gab es für die römischen Juristen kein anderes Mittel, als bei der Anwendung jenes Rechtsmittels ein Korrektiv zu finden. Dieses ist eben jene exceptio. Es soll im konkreten Falle durch die exceptio der Begriff des interdictum abgeändert werden. Serv. Sulpicius hebt noch in unserem Beispiel hervor, dass die exceptio aber nur dann erteilt werden sollte, wenn ein magistratus in die Interessensphäre des Nachbarn zur Abwehr des Brandes eingegriffen hat. Daraus ergiebt sich klar, dass die exceptio eine Abänderung von den Grundsätzen des interdictum quod vi enthält.[175])

Eine andere exceptio, welche wieder andere Voraussetzungen für das interdictum quod vi aut clam erfordert, ist die exceptio ‚quod non tu vi aut clam fecisti'. Iulianus bei Ulpianus l. 7 § 3 D. quod vi. 43, 24: utor adversus te interdicto quod vi aut clam, an possis obicere mihi eandem exceptionem: ‚quod non tu vi aut clam fecisti'?

A will seinem Nachbarn B verbieten, eigenmächtige Veränderungen vorzunehmen, aber an Gegenständen, die A selbst dem B gegenüber eigenmächtig hergestellt hat. An sich würde nach dem Begriffe des interdictum A dem B jene Veränderung verbieten können. Der Prätor will aber unter den erwähnten Umständen den B schützen, da B nur das verändert, was A widerrechtlich geschaffen. Zu diesem Zwecke giebt der Prätor dem B ein Mittel an die Hand, nämlich die erwähnte exceptio. Aber es fügt noch der Jurist hinzu, dass dieses Rechtsmittel der Prätor nicht immer geben solle, sondern non aliter nisi ex magna et necessaria causa. Dieser letztere Zusatz beweist, dass

---

[174]) Dernburg, I. § 234.

[175]) So fasst die Natur der exceptio in unserem Fall auch richtig auf Schmidt, Interdiktenverfahren, S. 95, 100, 105 f., dagegen Karlowa, Rechtsgeschäft, S. 155, aber ohne Begründung.

es sich bei der exceptio um einen Rechtsbehelf für ganz bestimmte Fälle handelt.

9. Die exceptio ‚si ille illi non denuntiaverit, ne illi servo crederet'. Nach den Grundsätzen der actio institoria wird der Herr durch die Geschäfte des institor berechtigt und verpflichtet. Wenn nun der Herr die Zuständigkeit des institor beschränken will und z. B. einer Person ausdrücklich verbietet, dem institor Kredit zu gewähren, so fragt es sich, ob nichtsdestoweniger der Herr durch die gegenteilige Kreditgewährung verpflichtet wird. Nach den Grundsätzen der actio institoria muss dies bejaht werden, da daselbst von einer Beschränkung des institor nicht die Rede ist. Proculus führt nun an (l. 17 § 4 D. de inst. act. 14, 3), dass in diesem Falle die Voraussetzungen der actio institoria verändert werden können durch Einschiebung der exceptio ‚si ille illi non denuntiaverit, ne illi servo crederet'. Mit dieser exceptio sind die Voraussetzungen der actio institoria verändert, und es ist natürlich, dass der Herr sich jederzeit auf jene exceptio berufen kann. Es fragt sich nun, wie dem Kreditgewährer zu helfen ist, wenn der institor ein peculium hat, oder der Herr durch jene Kreditleistung bereichert ist. Sowie die Voraussetzungen der actio institoria sich durch jene exceptio verändert haben, müsste der Herr in jedem Fall obsiegen. Daher werden denn in den letzteren Fällen die Voraussetzungen der actio institoria noch näher präzisiert durch die replicatio doli mali, von welcher Proculus ebenfalls in der angeführten Stelle spricht.

Aber auch ausdrücklich wird in unseren Quellen hervorgehoben, dass die exceptio eine Abänderung des objektiven Rechts in seiner Anwendung und indirekt häufig auch des objektiven Rechts als solchen darstellt.

Ulpianus l. 3 § 3 D. quod quisque iuris. 2, 2: Si is, pro quo spopondisti impetraverit, ne aliquis debitor ipsius adversus eum exceptione utatur, deinde tu in negotio, in quo spopondisti, velis exceptione uti: nec te nec ipsum oportet hoc impetrare, etsi interdum patiaris iniuriam, si solvendo debitor non sit. Sed si tu incidisti in edictum, reus quidem utetur exceptione, tu non utaris: nec poena tua ad reum promittendi pertinebit: et ideo mandati actionem non habebis.

A hat als Bürge für B promittiert und B hat vom Prätor[176]) erwirkt, dass ein Schuldner des B gegen ihn eine exceptio nicht bekomme. Darauf will A in dem Geschäft, für welches er promittiert hat, die exceptio gebrauchen. Es heisst dann, dass nach den Grundsätzen des in diesem Titel behandelten Edikts[177]) weder A noch B die exceptio haben. Was den Schluss etsi interdum patiaris iniuriam rell. betrifft, so bezieht sich dies wohl auf die Fälle, in denen A das, was er exceptionsmässig geltend machen kann, auch mit einer besonderen actio verfolgen kann; in diesen Fällen kann er bei Insolvenz des Schuldners geschädigt werden, da die actio wegen dieser Insolvenz für ihn ohne Wert ist, während er seinerseits dem Schuldner zahlen muss, da er die exceptio nicht hat. Wenn aber A vom Prätor erwirkt, dass der Schuldner die exceptio nicht erhält, so kann nichts destoweniger der Hauptschuldner B die exceptio geltend machen, A dagegen nach den Grundsätzen unseres Edikts nicht. Auch kann A wegen dieses Ausfalls sich nicht an B halten. A ist eben Bürge und haftet für die Bürgschaftsschuld und zwar sowohl für die erleichterte wie für die erschwerte Bürgschaftsschuld. Wenn B dadurch, dass er das Nichtzugeständnis einer exceptio erwirkt, sich die Schuld erschwert dadurch, dass er nun seinerseits die exceptio nicht geltend machen kann, so greift diese Erschwerung auch für den Bürgen ein. Wenn dagegen A die Bürgschaftsschuld sich auf dieselbe Weise erschwert, so gilt diese Erschwerung nur für A, nicht für den Hauptschuldner B. Es ist diese Entscheidung übereinstimmend mit einer Entscheidung des Scaevola (l. 63 D. de fideiuss. 46, 1), wonach der Bürge für die Hauptschuld in ihrem thatsächlichen Bestande verhaftet ist. Für unsere hier besprochene Frage beweist aber die Stelle, dass die exceptio eine Abänderung des positiven Rechts herbeiführt, dass die exceptio ein Rechtssatz ist, bei der Anwendung des Rechts geschaffen. Daher wird in unserm Edikt ausdrücklich davon gesprochen. Qui magistratum potestatemve habebit, si quid in aliquem novi

---

[176]) Dass das impetraverit auf das Einwirken vom Prätor deutet, ergiebt sich aus l. 3. pr. D. eod.

[177]) Vergl. Puchta, Jnstit., I. § 115.

iuris statuerit sive quis apud eum . . . . aliquid novi iuris optinuerit . . . . . ipsum eodem iure uti oportebit.[178]) Ein Beispiel für das vom Prätor geschaffene novum ius ist aber nach unserer Stelle die exceptio. Natürlich ist dies ius nicht ius civile, sondern es steht hier ius in der Bedeutung von Recht im allgemeinen.

Auch Ulpian sagt in einer Stelle,[179]) die wahrscheinlich aus älteren Juristenschriften ausgeschrieben ist, dass die exceptio eine Neuerung des civilen Rechts durch das prätorische darstellt: Si quis constituerit quod iure civili debebat, iure praetorio non debebat, id est per exceptionem . . . . Durch Vermittelung der exceptio gelten also andere Grundsätze, als nach ius civile zu erwarten gewesen wäre. Die exceptio hat das ius civile abgeändert.

Auch Paulus (l. 1 § 1 D. de doli mali except. 44, 4) hebt hervor, dass die exceptio eine Änderung des bestehenden Rechtszustandes darstellt: Ideo autem hanc exceptionem praetor proposuit, ne cui dolus suus per occasionem iuris civilis contra naturalem aequitatem prosit. Auch hier erscheint die Abweichung vom bestehenden Recht als durch die exceptio doli vermittelt.

Auch der Titel des Edikts Quarum rerum actio non datur[180]) beweist, dass die exceptio eine Abänderung des Rechts darstellt. Wie schon Lenel[181]) mit Recht hervorhebt, wird unter diesem Titel nur von den Exceptionen gehandelt. Indem aber dem Titel die oben bezeichnete Überschrift gegeben ist, wird damit die Identität des actio non datur mit exceptio hervorgehoben. Es wird nicht etwa in dem Titel gehandelt, wann die actio nicht erteilt wird aus formalen Gründen, oder weil die regelmässigen Voraussetzungen der actio nicht vorliegen. Das wäre überflüssig hervorzuheben, da es selbstverständlich ist, dass, wenn auf Grund der Stipulation die actio erteilt wird, die actio natürlich versagt wird, wenn von vornherein klar ist, dass eine Stipulation nicht vorliegt. In dem Titel werden vielmehr solche Fälle behandelt,

---

178) Vergl. Lenel, Ed. perp., S. 47.

179) l. 3 § 1 D. de pec. const. 13, 5.

180) Vergl. Lenel, Ed. perp., § 278.

181) Lenel, Except., S. 23 und 106 f.

in denen die actio nicht erteilt wird, trotzdem die regelmässigen Voraussetzungen der actio vorliegen. Daraus ergiebt sich der gerechtfertigte Schluss, dass diese Versagung der actio eine Änderung des objektiven Rechts darstellt.

Mit unserer Ansicht stimmen auch diejenigen Stellen überein, welche eine Definition der exceptio geben. Zu viel Wert soll diesen Stellen nicht beigemessen werden, da jene Definitionen verschieden ausgelegt werden können. Sie mögen aber angeführt werden, um zu zeigen, dass auf jeden Fall die in den Quellen angegebenen Definitionen der exceptio nicht gegen unsere Ansicht sprechen.

Ulpianus l. 2 pr. D. de except. 44, 1: Exceptio dicta est quasi quaedam exclusio, quae opponi actioni cuiusque rei solet ad excludendum id, quod in intentionem condemnationemque deductum est.

Die exceptio wird aufgefasst als Ausnahme von der Regel. Die Regel ist aber die Anwendung des objektiven Rechts, wie es den Grundsätzen des objektiven Rechts als solchen entspricht. Wird von diesen Grundsätzen abgewichen, so hat indirekt auch das objektive Recht als solches bei seiner Anwendung eine Abänderung erfahren.

Paulus l. 22 pr. D. de except. 44, 1: Exceptio est condicio, quae modo eximit reum damnatione, modo minuit damnationem.

Die exceptio erscheint als Bedingung, als Voraussetzung für die Verurteilung. Da aber die Voraussetzungen der Verurteilung in dem Wortlaute der actio enthalten sind, und anderseits der Satz gilt actionis verbo non continetur exceptio, so muss die exceptio eine neue Voraussetzung für die Verurteilung darstellen, also eine Abweichung von den in der actio angegebenen Voraussetzungen.

§. 8. Gegnerische Ansichten über den Begriff der exceptio.

A. Im Gegensatze zu unserer Auffassung, dass die exceptio eine Abänderung des objektiven Rechts in seiner Anwendung und indirekt häufig auch des objektiven Rechts als solchen darstellt und daher nur da vorkommt, wo sie vom Rechtsorganismus ausdrücklich anerkannt ist (wenn auch zum Teil diese „Ausnahmen“

zusammengefasst und unter allgemeine Gesichtspunkte gestellt sind), behauptet die in den Pandektenlehrbüchern immer noch herrschende Meinung, dass die exceptio eine besondere Art von Einwand, eine „Einrede" in diesem Sinne sei und daher einen allgemeinen Charakter habe.[182] Nachdem diese herrschende Meinung eingehend bekämpft ist[183], und auf jeden Fall so viel dargethan ist, dass die einzelnen Punkte der herrschenden Meinung sich in unseren Quellen nicht durchführen lassen, dass also die herrschende Meinung in aprioristischer Weise den römischen Quellen eine Auffassung aufzwingt, welche durchaus nicht in den Quellen liegt, mögen hier nur die wesentlichen Momente, welche gegen die herrschende Meinung sprechen und als Ergänzung des bisher in der Litteratur dagegen Angeführten dienen können, beleuchtet werden.

1. Die herrschende Meinung behauptet, dass die exceptio ein der actio entgegengesetztes Recht oder einen solchen Umstand darstelle, wodurch die actio in ihrer Wirkung gehemmt werde. Die exceptio habe somit eine selbständige Stellung, so dass durch Wegfall der exceptio die actio pura wieder zur Geltung komme.[184] Was das der actio gegenübertretende „Recht" betrifft, so ist von Bekker und Lenel nachgewiesen,[185] dass der exceptio keineswegs immer ein Recht zu Grunde liegt. Dem ist nicht abgeholfen, wenn man, wie Windscheid es thut, von einem entgegenstehenden „Umstande" spricht. Einmal ist „Umstand" kein juristischer Begriff, und weiter ist dieser Ausdruck so allgemein, dass man auf Grund davon unmöglich einen allgemein giltigen Begriff der exceptio konstruieren kann. Was dagegen die „rechtshemmende" Wirkung der exceptio betrifft, so meinen

[182]) Vergl. Dernburg I. § 137; Windscheid I. § 47 Anm. 1, auch Karlowa, Rechtsgeschäft S. 156 f., Brinz, Kr. Vjsch., XIV. S. 208, 209.

[183]) von Albrecht, Except., S. 1 f.; Eisele, Grundl., S. 35 f.; Lenel, Except., S. 41 f.; Thon, Z. f. R. G., II. S. 242 f.; Bekker, Proc. Konsumpt., S. 87 f. und Akt. II. S. 275 f.; Brinz I. § 106 S. 369 f. und Kr. Vjsch. XIV. S. 221 f.

[184]) Vergl. insbesondere v. Savigny, Syst., V. S. 152 f.; Windscheid, I. § 47; Dernburg I. § 137.

[185]) Bekker, Proc. Konsumpt., S. 93 f. und Akt. II. S. 275; Lenel, Except., S. 101 Anm. 1, vergl. auch Krüger, Z. f. R. G., VII. S. 219 f.

wir, dass auch dieser Punkt durch die Ausführungen von Lenel[186]) widerlegt ist.

Hier soll noch die vermeintliche selbständige Stellung der exceptio erörtert werden. Es ist nun eine ganz falsche Behauptung, welche sich nur erklärt aus der aprioristischen Weise, mit welcher man die römische exceptio zu konstruieren versucht hat, dass die exceptio untergehen könne, und dass dann die alte actio wieder zum Vorschein komme. Niemals wird in den Quellen gesagt, dass die exceptio wieder beseitigt werden könne.[187]) Vielmehr bleibt die exceptio, wenn sie einmal in die Formel eingeschoben ist, aber es kann ein neuer Zusatz hinzutreten, die replicatio. Dadurch wird aber die exceptio nicht aufgehoben. Stellen wir uns einen praktischen Fall vor. Die actio enthält die Voraussetzungen für die Kondemnation; die exceptio ändert diese Voraussetzungen ab. Es ensteht damit eine neue actio, welche

---

[186]) Except. S. 102 f.

[187]) Die Quellen sagen nie: exceptio tollitur durch die replicatio, wie etwa eine Obligation aufgehoben werden kann, sondern sie haben eine andere Ausdrucksweise, z. B. findet sich ein exceptionem replicatione infirmandam von Iulian bei Ulpianus l. 4 § 5 D., si quis caut. in iud. 2, 11, ein exceptionem replicatione repellendam bei Ulpianus l. 6 D. ad SC. Vell. 16, 1. Wenn aber in den Quellen Ausdrücke gebraucht werden, als ob durch die replicatio die exceptio beseitigt würde (doli replicatione posita defensionem exceptionis amittit. Papinianus l. 7 D. ad SC. Vell. 16, 1; replicatione exceptio elidetur. Ulpianus l. 21 § 1 D. de pignor. 20, 1 und Paulus l. 27 § 2 D. de pactis. 2, 14), so wird dadurch nur der durch die replicatio herbeigeführte Endeffekt hervorgehoben, denn thatsächlich b l e i b t ja die exceptio. Dass in jener Ausdrucksweise nicht eine juristische Aufhebungsart gemeint ist, ergiebt sich auch aus der obigen Stelle von Paulus l. 27 § 2 D. de pactis. 2, 14, wo er von den pacta de non petendo und de iterum petendo sagt: prius pactum per posterius e l i d e t u r, n o n q u i d e m i p s o i u r e, sicut tollitur stipulatio per stipulationem ..... et ideo replicatione exceptio elidetur. Bei der Definition der replicatio sagt dann auch Ulpian (l. 2 § 1 D. de except. 44, 1): replicationes ideo necessariae sunt, ut exceptiones excludant: semper enim replicatio idcirco obicitur, ut exceptionem o p p u g n a t. Von einer j u r i s t i s c h e n Aufhebung der exceptio ist nicht die Rede. Ulpian sagt in der Stelle auch weiter, dass es sich um Abänderungen des Rechts handelt teils zum Nutzen des Beklagten, theils des Klägers, l. 2 § 2 D. de except. 44, 1: Illud tenendum est omnem exceptionem vel replicationem

mit der alten actio nur das gemeinsam hat, dass ein Bestandteil der neuen actio die alte actio ist. Tritt nun noch eine replicatio hinzu, so werden die Voraussetzungen der Kondemnation wiederum abgeändert. Es entsteht eine weitere neue actio, welche die Form hat: actio + exceptio + replicatio. Keineswegs beseitigt aber die replicatio die exceptio. Wenn wir die actio certae creditae pecuniae + exceptio SC. Macedoniani haben, so wird durch die hinzutretende replicatio doli[188]) keineswegs die exceptio SC. Macedoniani beseitigt. Die exceptio SC. Macedoniani bleibt vielmehr und wird nur durch die replicatio doli modifiziert.[189]) Dass die replicatio die exceptio begrifflich nicht beseitigt, auch nicht einmal in der Wirkung, ergiebt sich daraus, dass die replicatio ebenso wie die exceptio auch kondemnationsmindernd wirken kann.

Mit einigen Worten soll noch auf unsere Auffassung, dass actio + exceptio eine neue actio ist, zurückgekommen werden.

---

exclusoriam esse: exceptio actorem excludit, replicatio reum. Wenn man dagegen sagen wollte, dass es sich nicht um die Aufhebung von Obligationen handelt (und dass aus diesem Grunde nicht gesagt wird tollitur), sondern um die Aufhebung einer actio (daher die häufige Ausdrucksweise amissa est actio per exceptionem), so ist darauf zu erwidern, dass eine actio überhaupt nicht „aufgehoben" werden kann; entweder besteht sie, oder sie besteht nicht, ein Drittes hat keine Statt. Die angeführten Ausdrücke haben nur den thatsächlichen Endeffekt vor Augen. So, präzise, G. IV. 126: per eam (scil. replicationem) replicatur atque resolvitur vis exceptionis.

[188]) Ulpianus l. 4 § 14 D. de doli mali except. 44, 4.

[189]) Dass die replicatio eine weitere Abänderung des Aktionenrechts darstellt, meinen wir ergiebt sich auch aus den Worten Justinians über die Replikationen, wo er dieselben weitere Allegationen nennt (alia allegatione opus est. pr. J. de replic. 4, 14, vergl. dazu Theoph. ibid.). Wenn wir auf diese Weise die Exceptionen, Replicationen u. s. w. verstehen, nicht aber uns begnügen mit der Antwort, dass civiles und prätorisches Recht miteinander streiten, so werden uns solche Fragen, warum denn gegen eine prätorische actio auch eine exceptio gegeben wird, keine Schwierigkeiten bieten, wie sie solche z. B. Albrecht, Except., S. 33 bereiten, der mitunter sich nicht anders zu helfen weiss, als zu behaupten, „dass die Verteidigungen gegen eine prätorische Klage keine wahren exceptiones gewesen" seien, „da sie nicht das ius civile, sondern nur die aequitas zu ihrem Gegensatze hatten". Vergl. unten S. 113.

Allerdings nennen die Quellen die actio + exceptio nicht eine neue actio; vielmehr heisst es ausdrücklich: actionis verbo non continetur exceptio. Aber was ist actio? Es ist ein Schema von Voraussetzungen für die Kondemnation. Zu diesem Schema gehört die exceptio nicht. Es geht die exceptio keineswegs in die actio über. Aber sicherlich enthält die exceptio eine neue Voraussetzung für die Kondemnation und zwar eine ausserhalb der actio stehende, eine in dem vorhandenen Aktionensystem noch nicht berücksichtigte Voraussetzung. Dies, dass die exceptio ausserhalb der actio steht, will unser Ausspruch nur sagen. Dass die römischen Juristen nicht einen neuen Namen für die Zusammenfassung von actio + exceptio gebildet haben, ist echt römische Art. Als durch das SC. Vellaeanum eine Abänderung des Begriffs der Intercession, sobald es sich um die Intercession einer Frau handelt, herbeigeführt wurde, hätten die römischen Juristen nunmehr eine neue actio als Intercessionsklage bilden können, um jener Bestimmung des Senatus consultum gerecht zu werden. In echt römischer Weise haben sie diesen Weg nicht gemacht, sondern ihren Zweck erreicht durch einen Zusatz zur alten actio, welcher diesen Ausnahmefall berücksichtigte. Anders ist es auch bei der exceptio doli nicht. Nur dass hier die Fälle viel zahlreicher sind, da der bona fides - Begriff immer mehr in den ganzen Rechtsorganismus eingreift. Dass im Endeffekt durch die exceptio häufig die actio eine nulla wird, und dass durch die replicatio häufig der Effekt herbeigeführt wird, als ob die pura actio vorliegt, kann für den Begriff der exceptio oder der replicatio nicht wesentlich sein, da auch sonst bei Anwendung des Rechts im Endeffekt ein früheres Recht wiedererweckt wird, ohne dass man darin für das Mittel, durch welches dieses Ziel erreicht wird, ein wesentliches Moment erblicken dürfte.[190]) Bekanntlich geschieht aber diese Wirkung

---

190) Diesen Punkt hat Lenel, Except., S. 119 f. eingehend erörtert. Durch die replicatio wird nicht das Recht der actio wiedererweckt, sondern kommt überhaupt erst zur Entstehung. Denn Recht liegt nur dann vor, wenn es auch bei der Anwendung des Rechts anerkannt wird. Übrigens kennen die Römer die Konstruktion von der Wiedererweckbarkeit eines Rechts überhaupt nicht.

durch die exceptio wie replicatio nicht immer, da sowohl exceptio wie replicatio kondemnationsmindernd wirken können, also keineswegs immer die ganze actio beseitigen.

Aber auch der gegnerischen Argumentation, dass es von praktischer Bedeutung sei, ob jemand ein Recht „an sich" nicht

Bei ihnen wird durch die Konvalescenz nicht ein früheres Recht erweckt, sondern es kommt mit diesem Augenblick erst zur Entstehung. Wenn Lenel demgegenüber meint, dass die römische Pendenzkonstruktion nur eine Fiktion sei, um den wirklichen Sachverhalt zu verdecken, so kann nur so viel daran richtig sein, dass man das Rechtsverhältnis auch als wiedererwecktes Recht konstruieren kann, nicht aber, dass die Römer dies gethan haben. Die römischen Juristen sagen ausdrücklich, dass eine Schenkung zwischen Ehegatten als rechtsgiltig erst dann zu betrachten ist, wenn sie vor dem Tode des schenkenden Ehegatten nicht widerrufen ist. Dass durch die i. i. restitutio ein früherer Rechtszustand wiederhergestellt wird, dürfte man wohl nicht als Argument gegen das Gesagte anführen. Von einer Wiedererweckung eines Rechts ist hier nicht die Rede, vielmehr schafft hier der Prätor neues Recht (daher die neue actio, die sogen. rescissoria), welches dem früheren, verlorenen Rechte gleich ist. Vergl. auch Dernburg I. § 139; Bekker, Akt., II. S. 283. Was den von Dernburg, Pfandrecht, II. S. 206 angeführten Fall der Wiederauflebung der „nur scheinbar getilgten Forderung" betrifft, so fassen die Quellen keineswegs den Fall als Wiederauflebung auf, vielmehr sagt Tryphoninus l. 12 § 1 i. fi. D. de distr. pign. 20, 5 in Übereinstimmung mit der regelmässigen Pendenzkonstruktion, nicht, dass das Forderungsrecht wiederauflebe, sondern, dass für den Fall der Eviktion des Kaufpreises nunmehr es sich zeigt, dass der Pfandschuldner nicht befreit ist (apparuit non esse liberatum). Es kommt eben lediglich auf den Zeitpunkt der Anstellung der Klage an. Hat der Pfandgläubiger die Pfandsache verkauft, aber den Kaufpreis wieder herausgeben müssen, so hat er eine actio gegen den Pfandschuldner auf Zahlung der verpfändeten Forderung. Die actio hat er erst jetzt, nicht etwa lebt eine frühere actio auf (si actione exempto conventus praestitisset creditor emptori, debitum persequi eum a debitore posse, quia apparuit non esse liberatum). Auch Gradenwitz, Ungiltigk., S. 52 § 7 scheint sich gegen die Konstruktion der Wiedererweckung des Rechts auszusprechen. Für die Konstruktion der exceptio ist diese Frage nicht wesentlich. Nimmt man eine Wiedererweckbarkeit von Rechten an, so kommt sie eben nicht bloss bei der exceptio und replicatio vor und kann daher für letztere nicht von begriffbestimmendem Werte sein. Nimmt man eine Wiedererweckbarkeit (nach römischer Anschauung) nicht an, dann kommt sie eben auch bei der exceptio und replicatio nicht vor.

habe oder ob er es nur ope exceptionis nicht habe, muss widersprochen werden. Man argumentiert: wenn jemand das vereinbarte mutuum bezahlt, so giebt es nunmehr keinen Weg, um dem früheren Gläubiger die actio zu verschaffen; es müsste denn ein neues mutuum abgeschlossen werden, und entstände auf Grund dieses neuen mutuum eine neue actio, welche mit dem früheren mutuum nichts zu thun habe. Wenn dagegen der Gläubiger kein Recht hat, weil er ein pactum de non petendo abgeschlossen hat, so könne sein altes Recht immer wieder zur Geltung kommen (durch ein pactum de iterum petendo), ohne dass es der Vereinbarung eines neuen mutuum bedarf.[191]) — Darauf ist folgendes zu erwidern. Das eingegangene mutuum erzeugt ein objektives Rechtsverhältnis. Das prozessuale Rechtsverhältnis ruht aber auf dem objektiven Rechtsverhältnis. Im Prozess soll ja das objektive Recht als solches zur Anwendung kommen. Dass es mitunter anders zur Anwendung kommt, ist eben das Eigentümliche des römischen Rechts, wie wir eingehend dargelegt haben. Ist aber das mutuum bezahlt, so ist damit das objektive Rechtsverhältnis beseitigt. Dies kommt daher, weil durch Zahlung das mutuum aufgehoben wird. Es ist dies den Grundsätzen des objektiven Rechts als solchen entsprechend. Liegt aber kein objektives Rechtsverhältnis vor, dann wird natürlich auch keine actio gegeben. Dieselbe Wirkung tritt ein in dem zweiten Fall, wo der Gläubiger ein pactum de non petendo abschliesst. Hier bleibt ein objektives Rechtsverhältnis, nämlich ein durch das pactum abgeändertes. Dass das objektive Rechtsverhältnis nicht beseitigt wird durch das pactum, entspricht wieder den Grundsätzen des objektiven Rechts als solchen. Durch ein pactum kann ein mutuum nicht aufgehoben werden. Das abgeänderte objektive Rechtsverhältnis hat aber zur Zeit der Klageerhebung (und auf diesen Zeitpunkt kommt es doch nur an)[192]) den Wert von Null. Es wird gleichfalls keine actio

---

[191]) Insbesondere v. Savigny, Syst., V. S. 157 f.: Windscheid I. § 47 Anm. 1.

[192]) Zutreffend v. Jhering, G. d. R. R., III. S. 24. „Der Richter stellt sich bei Abgabe des Urteils nicht auf den Standpunkt der Gegenwart, um den ganzen Verlauf des Prozesses rückwärts zu verfolgen,

gegeben. Der Gläubiger hat kein Recht; aber ein theoretisches objektives Rechtsverhältnis besteht. Dies theoretische objektive Rechtsverhältnis kann nun wieder verändert werden durch ein pactum de iterum petendo. Wird dann die Klage erhoben, so liegt ein ganz anderes Rechtsverhältnis vor, nämlich ein solches, welches bei der Anwendung des Rechts, das Bild zeigt actio + exceptio + replicatio. Dies Rechtsverhältnis stellt ein „Recht" für den Gläubiger vor; denn es führt ihn zum Siege.

Aus den beiden Fällen kann man also nur den Schluss ziehen, dass für das objektive Recht als solches andere Grundsätze herrschen, wie für das objektive Recht in seiner Anwendung.[193]) Im objektiven Recht als solchem hat das pactum keine Wirkung auf das mutuum, während die Zahlung das mutuum aufhebt; im objektiven Recht in seiner Anwendung ist aber die Wirkung in beiden Fällen die gleiche: es giebt keine actio. Da aber „Recht" für die Partei nur ist das objektive Recht in seiner Anwendung, so ist es falsch, aus jenem Gegensatze zwischen dem objektiven Recht als solchem und dem objektiven Recht in seiner Anwendung auf ein „wirksames" und ein „gehemmtes" Recht zu schliessen. Was „Recht" ist, kann nicht gehemmt werden; das wäre das grösste Unrecht. Das mutuum ist keineswegs ein „Recht", sondern ein Rechtsinstitut, im konkreten Fall ein Rechtsverhältnis. Das „Recht" entsteht erst mit der actio. Nur soweit dem mutuum die actio zur Seite steht, hat der Gläubiger ein „Recht" aus dem mutuum.

---

und dementsprechend auch die Veränderungen des Streitgegenstandes während desselben in Betracht zu ziehen, sondern er stellt sich auf den Moment der Litiskontestation, ohne von da aus den Blick vorwärts oder rückwärts zu wenden". Dasselbe gilt aber auch für den Prätor, wenn er den Rechtsstreit normiert. Auch er formuliert den Rechtsstreit so, wie er liegt in dem Augenblick, wo er an ihn gebracht wird. Ob die Parteien vorher andere Rechte gehabt haben, ist für ihn irrelevant. Vergl. auch v. Jhering a. a. O. S. 161.

[193]) Nur in so fern können wir Bekker, Akt., II S. 286 zustimmen: „es würde für das klassische Recht eine gewisse leichtere Aufhebbarkeit der ope exceptionis wirkenden im Gegensatze der ipso iure wirkenden Einredethatsachen als praktisches Resultat kaum in Abrede zu stellen sein. Ich möchte die Frage einstweilen als offene betrachten."

Es ist also falsch, zu sagen, dass das „Recht an sich" bleibe, wenn es wegen der exceptio keine actio giebt. Wenn man unter „Recht an sich" einen theoretischen Begriff versteht, nämlich, dass immerhin ein mutuum bleibt, da dessen Voraussetzungen vorliegen, so steht nichts entgegen. Dies ist aber nicht gleichbedeutend mit dem „Recht" aus dem mutuum. Dasselbe gilt von dem zweiten Beispiel, welches v. Savigny a. a. O. anführt, wo er auseinanderhält den Fall, in welchem eine Sache veräussert wird, von dem Fall, in welchem an der Sache ein dingliches Recht bestellt wird. Veräussert der Eigentümer seine Sache, so hört er auf, Eigenthümer zu sein, und hat keine rei vindicatio mehr. Das Eigentum ist nach den Grundsätzen des objektiven Rechts als solchen auf den Käufer übergegangen. Bestellt hingegen der Eigentümer an seiner Sache ein Faustpfandrecht, so behält er sein Eigentum; aber eine rei vindicatio hat er auch in diesem Falle nicht. Die prozessuale Wirkung ist also in beiden Fällen die gleiche. Im Augenblicke der litis contestatio erhält er in beiden Fällen keine actio. Dass dieselbe Wirkung in beiden Fällen prozessualisch verschieden durchgeführt wird, hängt mit dem römischen Aktionensystem zusammen, welches nur ganz bestimmte Fälle in einfache Schemata (actiones) zusammenfasste, während es für andere Fälle eines Zusatzes (der exceptio) bedurfte.

Es mag hier noch Folgendes ausgeführt werden. Der Staat giebt eine actio zum Schutze des Eigentums, ebenso actiones zum Schutze der dinglichen Rechte, der Obligationen u. s. w. Der Staat schützt diese Rechtsverhältnisse, weil dieselben sich unter den Menschen Anerkennung verschafft haben, sei es durch die Gewohnheit und die Verkehrssitten der Menschen, sei es ausdrücklich vom Staat eingeführt. Aus diesen Rechtsverhältnissen ist das System des Rechts hervorgegangen mit seinen verschiedenen Instituten und Abteilungen. Der Staat hat sich diesem System angeschlossen und dem System der dinglichen Rechtsverhältnisse entspricht das System der dinglichen Aktionen; dem System der Obligationen das der obligatorischen actiones u. s. w. Wo ein Eigentum oder eine Obligation nach dem objektiven Recht als solchem nicht vorliegt, da giebt auch der Staat keine actio.

Aber nicht nur in diesen dem objektiven Recht als solchem entsprechenden Fällen giebt der Staat keine actio, sondern in noch anderen zahlreichen Fällen, welche sich unter die Schemata des objektiven Rechts als solchen nicht unterbringen lassen. Dies ist das eigentliche Gebiet der exceptio. Das Exceptionensystem stellt also eine Ergänzung des Aktionensystems dar und zwar eine solche Ergänzung, welche ihre Grundquelle ausschliesslich im Willen des Staates hat.

Das ist die ganze „selbständige“ Stellung der exceptio. Die exceptio tritt nur in Beziehung zur actio. Das Rechtsverhältnis der Parteien als solches ist ohne Einfluss auf die exceptio. Nicht deswegen wird die exceptio in unserem Fall gegeben, weil dem Eigentum ein dingliches Recht entgegensteht, sondern deswegen, weil der Staat in diesem Falle die actio dem Eigentum versagt; nicht deswegen wird die exceptio SC. Macedoniani gegeben, weil dem mutuum die Haussohnsqualität des Beklagten entgegensteht, sondern weil das SC. Macedonianum die actio aus einem solchen mutuum verweigert wissen wollte.

Indem man der exceptio eine selbständige Stellung beilegte, ging man von der, unserer Ansicht nach, vollständig unrömischen Auffassung aus, dass es sich um Fälle handle, in denen „an sich“ ein Recht begründet sei, „aber“ aus gewissen Gründen es nicht zur Wirkung gelange. Diesen Fällen wollte man dann diejenigen gegenüberstellen, in denen die Kondemnation nicht eintritt, weil auch „an sich“ schon kein Recht vorliege. — Den Römern kommt es aber nur auf das Recht in seiner Anwendung, auf die Aktionen an. Und da giebt es nur ein zweifaches, entweder hat jemand eine actio, oder er hat sie nicht. Hat er eine actio, dann hat er ein „Recht“; hat er keine actio, so hat er auch kein „Recht“. Wo eine exceptio vorliegt, da hat der Kläger eben keine actio. Das beweist schlagend der Titel quarum rerum actio non datur, wo unter solcher Titelrubrik von den Exceptionen gehandelt wird.[194]) Dass die Juristen zur Durchführung ihrer Rechtsprinzipien verschiedene Wege einschlagen mussten und so z. B. das Aktionensystem durch das Exceptionensystem ergänzen,

[194]) Vergl. auch Lenel, Except., S. 23 und 106 f.

das kann nicht ausreichen, um diesen Ergänzungen einen allgemeinen Charakter beizulegen. Diese Ergänzungen waren notwendig, weil das alte Aktionensystem nicht genügte. Und wir wissen, wie sehr sich die römischen Juristen davor scheuten, ein altes Institut aufzuheben und ein ganz neues an dessen Stelle zu setzen. Dies war ein guter Grundsatz. Sonst hätten die römischen Juristen nicht mit so wenigen Rechtsinstituten ausgereicht, wenn sie nicht die verschiedenartigsten Kombinationen mit den bestehenden Instituten vorgenommen, sondern gleich neue Rechtsinstitute geschaffen hätten.[195])

Wenn A einem Haussohn ein Darlehn giebt, so hat er zwar ein mutuum abgeschlossen, dies hat aber für ihn nur einen theoretischen Wert. Denn ein Recht daraus hat er nicht. Es wird ihm ja die actio nicht gegeben (ne actio petitioque daretur heisst es im SC. Macedonianum). Man darf also nicht sagen, dass A ein Recht hat, aber u. s. w. Er hat überhaupt kein Recht. Wäre das Recht aus dem mutuum in seiner Anwendung nicht durch das SC. Macedonianum abgeändert, dann würde A ein „Recht" haben, weil er dann eine actio hätte. Dass er nun kein „Recht" hat, darin besteht ja die Abänderung durch das Senatus consultum. Dieser Fall unterscheidet sich von dem Fall, wo A kein Recht hat, weil kein mutuum zu stande gekommen ist, nur äusserlich, insofern als bei der juristischen Formulierung des Rechtsstreits nicht bloss die actio, sondern noch ein Zusatz dazu (die exceptio) in Betracht kommt. Hätte der A ein Recht, aber keine actio, so würde eine Kollision entstehen zwischen dem Recht als solchem und seiner Durchführung. Ein solches Unding darf man den Römern nicht zumuten, dass sie jemandem „an sich" ein „Recht" geben, anderseits es aber nicht geben. „Recht" ist den Römern nur das Recht in seiner Anwendung; das Recht an sich oder das materielle Recht als solches hat lediglich eine theoretische Bedeutung. Für die Rechtswissenschaft ist dieser Gegensatz wichtig. Aber nach aussen, für die Partei, handelt es sich stets nur um die Aktionen.

---

[195]) Vergl. Pernice, Labeo, I. S. 404, 441 und Z. d. Sav. St., IX. S. 195—199, 212, Anm. 1, S. 218.

Wir wollen das Ausgeführte durch einige Belegstellen erhärten:

Iulianus bei Ulpianus l. 4 § 5. D. siquis caut. 2, 11: si iudicio sistendi causa pluris quam statutum est per ignorantiam promissum fuerit, exceptionem dari debere: si autem ex conventione tantae summae promissio facta sit, exceptionem pacti conventi replicatione infirmandam Iulianus ait.

Die cautio iudicio sistendi hatte für die Regel eine gesetzlich fixierte Höhe.[196] Wenn nun jemand über diese Höhe hinaus auf die Stipulation hin eine Geldsumme als Strafe für das Fernbleiben versprach, so sollte doch aus dieser Stipulation, sofern per ignorantiam darauf eingegangen war, die actio nicht gegeben werden. Der aus einer solchen Stipulation klagende Gläubiger wurde mittels einer exceptio abgewiesen. Anders sollte es gehalten werden, wenn die Parteien ausdrücklich vereinbart hatten, dass die Kautionssumme eine bestimmte Höhe haben sollte. Dann sollte diese Kautionssumme eingeklagt werden dürfen. Während vorher die actio nicht gegeben wurde, sollte in dem zweiten Falle die actio doch gegeben werden. Wie sollte man anders im Prozess, d. h. bei der Anwendung des Rechts verfahren? Es wurde eine exceptio gegeben gegen Kautionsansprüche, welche über das gesetzliche Mass hinausgingen. Diese exceptio liess sich nicht beseitigen. Aber man traf bei der Anwendung jener actio + exceptio eine Änderung, indem man die replicatio pacti conventi einschob und dadurch dem Kläger zum Siege verhalf. Wir meinen, es ist dies echt römische Art, zu verfahren. Eine selbständige Stellung der exceptio ergiebt sich daraus aber nicht. Dass der Effekt dabei derselbe ist, wie wenn die actio pura angestellt worden wäre, ist etwas anderes. Die actio pura existiert aber in diesem Falle gar nicht. Für die Parteien, welche eine solche cautio bestellt haben, ist nicht die actio, sondern die actio + exceptio massgebend. Dass in der Regel der Beklagte dafür sorgt, dass in iure die exceptio eingeschoben wird, ist ohne Bedeutung. Sicherlich durfte auch der Kläger die Einschiebung veranlassen.[197]

---

196) Vergl. Puchta, Instit., I. § 160, Anm. m.

197) Vergl. die richtigen Ausführungen von Zimmern, Röm. Pr. R., III. S. 287, Anm. 10, S. 288.

Iulianus bei Ulpianus l. 14 § 9 D. quod met. causa. 4, 2: si quis per vim stipulatus, cum acceptum non faceret, fuerit in quadruplum condemnatus, ex stipulatu eum agentem adversus exceptionem replicatione adiuvari . . . . . cum in quadruplo et simplum sit reus consecutus.

A hat den B mit Gewalt zur Eingehung einer Stipulation gezwungen. Da A sich weigert, die Stipulation zu acceptoferieren, klagt B mit der actio quod metus in quadruplum, woraufhin A auf das Vierfache verurteilt wird. A klagt nun gegen B aus der erzwungenen Stipulation. B kann sich dann unzweifelhaft auf die exceptio quod metus causa berufen. Dadurch würde B erreichen, dass in seinem Prozess mit A nicht die actio aus der Stipulation, sondern die actio + exceptio quod metus causa zu Grunde gelegt würde. Iulian erklärt nun, dass dies nicht zulässig sei, dass vielmehr das Aktionensystem dahin abzuändern sei, dass in dem Prozess nicht actio + exceptio, sondern actio + exceptio + replicatio zu Grunde gelegt werde. Die exceptio stützt sich auf den metus, die replicatio darauf, dass B schon einmal das Erpresste zurückerhalten hat. Von einer Aufhebung der exceptio ist also nicht die Rede.

G. IV. 126: Interdum evenit, ut exceptio, quae prima facie iusta videatur, inique noceat actori. quod cum accidat, alia adiectione opus est adiuvandi actoris gratia; quae adiectio replicatio vocatur, quia per eam replicatur atque resolvitur vis exceptionis.

Gaius hebt also ausdrücklich hervor, dass die replicatio zur exceptio hinzugefügt werde. Von einer Aufhebung der exceptio ist nicht die Rede. Am Schlusse sagt daher Gaius sehr präzise, dass durch die replicatio nur die vis exceptionis beseitigt werde. Dasselbe führt er auch an einem Beispiele durch: si pactus sum tecum ne pecuniam . . . . . a te peterem, deinde postea in contrarium pacti sumus . . . . . et, si agam tecum, excipias tu, ... nocet mihi exceptio pacti conventi; namque nihilo minus hoc verum manet, etiamsi postea in contrarium pacti sumus; sed quia iniquum est me excludi exceptione, replicatio mihi datur.

Wir meinen, dass es von Bedeutung ist, dass die exceptio durch die replicatio nicht beseitigt wird. Daraus ergiebt sich nämlich, dass wir bei der exceptio, replicatio, duplicatio nicht mit einem Kampfe von „Einreden“ zu thun haben, sondern mit einer Ergänzung des Aktionensystems. Nicht deswegen wird die exceptio gegeben, weil z. B. die Stundung des Darlehns eine besondere Art der Einrede ist, sondern weil durch die exceptio pacti de non petendo das Aktionenrecht aus dem mutuum abgeändert wird. Die replicatio wird gegeben, weil das Aktionenrecht, wie es durch die actio + exceptio dargestellt wird, weiter abgeändert wird.

Paulus l. 27 § 2 D. de pactis. 2, 14: Pactus, ne peteret, postea convenit ut peteret: prius pactum per posterius elidetur, non quidem ipso iure, sicut tollitur stipulatio per stipulationem, si hoc actum est, quia in stipulationibus ius continetur, in pactis factum versatur: et ideo replicatione exceptio elidetur.

A hat von B Geld zu fordern und schliesst einen Vertrag ab, dass er das Geld nicht einklagen werde. Dieser Vertrag bezieht sich also nicht auf das Obligationsverhältnis zwischen den Parteien, sondern auf die Bethätigung des Obligationsverhältnisses im Prozess. Bei der Bethätigung des Obligationsverhältnisses im Prozess hat aber das pactum die Wirkung, dass die actio aus der Obligation nicht durchdringt, das pactum erzeugt die exceptio. In so fern ist also auch das objektive Recht als solches der Obligation abgeändert. Nun schliessen aber die Parteien nach jenem pactum ein zweites pactum ab des Inhalts, ut peteret. Bei der Anwendung des Rechts hat das zweite pactum die Wirkung, dass nunmehr der Kläger obsiegt. Es ist also eine weitere Abänderung des objektiven Rechts in seiner Anwendung wie des objektiven Rechts als solchen eingetreten, indem die vorliegende actio + exceptio nicht durchdringt, sondern durch die replicatio eine Wendung zu Gunsten des Klägers eintritt. Der Effekt im Resultat ist in unserem Beispiel allerdings der, dass nunmehr thatsächlich die reine actio zur vollen Wirkung kommt, obwohl formell nicht die actio vorliegt, sondern actio + exceptio + replicatio. Dass in unserem Beispiele scheinbar die exceptio pacti de non petendo durch die replicatio pacti de iterum petendo aufgehoben wird, hängt damit zusammen, weil in unserem Beispiel die replicatio auf einem pactum beruht, welches das Gegenteil von dem die exceptio erzeugenden pactum darstellt. In anderen Beispielen greift aber z. B. die replicatio doli ein, z. B. gegen die exceptio rei iudicatae. Hier liegt der Beweis deutlich vor, dass die replicatio keineswegs die exceptio aufhebt, sondern eine weitere Abänderung des objektiven Rechts in seiner Anwendung event. auch des objektiven Rechts als solchen enthält.

Wir meinen, dass unsere Ansicht unterstützt oder wenigstens nicht widerlegt wird durch die anderen Stellen, welche von der replicatio sprechen:

Proculus bei Ulpianus l. 7 pr. D. usufructuar. quemadm. 7, 9; Neratius bei Ulpianus l. 9 § 1 D. de except. rei iud. 44, 2, bei Paulus l. 17 § 4 D. de inst. act. 14, 3; Iulianus l. 7 §§ 1, 2 D. de curat. furios. 27, 10, l. 7 § 6 D. pro emptore 41, 4, l. 15 D. de except. 44, 1, l. 24 D. de except. rei iud. 44, 2, l. 4 § 32 D. de doli mali except. 44, 4; Pomponius l. 9 § 4 D. de iureiur. 12, 2, l. 3 D. de pignerat, act. 13, 7, l. 32 § 2 D. ad SC. Vell. 16, 1; Africanus l. 28 D. de noxal. act. 9, 4, l. 17 § 1 D. ad SC. Vell. 16, 1; Gaius l. 48 D. de procurat. 3, 3, l. 9 § 2 D. de lib. causa 40, 12; Marcellus bei Ulpian l. 4 § 12 D. de doli mali except. 44, 4; Marcianus l. 8 § 7 D. quib. mod. pign. 20, 6, l. 16 § 5 D. de pignor. 20, 1, l. 12 pr. D. qui potiores. 20, 4; Papinianus l. 7 D. ad SC. Vell. 16, 1, l. 15 pr. D. ad leg. Falc. 35, 2; Ulpianus l. 72 D. de R. V. 6, 1, l. 9 §§ 4, 5 D. de iureiur. 12, 2, l. 6 D. ad SC. Vell. 16, 1, l. 21 § 1 D. de pignor. 20, 1, l. 14 § 9 D. de aedilic. ed. 21, 1, l. 1 § 5 D. de except. rei vend. 21, 3, l. 3 pr. D. si cui plus. 35, 3, l. 2 § 1 D. de except. 44, 1, l. 154 D. de R. J. 50, 17; Paulus l. 25 D. de dolo malo 4, 3, l. 17 § 1, l. 28 § 2 D. de iureiur. 12, 2, l. 46 § 5 D. de administr. tutor. 26, 7, l. 5 § 2 D. de doli mali except. 44, 4; Modestinus l. 35 D. de pactis. 2, 14; Fr. Vatic. 266, 294 § 1 312.

Dass aber die Römer eine „Einrede“ gegen ein „an sich anerkanntes Recht“ überhaupt nicht kennen, ergiebt sich daraus, dass es ihnen bei den actiones in personam nur auf das dare oportere ankommt. Anders ist es im heutigen Recht. Wir haben kein Aktionensystem. Daher richten sich die Einreden des Beklagten nicht gegen die Klage, sondern ausschliesslich gegen das Rechtsverhältnis, aus welchem der Kläger seine Klage herleitet, bei der Darlehnsklage also gegen das Darlehen. Daher ist es im modernen Prozessrecht möglich, dass der Beklagte sagt: „Ja, ein Darlehen habe ich erhalten, aber ich habe es zurückgezahlt.“ Hier erkennt der Beklagte das Darlehen an und für sich an. Im römischen Recht kommt es auf diese Anerkennung des mutuum nicht an, sondern nur auf das dare oportere. Es sind also heute alle Einreden von indirekter Wirkung. Denn sowohl bei der Einrede der Zahlung wie bei der Einrede der Hauskindschaft erkennt der Beklagte an sich das Darlehen an. Der Fall, wo der Beklagte das Darlehen leugnet, fällt natürlich nicht unter den Begriff der Einrede, sondern den der Verneinung. Ob es nun geraten ist, unter den Einreden noch Unterschiede zu machen und solche zu unterscheiden, welche von Amtswegen, und solche, welche nur auf Antrag berücksichtigt werden müssen, das mag der heutigen Gesetzgebung und Dogmatik überlassen werden.[198]) Uns kommt es nur darauf an, hinzuweisen, dass die Römer den Begriff einer Einrede, wonach der Anspruch „an sich“ anerkannt werde, dem gegenüber jedoch nur ein „aber“ hingestellt werde, überhaupt nicht gekannt haben.[199]) Die Römer kannten nur ein dare oportere und ein non dare oportere. Alle Einreden waren also von direkter Wirkung. Dass bei den dinglichen Klagen die Sache nicht anders lag, wird einleuchten, wenn wir daran erinnern, dass die Kondemnation hier immer

---

[198]) Vergl. Thon, Rechtsnorm, S. 266.

[199]) Dies drückt doch deutlich Marcellus aus l. 9 D. de except., 44, 1: Non utique existimatur confiteri de intentione adversarii is quocum agitur, quia exceptione utitur. Keineswegs erkennt also der Beklagte das „Recht“ des Klägers an, dem er nur ein „aber“ entgegensetze. Dass im römischen Recht Fälle vorkommen, in denen die Berufung des Beklagten auf ein Gegenrecht als Negation des klägerischen Rechts erscheint, ist bekannt, vergl. v. Jhering, G. d. R. R., III. S. 65 f. 77 f. Wir behaupten, dass jede Einrede eine Negation des klägerischen Rechts ist, da ja in allen diesen Fällen der Beklagte dare non oportet. So auch Lenel, Except., S. 137. Wenn Thon, Rechtsnorm, S. 266, dieser Auffassung „entschiedensten Widerspruch entgegensetzt“, so meinen wir, dass wir römisches und heutiges Recht streng scheiden müssen. Thon beschränkt seinen Widerspruch auf „unser heutiges Recht“ (S. 267) und da wollen wir ihn nicht bekämpfen. Dagegen behaupten wir mit Lenel, dass den Römern eine andere als negative Verteidigung des klägerischen Anspruchs fremd geblieben ist.

auf eine Geldsumme ging.[200]) Gewiss konnte der Beklagte auch im römischen Rechte sich so verteidigen, indem er entweder sagte, dass überhaupt kein Darlehen zustande gekommen sei, oder dass er das Darlehen schon zurückgezahlt habe, oder dass ein Stundungsvertrag abgeschlossen sei. Alle diese Gegenbehauptungen des Beklagten stehen aber auf demselben Felde; sie verneinen das dare oportere. Will man diese Gegenbehauptungen des Beklagten „Einreden" nennen, so ist dagegen nichts zu erwähnen; aber nicht darf man nur einen Teil jener Gegenbehauptungen „Einreden" nennen und sie in Gegensatz stellen zu einem anderen Teil der Gegenbehauptungen, welche nur „Einwände" seien. Wir haben unten[201]) die Vermutung aufgestellt, dass der Begriff „Einrede" gegen ein an sich anerkanntes Recht aus dem germanischen Rechte stamme. Wie man sich

---

[200]) Im Legisaktionenprozess war es anders. Hier berief sich der Kläger nicht auf eine actio, sondern auf das zwischen den Parteien abgeschlossene Rechtsgeschäft oder zwischen ihnen bestehende Rechtsverhältnis. Das Legisaktionensystem hätte folgerichtig Einreden gegen ein an sich anerkanntes Recht erzeugen müssen. Durch die Einführung der formulae ist dies überflüssig geworden, da es sich im Formularprozess nicht um das objektive Recht als solches handelt, sondern um die Anwendung des objektiven Rechts in den Aktionen.

[201]) Wir glauben, dass die Vorstellung eines „Aber" gegenüber dem „an sich anerkannten" Recht, dass der Begriff der „Einrede" germanischen Ursprungs ist. Das deutsche Verfahren im Ding ist das der Klage und Antwort. Im römischen Recht hatte der Beklagte auch zu antworten. Aber diese Antwort bezog sich nur auf die formelle Einlassung. Sachlich brauchte der Beklagte nicht zu erwidern. Der Kläger hatte vielmehr die Voraussetzungen seiner actio zu beweisen. Im germanischen Prozess dagegen musste der Beklagte sich auch sachlich äussern und auf jeden Fall entweder den Inhalt der Klage zugestehen, oder bestreiten. Der Beklagte wurde durch das tangano dazu genötigt. Im germanischen Recht war also eine „Gegenrede" (= „Einrede") des Beklagten stets erforderlich. Diese Gegenrede hatte zwar im ältesten germanischen Prozess nicht die Form des „Aber", sondern vielmehr die Form „Ja" oder „Nein". Vergl. Brunner, R. G. II. (1892) S. 346. Aus dem Umstande aber, dass der Beklagte stets sachlich antworten musste, ergab sich naturgemäss die dritte Art der Vertheidigung durch ein „Aber", sobald der Beklagte weder mit „Ja", noch mit „Nein" antworten konnte.

auch zu dieser Vermutung stellen wolle, hier betonen wir unseren Standpunkt, dass der Begriff der „Einrede“ gegen ein an sich anerkanntes Recht mit den römischen Exceptionen nichts zu thun habe. Dass dies von Bedeutung ist, wird nicht bestritten werden. Haben nämlich jene „Einreden“ mit den römischen Exceptionen nichts zu thun, so müssen wir, sofern wir die Unterscheidung zwischen „Einreden“ und „Einwänden“ dogmatisch beibehalten wollen (die Berechtigung dieser Unterscheidung soll nicht in Frage gestellt werden[202]) für diese „Einreden“ eine neue Grundlage suchen und dürfen dafür nicht an die römischen Exceptionen anknüpfen.

Greifen wir beispielshalber einige Einreden gegen die Behauptungen des Klägers heraus und betrachten wir, wie das römische Recht sich dazu stellt. Es wird sich da zeigen, dass das römische Recht nur actiones kennt, welche die Voraussetzungen des Klagerechts darstellen, und exceptiones, welche jene Voraussetzungen verändern. Die Einreden, welche der Beklagte erhebt, sind nur Behauptungen, die sich auf die Prozessemittel (also die actiones und exceptiones) beziehen. Niemals erkennt nach römischer Anschauung der Beklagte das Klagerecht an und für sich an.

Der Beklagte behauptet, dass er an der ihm von dem Kläger vindizierten Sache ein Pfandrecht habe. Prozessualisch benimmt sich aber der Beklagte nicht etwa so, dass er das Eigentum des Klägers anerkenne, „aber“ sein Pfandrecht geltend macht, sondern es strebt der Beklagte ausschliesslich nach seiner Freisprechung. Die Wirkung seiner Behauptung ist die, dass in dem Prozess zwischen den Parteien nicht die rei vindicatio, sondern die rei vindicatio + exceptio doli zu Grunde gelegt wird.[203]) Der Beklagte beruft sich keineswegs auf den dolus

[202]) Statt aller Dernburg I. § 137.

[203]) Vergl. Papinianus l. 65 pr. D. de R. V., 6, 1 und die guten Ausführungen von Keller, I. § 192 S. 216, 217. Eine exceptio rei pignori datae, wie Dernburg, Pfandr., II. S. 5 Anm. 6 in diesem Fall annimmt, giebt es nicht in unseren Quellen gegen den Eigentümer. Die exceptio rei sibi ante pignoratae, welche bei Marcellus l. 19. D. de except. rei iud. 44, 2 vorkommt, richtet sich gegen die actio pigneraticia und gehört also nicht hierher.

des Klägers, sondern auf sein Pfandrecht. Des Prätors Sache ist es, dieser Behauptung entsprechend die Voraussetzungen für das Obsiegen des Klägers festzustellen. Daher greift nicht überall, wo der Beklagte sich auf ein Pfandrecht beruft, die exceptio doli ein, sondern bei anderen actiones, als die rei vindicatio, eine andere exceptio, so z. B. bei der actio communi dividundo die exceptio pigneraticia, wie Iulianus bei Ulpianus l. 6 § 9 D. com. divid. 10, 3 ausführt: Idem Iulianus scribit, si is, cum quo servum communem habebam, partem suam mihi pignori dederit et communi dividundo agere coeperit, pigneraticia exceptione eum summoveri debere: sed si exceptione usus non fuero, officium iudicis erit, ut, cum debitori totum hominem adiudicaverit, partis aestimatione eum condemnet, manere enim integrum ius pignoris: quod si adiudicaverit iudex mihi, tanti dumtaxat me condemnet, quanto pluris pignus sit, quam pecunia credita, et debitorem a me iubeat liberari.

A und B haben gemeinschaftlich einen Sklaven. A verpfändet seinen Anteil an dem Sklaven dem B und klagt dann gegen B auf Teilung mit der actio communi dividundo. Die actio communi dividundo setzt voraus, dass die Parteien Miteigentümer sind (l. 1 D. com. divid. 10, 3). Dies ist in unserem Beispiele der Fall. Es müsste also an sich A mit der Klage durchdringen. Das Pfandrecht des B kann an sich dem A nicht entgegenstehen, da die Voraussetzungen der actio communi dividundo erfüllt sind. Dennoch sagt Iulian, dass die actio in diesem Falle nicht durchdringe, vielmehr A mit der exceptio pigneraticia abgewiesen werde. Die exceptio stellt also eine neue Voraussetzung für das Obsiegen des A dar. Auf Grund seines Verhältnisses zu B hat also A nicht die actio communi dividundo, sondern die actio communi dividundo + exceptio pigneraticia vor sich. So wird der Prozess in iure juristisch formuliert. Das Recht vom Miteigentum hat also in seiner Anwendung hier eine Änderung erfahren. Die Anschauung Iulians bezüglich der exceptio geht nach dem klaren Wortlaute der Stelle nicht dahin, dass B an sich das Miteigentum des A anerkenne, aber sein Pfandrecht geltend mache, sondern sie geht dahin, dass A mit der actio communi dividundo in diesem Falle wegen des Pfandrechts des B nicht durchdringe. Von einer Anerkennung des Miteigentums des A kann nicht die Rede sein; denn das Miteigentum ist die Voraussetzung der actio und auch die Voraussetzung der actio + exceptio. Dass das Pfandrecht des B die Wirkung hat, dass in diesem Fall eine actio auf Grund des Miteigentums nicht gegeben wird, ergiebt sich aus dem weiteren Wortlaute der Stelle. Wenn nämlich B die exceptio nicht geltend macht, so solle nach Iulian der iudex folgendermassen entscheiden. Der iudex könne den Sklaven dem A zusprechen, solle aber dann den A verurteilen zu einer Geldsumme, welche dem Anteile des B am Eigentum des Sklaven entspricht. Der A erlangt somit das Eigentum am ganzen Sklaven, das Pfandrecht des B bleibt unberührt. Das Resultat dieses iudicium ist also ein rein rechtliches. A erhält das Eigentum am Sklaven, aber nicht den Besitz desselben. Dieses Urteil ist auch vollständig gerechtfertigt, denn dem A liegt nur daran, sich mit dem B bezüglich des Eigentumsverhältnisses an dem Sklaven auseinanderzusetzen. Diesem Zwecke dient die actio communi dividundo. Auf Grund des erlangten Eigentums kann er dann vindizieren. B hat nur eventuell den Schutz, welcher aus dem Pfandrechte gewährt wird. Es kann aber auch nach Iulian der iudex dem B das Eigentum an dem Sklaven zusprechen. Dann hat aber B an A nur noch so viel herauszuzahlen, als der Anteil des A an dem Sklaven mehr wert ist, wie das dem B bestellte Pfandrecht. Die Einrede des Pfandrechts wird also hier vom iudex berücksichtigt, ohne dass es einer exceptio bedarf. Die Wirkung ist aber keineswegs, dass nun das Eigentumsrecht des A gehemmt wird, sondern es findet eine sachgemässe Verrechnung statt. Von einer Einrede, die nur auf Antrag berücksichtigt wird, findet sich keine Spur. Die exceptio, welche in iure geltend gemacht wird, stellt eine Veränderung der actio vor und ist also etwas ganz anderes. Man[204]) wird nun allerdings dagegen sagen, dass in dem Falle, wo der Sklave dem B zugesprochen wird, eine Verrechnung eintrete, und da greife der Satz ipso iure compensatur ein. Es ist dies richtig. Dann hat

---

204) So z. B. Dernburg, Kompens., S. 340 f.

aber die Berufung auf das Pfandrecht nicht die Natur einer besonderen Einrede. Es wäre sonst merkwürdig, wenn dieselbe Einrede einmal so (durch exceptio) und das andere Mal anders (ohne exceptio) zur Berücksichtigung gelangte. Es ist dies doch wohl ein Beweis, dass nicht die besondere Art der Einrede die Einschiebung der exceptio verlangt, sondern die Natur des römischen Aktionensystems, welches in dem einen Fall eine Abänderung erfordert, in dem anderen nicht.

Wenn der Beklagte gegenüber der Vindikation sich auf ein Pfandrecht beruft, welches der Usufruktuar ihm bestellt habe, so giebt es nicht eine exceptio doli oder pigneraticia, sondern eine andere exceptio. Hier zeigt sich ganz deutlich, dass die Berufung des Beklagten auf sein Pfandrecht die Wirkung hat, dass der Prozess anders formuliert wird. Nicht das „entgegenstehende“ Pfandrecht, sondern die exceptio bringt den Kläger zur Abweisung. Das ist nicht etwa eine überflüssige Bemerkung. Es soll damit hervorgehoben werden, dass die Behauptungen des Beklagten, welche eine exceptio hervorrufen, sich gegen die actio richten, nicht gegen das Recht des Klägers, welchem der Beklagte ein anderes Recht gegenüberstelle. Daher sind solche Behauptungen des Beklagten ganz und gar nicht Einreden gegen ein an sich anerkanntes Recht.

Das angeführte Beispiel behandelt Papinianus l. 11 § 2 D. de pignor. 20, 1. welcher auf die Frage, ob ein ususfructus verpfändet werden könne, folgendes ausführt: tuendum creditorem et si velit cum creditore proprietarius agere ‚non esse ei ius uti frui invito se‘ tali exceptione eum praetor tuebitur: ‚si non inter creditorem et eum ad quem ususfructus pertinet convenerit, ut ususfructus pignori sit‘.

A hat einen Niessbrauch zu Pfand bekommen. Der Eigentümer der Sache geht gegen A mit der actio negatoria auf Grund seines Eigentums vor. Hier erhält A die genannte exceptio. Es hat also die actio aus dem Eigentum eine Einschränkung erfahren durch die erwähnte exceptio. Man könnte nun vom Standpunkte der Savignyschen Theorie sagen, dass die angeführte Stelle schlagend beweise, dass die exceptio das Eigentumsrecht hindere, dass also der Savignysche Begriff der exceptio der richtige sei. Dies ist aber keineswegs so. Freilich hindert das Pfandrecht die Geltendmachung des Eigentums, aber die exceptio wird nicht gegeben, weil das Pfandrecht dem Eigentum entgegensteht, sondern weil der Prätor das Aktionenrecht aus dem Eigentume mit Rücksicht auf das Pfandrecht abgeändert hat. Dies ist die **einzige** Grundlage der exceptio. Denn nach der bekämpften Ansicht müsste überall da eine exceptio gegeben werden, wo ein Recht gegenüber dem Klagerecht geltend gemacht wird. Dies ist keineswegs der Fall. Die exceptio wird nur da gegeben, wo sie als Abänderung des Aktionenrechts und eventuell des diesem zu Grunde liegenden objektiven Rechts als solchen ausdrücklich anerkannt ist. Es giebt also im römischen Recht keineswegs eine allgemeine pfandrechtliche Einrede. Vielmehr giebt es eine exceptio pigneraticia nur gegen die actio communi dividundo, wo in anderen Fällen noch eine exceptio vorkommt, heisst sie anders.

Im römischen Recht ist also die exceptio nicht nur nicht eine besondere Art von Einrede, sondern es giebt im römischen Recht überhaupt keine „Einreden" gegen ein an sich anerkanntes Recht. Das römische Recht ist das Recht der Aktionen, und da giebt es nur **die** Alternative, dass der Beklagte entweder freigesprochen, oder verurteilt wird; entweder dringt die actio durch, oder sie dringt nicht durch. Daher gehen die Behauptungen des Beklagten alle gegen die actio, sie sind Negation der actio.

2. An den Punkt über die selbständige Stellung der exceptio schliesst sich naturgemäss an der Punkt von der vermeintlichen leichten Verzichtbarkeit auf die Exceptionen. Es ist nun schon von Lenel[205]) dargethan, dass die Verzichtbarkeit auf die exceptio nichts Charakteristisches für die exceptio ist. Verzicht auf die exceptio heisst doch nur, dass die Parteien einen Vertrag eingehn, dass der Beklagte zustimmt, dass dem Prozesse nicht die actio + exceptio, sondern die blosse actio zu Grunde gelegt werde. Aus diesem Vertrage kann der Kläger für sich Rechte herleiten. Und da der Prozess den Römern als Vertrag zwischen den Parteien erscheint, so ist es natürlich, dass im

[205]) Except. S. 127 f.

Prozess diesem Willen der Parteien entsprechend verfahren wird. Nemo iure suo uti cogitur. Wenn durch Nachlässigkeit der Partei dieselbe sich auf die actio eingelassen hat, statt die Zugrundelegung der actio +exceptio zu verlangen, so ist das ihre Schuld. Ebensogut könnte auch die Partei auf die Geltendmachung der actio verzichten. Es greift eben bei der exceptio der allgemeine Rechtsatz ein, den Iulian (l. 41 D. de minor. XXVa. 4, 4) anführt: unicuique licet contemnere haec, quae pro se introducta sunt. Die Institute der Anwendung des Rechts sind aber sämtlich zum Nutzen der Parteien (sei es des Klägers oder des Beklagten) eingeführt, so gut wie die actio und in integrum restitutio, so auch die exceptio. Man hat dagegen gesagt: auf den Einwand der Zahlung könne der Beklagte nicht verzichten, dagegen auf den Einwand der Stundung. Der erste Einwand wirke ipso iure, der zweite ope exceptionis. Daraus ergebe sich die verschiedentliche Behandlung beider Arten von Einwänden. Es muss wiederholt werden, dass man bei einer solchen Argumentation von einer vorgefassten Meinung ausgeht und etwas in die Quellen hineinträgt, was in denselben nicht steht. Auf den Einwand der Zahlung kann allerdings nicht verzichtet werden, d. h. die Parteien können nicht vereinbaren, dass der Beklagte die Zahlung im Prozess nicht behaupten werde. Dies kommt daher, weil die Zahlung ipso facto die Schuld tilgt. Worauf soll denn der Beklagte noch verzichten? Es ist ja nichts mehr da, weder eine Schuld, noch eine Zahlung. Wenn der Beklagte dagegen auf den Einwand der Stundung verzichten kann, so kommt dies daher, weil die Stundung erst bei Anwendung des Rechts im Prozesse berücksichtigt wird. Das Rechtsverhältnis vom mutuum ist durch einen Stundungsvertrag erweitert worden. Es liegt ein Darlehns- und ein Stundungsvertrag vor. Der Stundungsvertrag hebt den Darlehnsvertrag nach dem objektiven Recht als solchem nicht auf, wohl aber tritt bei der Anwendung des Rechts dieselbe Wirkung ein wegen der Stundung wie wegen der Zahlung: die actio dringt nicht durch. Solange es noch nicht zur Anwendung des Rechts kommt, bleiben Darlehns- und Stundungsvertrag bestehen. Daher können die Parteien darüber verfügen. Dass auf den Einwand der Stundung verzichtet werden kann, kommt daher, weil die Grundsätze über die juristische Behandlung der Stundung erst bei der Anwendung des Rechts zur Geltung kommen, während die Grundsätze über die Wirkung der Zahlung nach objektivem Recht als solchem eingreifen. Ausschliesslich aus dem Gegensatze zwischen dem objektiven Recht als solchem und dem objektiven Recht in seiner Anwendung erklärt sich diese Thatsache. Mit dem materiellen Inhalte der Stundung hat dies nichts zu thun, sondern erklärt sich allein aus dem Grundsatze des römischen Rechts, dass ein pactum einen Vertrag nicht aufheben kann. Daher liegt dem Prozess ein mutuum und ein pactum vor, und über das eine wie das andere können die Parteien vor dem und in dem Prozesse verfügen, also auch darauf verzichten. Mit der Zahlung geht dagegen das mutuum ipso facto unter. Dass man aus jener Eigenthümlichkeit nicht den Unterschied zwischen verzichtbaren und unverzichtbaren Einwänden herleiten kann, ergiebt sich schlagend daraus, dass mitunter auch auf die exceptio nicht verzichtet werden kann, d. h. die Parteien dürfen nicht vereinbaren, dass der Beklagte die exceptio nicht geltend machen wolle. Dies ist mit aller Sicherheit erwiesen von der exceptio SC. Vellaeani.[206]) Die Verzichtbarkeit und Nichtverzichtbarkeit von Exceptionen deckt sich also keineswegs mit dem Gegensatze zwischen den Einreden, welche ipso iure und denen, welche ope exceptionis berücksichtigt werden. Das dürfte unbedingt feststehen. Es giebt also Exceptionen, auf welche verzichtet werden kann, und solche, auf welche nicht verzichtet werden kann. Mit der Natur der exceptio hat dies nichts zu thun.

3. Man hat weiter behauptet, dass trotz der Vernichtung eines Rechts ope exceptionis dennoch eine Naturalobligation übrig bleibe.[207]) Dagegen ist aber mit Recht hervorgehoben worden, dass auch trotz der Vernichtung eines Rechts ipso iure eine Naturalobligation zurückbleiben könne.[208]) Es ist also dies keines-

---

[206]) Vergl. insbesondere Gradenwitz, Ungiltigk., S. 75, 309. Karlowa, Rechtsgeschäft, S. 136, dagegen freilich Dernburg I. § 120 Anm. 9.

[207]) Vergl. die Litteratur bei Lenel, Except., S. 118 Anm. 2.

[208]) Lenel, Except., S. 118, Krüger, Z. f. R. G., VII. S. 228 f.; vergl. auch Keller, Litiskont., S. 101, 102.

wegs eine besondere Wirkung der exceptio. Ein nochmaliges Eingehen auf diese Sache dürfte überflüssig sein.

4. Was die vermeintliche Eigentümlichkeit der Wirkung der exceptio betrifft, dass der Umfang der Wirkung ein verschiedener sein könne, während da, wo eine Nichtigkeit ipso iure eintrete, dies nicht der Fall sei, so ist schon von anderer Seite zur Genüge nachgewiesen worden, dass eine solche Wirkung keineswegs der exceptio eigentümlich ist, sondern auch in anderen Fällen vorkommt.[209])

5. Insbesondere hat man als charakteristische Eigenschaft der exceptio bezeichnet, dass sie nur dann berücksichtigt werde, „wenn sich der Beklagte dieses Rechtsbehelfes bedient“.[210]) Diese Eigentümlichkeit hat man aber aus dem Umstande hergeleitet, dass die exceptio nur dann vom iudex berücksichtigt wird, wenn sie vom Prätor in die Formel eingeschoben war. Diese Schlussfolgerung halten wir nicht für begründet. Aus dem Umstande, dass die exceptio nur auf Anweisung durch den Prätor vom iudex berücksichtigt wurde, dürfte man noch nicht schliessen, dass nach Wegfall des ordo iudiciorum privatorum es nun einer Anweisung des iudex durch die Partei bedurfte. Man müsste denn behaupten wollen, dass nunmehr die Parteien an die Stelle des Prätors getreten seien. Will man aber die erwähnte Schlussfolgerung damit begründen, dass auch der Prätor die exceptio nur auf Antrag der Partei in die Formel einschob, so ist diese Behauptung unbewiesen. Die exceptio SC. Vellaeani wurde in die Formel vom Prätor eingeschoben, auch wenn die beklagte Partei es nicht beantragte. Dies ist der Schluss der Thatsache, dass die interzedierende Frau auf die exceptio SC. Vellaeani nicht verzichten durfte. D u r f t e aber die Frau auf die exceptio nicht verzichten, so musste die exceptio selbst ohne Antrag der Frau berücksichtigt werden, da sie auch gegen den Willen der Frau ihr zugeteilt wurde.[211]) Es wäre auch auffallend, wenn das Senatus consultum bestimmte, ne actio

---

[209]) Lenel, Except., S. 118, 119; Krüger, Z. f. R. G., VII. S. 228.

[210]) Statt aller Dernburg I. § 137.

[211]) Vergl. Gradenwitz, Ungiltigk., S. 75, 309.

petitioque daretur, und der Prätor nun doch die actio erteilte, weil die Beklagte keinen besonderen Antrag gestellt hatte. Wenn der Prätor die Einrede nicht kannte, so ist es eine andere Sache. Es handelt sich eben um eine Einrede, für welche erst bei der Anwendung des Rechts (in iure) eine juristische Grundlage geschaffen werden musste, damit sie der iudex berücksichtigen konnte. In der einfachen actio war jene Einrede nicht vorgesehen. Aus diesem Grunde ausschliesslich war es notwendig, dass dem Prätor die Beklagte schon in iure sagte, dass sie diese Einrede geltend machen wolle. Denn der Kläger wird sich wohl gehütet haben, davon etwas zu verlautbaren. Hatte die beklagte Interzedentin vergessen, in iure ihre Einrede vorzubringen, so stand ihr auch nach eingetretener Litiskontestation die in integrum restitutio zu Gebote. Wir sehen also, dass die Unterscheidung zwischen Einreden, welche nur auf Antrag, und solchen, welche ex officio berücksichtigt werden, mit der exceptio nichts zu thun hat.[211a])

B. Aber auch die andere Ansicht, welche die exceptio aus dem Gegensatze zwischen dem civilen und prätorischen Recht erklärt,[212]) stimmt mit den Quellen nicht überein. Diese Meinung ist nicht im stande, zu erklären, dass es auch gegen prätorische Aktionen exceptiones giebt.[213]) Wir haben diesen Punkt schon oben ausgeführt, als wir die Bedeutung von ipsum ius erörterten.[214]) Vor allem spricht aber gegen diese Ansicht das unzweifelhafte Vorhandensein von Civilexceptionen. Auch das ist bereits ausgeführt worden.[215])

C. Wir kommen zu der Ansicht von Bekker,[216]) welche folgende ist. Es sei festzuhalten der Gegensatz zwischen den „Rechtssätzen, welche ohne jede äussere Zuthat und denjenigen,

---

211a) Vergl. oben S. 79.

212) Albrecht, Except.; Eisele, Grundl.; Lenel, Except; Gradenwitz, Ungiltigk., S. 312; Brinz bei Bekker u. Muther. Jahrb., I. S. 27. Vergl. Windscheid, I. § 47, Anm. 1; Dernburg, I. § 137 Anm. 1, 2, 6.

213) Vergl. v. Savigny, Syst., V. S. 174, 180 f. Albrecht, Except., S. 32. Vergl. oben Anm. 189.

214) Vergl. S. 69.

215) Vergl. S. 12 und Anm. 17 und S. 74.

216) Akt. II. S. 282.

die nur bei angemessener Einkleidung in die Formel die Beachtung des Richters zu fordern haben, und dass dieser Gegensatz des ex officio zu beachtenden und nicht zu beachtenden Rechts unabhängig ist von dem Ort, wo die einzelnen Sätze das Licht der Welt erblickt haben, in einer civilen oder einer honorären Rechtsquelle". Danach hätte also der Prätor überall da eine exceptio eingeschoben, wo er den iudex zur Beachtung eines Rechtssatzes besonders veranlassen wollte. „Die Bedeutung der Exceptionsaufnahme liegt nur darin, dass sie den Richter zur Berücksichtigung zwingt, während die Nichtaufnahme die Berücksichtigung keineswegs verbietet." [217]) Zunächst wollen wir konstatieren, dass wir mit Bekker darin übereinstimmen, dass die exceptio objektive Rechtssätze darstellt. Weiter treten wir Bekker darin bei, dass da, wo die Gestaltung der Formel dem iudex eine Handhabe gab, den betreffenden Rechtssatz auch ohne Einschiebung der exceptio zu berücksichtigen, die exceptio nicht eingeschoben zu werden brauchte und in der Regel nicht eingeschoben wurde. So erklärt sich nach unserer Meinung am besten der Satz „in bonae fidei iudiciis exceptio doli inest". Denn dass in der exceptio doli keineswegs bloss die Einrede der bösen Absicht enthalten ist, sondern dass in ihr die mannigfaltigsten Rechtssätze stecken (Retention, Kompensation u. a.) ist bekannt und soll noch beleuchtet werden. Wenn aber in den bonae fidei iudicia doch in einzelnen Fällen die exceptio eingefügt wurde, so spricht dies keineswegs gegen unsere Ansicht. Es konnte nämlich in manchen Fällen zweifelhaft sein, ob der iudex den betreffenden Rechtssatz, welchen der Prätor beachtet wissen wollte, als schon in dem Zusatz ex fide bona enthalten betrachten würde. In solchen Fällen setzte der Prätor zur grösseren Sicherheit die exceptio hinzu, um seinem Rechtssatz auf jeden Fall Geltung zu verschaffen. [218])

Auf die Bedenken, welche wir gegen die Ansicht von Bekker haben, ist schon oben [219]) hingewiesen. Insbesondere

---

217) Bekker, a. a. O. S. 284.

218) Vergl. unten S. 159 Anm. 296.

219) S. 52.

möchten wir hervorheben, dass damit nur formell der Begriff der exceptio bestimmt ist. Wir glauben aber, dass es notwendig ist, auf diese einzelnen Fälle einzugehen, in denen der Prätor sich zur Einschiebung der exceptio veranlasst fühlte, vor allem, um das in diesen Fällen der exceptio liegende gewaltige Material von objektivem Recht zu Tage zu fördern. Denn die exceptio stellt immer eine Abänderung des objektiven Rechts in seiner Anwendung dar. Da aber im römischen Recht es vor allem auf das objektive Recht in seiner Anwendung ankommt, so ist es begründet, wenn wir danach fragen, wie denn durch die Exceptionen das objektive Recht in seiner Anwendung abgeändert worden ist. Diesem Zwecke sollen unsere nachfolgenden Untersuchungen dienen. Und zwar wollen wir zunächst, gleichsam nur beispielsweise, die Fälle der exceptio doli gegen die actio aus der Stipulation untersuchen.

Dritte Abteilung.

Durchführung des aufgestellten Begriffs der exceptio an der exceptio doli gegen die actio aus der Stipulation.

§. 9. Der abstrakte Charakter der Stipulation.

Die Stipulation erscheint den Römern als Verbalvertrag. Die Verpflichtung entsteht dadurch, dass der eine Kontrahent auf die Frage des anderen Kontrahenten die Leistung verspricht. Alle anderen Momente sind für den Begriff der Stipulation unwesentlich.

Pomponius l. 5 § 1 D. de V. O. 45, 1: Stipulatio autem est verborum conceptio, quibus is, qui interrogatur, daturum facturumve se, quod interrogatus est, responderit.

G. III. 92: Verbis obligatio fit ex interrogatione et responsione, veluti ‚dari spondes'? ‚spondeo'.[220])

[220]) Vergl. Puchta, Instit., II. § 273 S. 354; Liebe, Stipulation, S. 73 ff.; Windscheid II. § 312 Anm. 2; Rudorff, R. R. G., II. S. 145 Anm. 21; Keller, Instit., S. 97 f.; Dernburg II. §§ 7, 22; Karlowa, Rechtsgeschäft, S. 227, 228 und Rg. II. S. 706. — Dagegen Kindel, Rechtsgeschäft, S. 30 f.

Aus dieser Begriffsbestimmung der Stipulation folgt aber der abstrakte Charakter derselben. Die causa des Vertrags ist nicht die res (wie bei den Realverträgen), sondern die Thatsache der Antwort auf die Frage. Diese letztere Thatsache genügt zur Erzeugung der Obligation. Es kann also eine materielle causa nicht weiter gefordert werden. Wir meinen, dass sich dies aus dem Begriff der Stipulation als einer durch verba entstandenen Obligation hinlänglich erklärt.[221])

Aber auch der Umstand, dass die actio (heisse sie nun condictio oder actio ex stipulatu) aus der Stipulation als solcher gegeben wird,[222]) beweist den abstrakten Charakter der daraus entstehenden Obligation. Denn so lange wir unter der Stipulation die Antwort auf die Frage bezüglich der Verpflichtung verstehen, so lange die actio auf Grund jener Antwort auf die Frage gegeben wird, so lange bleibt für die causa, welche der Stipulation zu Grunde liegen mag, auf dem Gebiete der Stipulation selbst kein Platz.

Sicherlich wurde in der Regel die Stipulation abgeschlossen nach voraufgegangenen Vereinbarungen zwischen den Parteien. Sehr häufig gingen die Parteien gegenseitig Stipulationen ein, um die beiderseitigen Verpflichtungen so festzulegen, dass keine von den beiden Parteien auf die vorangegangenen Abmachungen, welche die causa enthielten, zurückgreifen durfte. So stellt sich die Stipulation dar als die endgiltige Form der Vereinbarungen der Parteien; aber, sehr wohl gemerkt, als die abstrakte Form derselben.

Es konnte jeder Vertrag in diese Form gebracht werden. Nehmen wir an, dass A dem B ein Pferd für 10 verkauft, so kann A von B 10 stipulieren, B von A ein Pferd. Der Effekt, welchen die Parteien herbeiführen wollten, ist erreicht, und zwar

---

221) Vergl. auch Gneist, Formelle Verträge, S. 141, 181.

222) Paulus, Sent., II 22 § 2. Das ist die Regel, dass auf Grund der Stipulation die actio erteilt wird. Wenn auf Grund der Stipulation die actio nicht erteilt wird, so müssen noch besondere Gründe dazu vorhanden sein; es liegt dann eine Ausnahme (exceptio) vor. Dies beweist, dass an sich die abstrakte Stipulation zur Begründung der Klage ausreicht.

so, dass keine Partei auf weitere Bestimmungen, Abmachungen u. dergl. zurückgehen darf. Hier ist also die gegenseitige Stipulation die endgiltige Form der Vereinbarungen zwischen den Parteien.[223]) Aber man darf deshalb noch nicht sagen, dass, um bei unserem Beispiele zu bleiben, die Stipulation nur eine Form des Kaufvertrags ist.[224]) Die gegenseitige Stipulation ist

[223]) Wie häufig dies der Fall war, hebt schon Keller, Instit., S. 102 mit zahlreichen Belegen hervor. Die Bedeutung dieser Aufnahme des Kausalmoments in die Stipulation würdigt auch richtig Karlowa Rg., II. S. 715.

[224]) Dies hat in jüngster Zeit insbesondere Kindel, das Rechtsgeschäft und sein Rechtsgr., S. 23 f. behauptet. Auf die vielen Stellen, welche Kindel anführt, braucht nicht eingegangen zu werden, da zahlreiche andere Stellen, welche aus der bisherigen Litteratur bekannt sind, dadurch nicht widerlegt werden (vergl. Kindel S. 32 f.). Wir meinen aber, dass Kindel den abstrakten Charakter der Stipulation als solcher gar nicht leugnet, da er selbst, S. 24, zugiebt, dass „der Stipulationskläger die causa nicht zu beweisen" hat. Dies müsste aber doch der Fall sein, wenn die Stipulation als solche nur eine Form für ein anderes zu Grunde liegendes und mit einer causa ausgestattetes Rechtsgeschäft ist. Dies behauptet denn auch folgerichtig Wendt in v. Jherings Jahrb., XXVIII. S. 22, 37 f. Dagegen mit Recht Pernice, Z. d. Sav. St., XIII. S. 265, 275. Dass durch die exceptio die causa in die Stipulation hineingebracht wird, stimmt mit unserer Auffassung der exceptio überein. Die exceptio stellt eben einen Zusatz zur actio ex stipulatu dar und somit das der exceptio zu Grunde liegende Rechtsverhältnis einen Zusatz zur Stipulation selbst. Dies beweist auch klar das Beispiel, auf welches sich Kindel, S. 24 Anm. 7, beruft. Also nicht die actio ex stipulatu hat eine causa, sondern dies ist der Fall bei der actio ex stipulatu + exceptio. Die exceptio führt bei der Anwendung des Rechts die causa ein. Die Stipulation als solche weiss von der causa nichts. Dagegen geht wohl Wendt in v. Jherings Jahrb., XXVIII. S. 5 f., zu weit, wenn er die Stipulation den Realverträgen zurechnet, bezw. in ihr einen besonderen „Realverbalvertrag" erblickt. Gegen Wendt auch Kindel a. a. O. Was die von Wendt, Jherings Jahrb., XXXII. S. 126, angeführten Stellen anbetrifft, so wollen die Quellen, wenn sie vom mutuum, dessen Rückgabe zugleich stipuliert ist, sagen: ‚re et verbis pariter obligamur', doch nur ausdrücken, dass die Parteien zum Überfluss noch die Stipulation eingegangen sind, während die Hingabe des mutuum als solchen schon die Verpflichtung zur Rückgabe begründete. In gleicher Stärke (pariter) wirke die Hingabe des mutuum wie die Eingehung der Stipulation, d. h. es genüge zur Begründung der Verpflichtung jeder einzelne der genannten Verträge

entstanden aus dem Kaufvertrage; aber die Stipulation besteht als solche für sich als abstrakter Verpflichtungsgrund. Wir werden unten sehen, dass bei der Anwendung des Rechts die der Stipulation vorangegangenen Abmachungen auf die Erteilung, bezw. Verweigerung der actio Einfluss haben. Der Begriff der Stipulation nach dem objektiven Recht als solchem, wie er von der

---

(sowohl mutuum wie stipulatio). Man wollte wohl, da es üblich war, die Rückgabe des mutuum noch zu stipulieren, der Auffassung entgegentreten, als ob die Stipulation notwendig sei, um jene Verpflichtung zur Rückgabe zu begründen. Wie es kam, dass man mit dem mutuum im Verkehr die Stipulation zu verbinden pflegte, erklärt wohl Wendt a. a. O. S. 124 richtig mit „der Macht der Gewohnheit und des Herkömmlichen". Den Römern war die Stipulation eben die Obligation par excellence. Daher meinte der Gläubiger vielleicht häufig, dass er nur dann ganz sicher sei, wenn er auch eine stipulatorische Promission in Händen habe. Vergl. auch Pernice, Z. d. Sav. St., XIII. S. 259 und Karlowa, Rg., II. S. 718, 719. Dass aber die römischen Juristen hiergegen auftreten und betonen, dass hier 2 Verträge zu Grunde liegen, und dass jeder der beiden Verträge für den Gläubiger ausreiche, nur dies scheinen uns die von Wendt angeführten Stellen zu beweisen. Das würde aber direkt gegen Wendts Auffassung sprechen. Gegen Wendt vergl. weiter Pernice, Z. d. Sav. St., XIII. S. 246 f., 258 f. und Karlowa, Rg., II. S. 713 f. Wir werden unten sogleich sehen, dass das objektive Recht in seiner Anwendung von dem objektivrechtlichen Begriff der Stipulation abweichen und die actio aus der Stipulation versagen konnte, obwohl alle Voraussetzungen der Stipulation vorlagen. Wir dürfen aber dabei nicht vergessen, dass die Gestaltung des objektiven Rechts in seiner Anwendung dem Willen der Parteien nicht unterlag, sondern sich ausschliesslich in den Händen des Prätors und der Gesetzgebung befand. Dem Parteiwillen unterliegt nur die Gestaltung des objektiven Rechts als solchen, der objektiven Rechtsverhältnisse. Und da können die Parteien nicht andere rechtsverbindliche Rechtsfiguren schaffen als die, welche in dem objektiven Recht als solchem anerkannt sind. Wollen die Parteien durch pacta von dem objektiven Recht als solchem abweichen, so ist ihnen dies unbenommen. Sie schaffen aber damit noch nicht objektives Recht als solches. Dies spricht Paulus in der bekannten l. 27 § 2 D. de pact. 2, 14 deutlich aus „Pactus, ne peteret, postea convenit, ut peteret: prius pactum per posterius elidetur, non quidem ipso iure, sicut tollitur stipulatio per stipulationem, si hoc actum est, quia in stipulationibus ius continetur, in pactis factum versatur. Also ius sind nur die Rechtsgeschäfte, welche im objektiven Recht als solchem anerkannt sind,

Theorie und Praxis ausgebildet war, ist aber als solcher unverändert geblieben. So, wie wir, meinen wir, stellt auch Pomponius die Sache dar an jener bekannten Stelle, wo er von den Arten der Stipulation spricht, l. 5 pr. D. de V. O. 45, 1: conventionales (sc. stipulationes) sunt, quae ex conventione reorum fiunt, quarum totidem genera sunt, quot paene dixerim rerum contrahendarum:

---

z. B. die Stipulation. Die pacta sind im objektiven Recht als solchem nicht anerkannt und können höchstens bei der Anwendung des Rechts in Betracht kommen. Die Parteien haben also ein Mittel, um zu bewerkstelligen, dass nicht ausschliesslich der Begriff der Stipulation bei ihrem Rechtsstreit zu Grunde gelegt werde, sondern dass auch eventuell die causa zur Geltung komme. Thatsächlich können sie also eine objektivrechtliche Stipulation abschliessen, für welche bei Anwendung des Rechts die näheren Umstände in Betracht kommen. Aber dies hängt immer noch davon ab, dass bei Anwendung des Rechts dieser objektivrechtliche Thatbestand auch respektiert werde. Rechtlich können sie bei der Stipulation einen solchen Thatbestand nicht begründen, da dies mit dem Begriff der Stipulation unvereinbar ist. Vergl. übrigens oben S. 75 f. — Wir werden noch erörtern, wie die Stipulation benutzt wurde, um für die verschiedensten Rechtsgeschäfte eine rechtliche Grundlage zu bilden. Es geschieht dies nicht immer deshalb, weil es für das betreffende Rechtsgeschäft keine civile Rechtsform giebt (aber häufig geschieht es auch aus diesem Grunde), sondern deshalb, weil die Stipulation den Römern so sehr geläufig war, im Verkehr wohl auch als die sicherste Form der Verpflichtung erschien (wie etwa heute dies vom Wechsel gilt). Es würde nun da die Frage aufzuwerfen sein, ob auch hier neue Vertragsfiguren, analog dem „Realverbalvertrag" vorliegen. Man wird dies nicht gut annehmen wollen, wohl auch Wendt nicht. Vergl. auch Pernice, Z. d. Sav. St., XIII. S. 247. 248. Uns scheint der richtige Kern, den Wendts Ausführungen enthalten, sich durch unseren Gegensatz zwischen dem objektiven Recht als solchem und dem objektiven Recht in seiner Anwendung zu erklären. Dabei mag wiederholt werden, dass man aber dann nicht von einer direkten Abänderung des Stipulationsbegriffs sprechen kann. Vielmehr blieb dieser unverändert, aber bei Anwendung des Rechts wurden noch andere Momente, welche nicht in dem Begriffe der Stipulation lagen, berücksichtigt. Dass vom ökonomischen Standpunkt auch der Stipulation eine causa zu Grunde liegt, ist natürlich. Niemand wird ohne Grund eine Verpflichtung eingehen. Dies beeinflusst aber nicht die juristische Form, in welche die Verpflichtung gekleidet wird, und diese ist bei der Stipulation eine vom Grunde losgelöste.

nam et ob ipsam verborum obligationem fiunt et pendent ex negotio contracto.[225])

Etwas anderes ist es natürlich, dass in die Stipulation sehr häufig die vorangegangenen Vereinbarungen mit aufgenommen wurden.[226]) In so fern unterscheidet sich die Stipulation von unserem modernen Beispiel für einen abstrakten Vertrag, den Wechsel. Die Stipulation kann die causa enthalten; der Wechsel darf sie nicht enthalten. Die causa bei der Stipulation liegt aber nicht in dem Begriff der Stipulation, wie die Hingabe des Geldes in dem Begriff des mutuum. Soll die causa bei der Stipulation berücksichtigt werden, so muss sie in der Stipulation ausdrücklich hervorgehoben sein. Die Stipulation ist also ein Institut, welches dem modernen Verkehr vollständig fremd ist. An sich abstrakt, kann die Stipulation doch in ihren Tenor eine causa aufnehmen. Ebenso aber wie durch den Willen der Parteien die causa durch besondere Fassung der Stipulation zur Geltung kommen kann, ebenso kann dies der Prätor bewirken, indem er bei der Anwendung des Rechts trotz Vorliegens der Voraussetzungen der Stipulation die actio verweigert, oder, was damit identisch ist, die exceptio erteilt.

Wenn daher auch die Stipulation bei den verschiedensten Rechtsgeschäften gebraucht wurde, um eine entgiltige Verpflichtung der einen Partei herbeizuführen, so meinen wir doch, dass damit der abstrakte Charakter der Stipulation als Verbalkontrakt nicht beseitigt ist. Auch heute wird der Wechsel häufig gebraucht, um nach voraufgegangenen Vereinbarungen die Verpflichtung der einen Partei zu begründen. Bei der Anwendung des Rechts kann aber auch hier die causa der Ausstellung des Wechsels in Betracht kommen, sofern der Remittent zugleich Präsentant ist, und aus der causa der Ausstellung des

---

[225]) Der Schlusssatz „pendent ex negotio contracto" heisst wohl weiter nichts, als was schon mit dem „ex conventione reorum fiunt" gesagt ist.

[226]) Belegstellen bei Keller, Instit., S. 100, vergl. Salpius, Novat., S. 212. Zustimmend Dernburg, Pand., II. § 22 Anm. 2. Welche Bedeutung die Aufnahme der causa in den Tenor der Stipulation selbst hat, darüber vergl. Karlowa, Rechtsgeschäft, S. 228 f.

Wechsels sich ein Forderungsrecht des Wechselbeklagten ergiebt. Es wird dann der Beklagte die Klage mit der Kompensation zur Abweisung bringen können. Eine solche Gestaltung des Prozesses darf aber nimmermehr dazu dienen, dem Wechsel den abstrakten Charakter absprechen zu wollen. Wir meinen, dass in analoger Weise der Umstand, dass die Stipulation vertragsmässig die causa aufnehmen kann oder dass kraft prätorischen Eingriffs (mittels Erteilung der exceptio) die causa bei der Stipulationsklage zur Geltung kommt, nicht dazu benutzt werden kann, der Stipulation als dem römischen Verbalkontrakt *κατ' ἐξοχήν* den abstrakten Charakter zu nehmen. Wie Keller[227]) richtig hervorhebt, „macht die Form der Stipulation ihren Charakter wesentlich aus". Die Form der Stipulation (spondesne spondeo) spricht aber aufs deutlichste gegen jede Beimischung einer causa als wesentlichen Erfordernisses zur Begründung der Obligation. Und dies letztere wäre doch erforderlich. Ist eine bestimmte causa zur Begründung einer Obligation aus der Stipulation nicht erforderlich, dann ist damit der abstrakte Charakter der Stipulation gewahrt. Alles übrige sind nur Erscheinungsformen der Stipulation in Verbindung mit Zusätzen, wie ja in der Praxis überhaupt die reinen Rechtsbegriffe verhältnismässig selten auftreten, sondern meist in verschlungener Verbindung mit mehreren Rechtsbegriffen, nicht mehr als Erscheinungen des theoretischen Rechts, sondern des tausendfältigen praktischen Lebens.

Man könnte sagen, dass unsere Unterscheidung zwischen dem Begriffe der Stipulation als solchem und der Anwendung des Begriffs müssig sei, da es doch schliesslich auch nach unseren eigenen Ausführungen auf die Anwendung des Rechts ankomme. Soweit das letztere richtig ist, so können wir doch unsere Unterscheidung nicht als belanglos gelten lassen. Denn wenn die Stipulation nicht mehr ein abstrakter Vertrag ist, so würde die causa derselben jederzeit berücksichtigt werden müssen. Dem ist nicht so. Wollen A und B einen abstrakten Vertrag eingehen, so können sie die Form der Stipulation wählen und kein Richter darf die actio daraus verweigern. Dagegen ist nach

---

[227]) Instit. S. 101.

unserer Auffassung mit der exceptio die **Möglichkeit** gegeben, auch bei der Stipulation die causa zu berücksichtigen, aber nur dann, wenn das Recht dies ausdrücklich zulässt, d. h. also nur in ganz bestimmten Fällen. Kann die eine Partei nachweisen (in der Regel wird dies der Beklagte zu thun haben, da er damit eine Behauptung aufstellt, nämlich die, dass nicht eine reine Stipulation, sondern eine modifizierte Stipulation abgeschlossen sei), dass die Absicht der Parteien oder die näheren Umstände nicht auf Begründung einer abstrakten Obligation hinweisen, so wird der Prätor der Klage nicht die actio, sondern die actio + exceptio zu Grunde legen.[228])

Unsere Auffassung, dass die Stipulation an sich eine abstrakte Obligation ist, dass aber bei der Anwendung des Rechts Rücksicht auf die causa genommen werden kann, bestätigt fast wörtlich:

Ulpianus l. 36 D. de V. O. 45, 1: Si quis, cum aliter eum convenisset obligari, aliter per machinationem obligatus est, erit quidem suptilitate iuris obstrictus, sed doli exceptione uti potest: quia enim per dolum obligatus est, competit ei exceptio. idem est et si nullus dolus intercessit stipulantis, sed ipsa res in se dolum habet: cum enim quis petat ex ea stipulatione, hoc ipso dolo facit, quod petit.

A und B haben mit einander verhandelt. Die Folge davon ist, dass A dem B verpflichtet wird. B schlägt dem A vor, die Verpflichtung in die Form der Stipulation zu hüllen. A ist damit einverstanden und promittiert auf die Stipulation hin. Nach dem Begriff der Stipulation (das will wohl Ulpian sagen) ist A unzweifelhaft verpflichtet und zwar in abstrakter Weise. Weil aber die Parteien den A anders haben verpflichten wollen (aliter convenisset obligari), deswegen wird bei Anwendung des Rechts der abstrakte Begriff der Stipulation nicht durchgeführt, sondern dem A die exceptio gegeben. Ebenso greift der Prätor ein, wenn zwar A nicht hatte anders verpflichtet werden sollen, wohl aber objektiv in der abstrakten Verpflichtung für den A eine Ungerechtigkeit liegt.[229])

---

228) Ähnlich schon Gneist, Formelle Verträge, S. 180 f.

229) Scaevola l. 122 § 1 i. fi. D. de V. O. 45, 1.

So haben wir unter den Stipulationen solche zu unterscheiden, welche in sich den Vertrag zwischen den Parteien erschöpfen, und solche, welche nur die entgiltige Form bilden für ein zwischen den Parteien abgeschlossenes Rechtsgeschäft, welches theoretisch sich als Kauf oder Miete oder sonst etwas darstellt. Die erste Art der Stipulation möchten wir Formalstipulation nennen, weil die Absicht der Parteien lediglich die ist, eine Stipulation einzugehen; weil der ganze Vertrag der Parteien in der Form der Stipulation aufgeht. Die zweite Art möchten wir Kausalstipulation nennen, weil die Stipulation hier nur die äussere Form eines anderen Rechtsgeschäfts darstellt. Bekker[230]) macht bekanntlich sachlich denselben Unterschied und nennt die erste Art der Stipulationen konstitutive, die zweite Art rezeptive Stipulationen. Der Ausdruck konstitutive Stipulation konveniert uns ganz, doch scheint uns der Ausdruck rezeptive Stipulation nicht den Begriff gehörig zu veranschaulichen. Im übrigen dürfte die Frage über die Benennung von geringer Bedeutung sein. Die Wahl neuer Ausdrücke dürfte aber damit begründet werden, dass bis jetzt die Bekkersche Ausdrucksweise noch nicht allgemein Anklang gefunden hat.

Von Bedeutung ist diese Unterscheidung für unsere Frage in so fern, als eben bei den Kausalstipulationen die exceptio doli die Berücksichtigung anderer Momente, welche ausserhalb des Begriffs der Stipulation liegen, vermittelt. Bei diesen Stipulationen wird, soweit das Eingreifen der exceptio doli vorliegt, nicht bloss festgestellt, ob die Voraussetzungen der Stipulation vorliegen, sondern es kommt auch das der Stipulation vorangegangene zwischen den Parteien abgeschlossene Rechtsgeschäft, bezw. zwischen ihnen vorliegende Rechtsverhältnis, zur Geltung. Daher ordnen wir die einzelnen Fälle nach den verschiedenen Rechtsgeschäften, bezw. Rechtsverhältnissen, d. h. wir fragen, ob der Stipulation zu Grunde liegt ein Kauf, oder eine Miete, oder eine Dosbestellung u. s. w.[231])

---

[230]) Aktionen I. S. 247.

[231]) Pernice, Labeo, II. S. 114 f. ordnet bekanntlich die Fälle der exceptio nach bestimmten Funktionen, welche die exceptio doli hat. Wir meinen, dass hier Pernice sich noch zu sehr von dem modernen, in

§. 10. Die einzelnen Fälle der exceptio doli gegen die actio aus der Stipulation.

Die exceptio doli hat hierbei folgende Aufgabe in der Formula, welche auf die Stipulationsklage hin aufgestellt wird.

Wir wollen einen praktischen Fall nehmen. A verspricht in Form der Stipulation seinem Schwiegersohne B eine dos, unterhält aber seine Tochter während ihrer Ehe selbst, so dass B keine Ehestandskosten hat. Da A dem B die dos nicht sofort gegeben, sondern nur sich zur Hingabe derselben verpflichtet hat, B jedoch als Ehemann ein Recht auf die Früchte der dos hat, so hat A ausserdem als Früchte der dos eine bestimmte Summe Geldes promittiert. Nun klagt B mit der Stipulationsklage diese Summe Geldes ein, der Jurist entscheidet,[232]) dass dem B die exceptio doli entgegenstehe, sofern A irrtümlich (d. h. nicht schenkungshalber) jene Summe Geldes promittiert hat. Die Entscheidung ist konsequent. Die dos soll zur Deckung der Ehestandskosten dienen. B hat aber keine Ehestandskosten gehabt, also hat er auch keinen Anspruch auf die dos oder auf die Früchte derselben. — Nach dem römischen Aktionensystem würde aber die Entscheidung ganz anders ausfallen. A hat dem B promittiert. Der B hat unzweifelhaft die Stipulationsklage, da alle Voraussetzungen der Stipulation vorliegen. Es ist klar, dass die exceptio hier eine Abänderung oder eine Ausnahme von

---

den Begriff der römischen exceptio hineingetragenen Begriff der „Einrede" beeinflussen lässt. Geht man von diesem, von uns verworfenen Standpunkt aus, so ist es erklärlich, wenn man die Fälle der exceptio doli kategorisieren will. Diese Annahme ist uns aber immer deshalb ungerechtfertigt erschienen, weil die Römer fast nie sich auf eine Bestimmung der exceptio doli einlassen (l. 36 D. de V. O. 45, 1 wird noch besprochen werden). Vielmehr gehen die römischen Juristen das ganze System durch und führen an den betreffenden Stellen aus, dass in diesem und jenem Falle die exceptio eingreife. Bemerkenswert ist dabei, dass es den Römern nur darauf ankommt, dass eine exceptio eingreift; ob es die exceptio doli oder pacti oder sonstwelche ist, scheint ihnen von untergeordneter Bedeutung zu sein.

[232]) Scaevola l. 17 pr. D. de doli mali except. 44, 4.

dem Aktionensystem darstellt. Trotzdem die Voraussetzungen für das Obsiegen der actio ex stipulatu vorliegen, soll die actio doch nicht durchdringen. Des weiteren greift aber die exceptio auch in das Dotalrecht ein. Wenn es auch an sich nur eine Konsequenz des Begriffs der dos ist, dass B keinen Anspruch auf die Früchte der dos hat, so würde man doch schwerlich allein auf Grund des Begriffs der dos zu dieser Entscheidung kommen gegenüber der ausdrücklichen Stipulation. Wir meinen, dass erst durch die exceptio unzweifelhaft der Satz konstituiert wird, dass der Ehemann einen Anspruch auf die Früchte der dos nicht hat, wenn der Schwiegervater die Ehestandskosten trägt. Es wird also im weiteren Verlauf unserer Untersuchungen sich ein Zweifaches ergeben: dass die exceptio doli gegen die actio aus der Stipulation erstens stets eine Abänderung der Voraussetzungen für das Obsiegen der actio aus der Stipulation darstellt, also stets abändernd in das Aktionensystem eingreift, speziell hier, soweit es sich um die actio aus der Stipulation handelt; zweitens in das objektive Recht als solches von der Miete, dem Kauf, dem Darlehn u. s. w. eingreift, indem durch die exceptio ganz bestimmte Rechtssätze zur Geltung kommen.

Da der an erster Stelle angegebene Erfolg überall eintritt, so genügt es, ihn hier einmal hervorgehoben zu haben. Dagegen werden wir, was den an der zweiten Stelle angegebenen Erfolg betrifft, in jedem einzelnen Fall untersuchen müssen, welcher Rechtssatz in dem betreffenden Fall durch die exceptio doli zur Geltung kommt; inwieweit die exceptio abändernd oder aufklärend in das objektive Recht als solches eingreift.

Auf die exceptio doli bei den Formalstipulationen wollen wir hier noch nicht eingehen. Es greift hier die exceptio abändernd in den allgemeinen Teil des objektiven Rechts als solchen ein. Es wird daher am Platze sein, bei der Behandlung der Abänderungen, welche der allgemeine Teil des objektiven Rechts als solchen erfahren hat, auf die exceptio gegen die actio aus einer Formalstipulation zurückzukommen.

Wir wollen hier noch einen Punkt erledigen, welcher in den folgenden Untersuchungen wiederholt hervortreten wird. Wir haben soeben ausgeführt, dass die Parteien, welche eine Kausal-

stipulation abschliessen, für das zwischen ihnen bestehende Rechtsverhältnis eine neue (nämlich abstrakte) rechtliche Grundlage schaffen, die an die Stelle der Grundlage tritt, welche durch das der Stipulation voraufgegangene Rechtsgeschäft begründet war.[233]) In derselben Weise verfährt aber der Prätor, wenn er die Parteien zwingt, eine sogen. prätorische Stipulation einzugehen. Es wird hier eine rechtliche Grundlage für Verpflichtungen geschaffen, die häufig im objektiven Recht als solchem gar nicht anerkannt sind.[234]) Hier greift also der Prätor bei Anwendung des Rechts auch abändernd in das objektive Recht als solches ein, indem er Verpflichtungen statuiert, welche das objektive Recht als solches nicht kennt. Bei diesen prätorischen Stipulationen kommt es daher nicht sowohl auf den Begriff der Stipulation und die Voraussetzungen der Stipulationsklage an, als auf die der Stipulation zu Grunde liegende und durch die Stipulation geschaffene Verpflichtung. Es wird nun gerechtfertigt erscheinen, dass wir im folgenden sowohl bei der Kausalstipulation der Parteien, als auch bei den prätorischen Stipulationen immer nach dem zu

---

233) Recht anschaulich macht dies Ulpianus l. 2 § 3 D. de doli mali except. 44, 4: proinde et si crediturus pecuniam stipulatus est nec credidit et si (Mommsen inserit ‚alia') certa fuit causa stipulationis, quae tamen aut non est secuta aut finita est, dicendum erit nocere exceptionem. Es wird also auf die vor der Stipulationseingehung von den Parteien gemachten Vereinbarungen zurückgegangen und darin die causa stipulationis erblickt. Wir haben daher auch aus diesem Grunde die Bezeichnung Kausalstipulation als die passendste erachtet. Greifen aber die Quellen bei Beurteilung der Kausalstipulation auf das der Stipulation zu Grunde liegende Rechtsgeschäft zurück, so ist es auch begründet, die Fälle der durch die exceptio doli abgeänderten Stipulationsklage nach den zu Grunde liegenden Rechtsgeschäften zu ordnen.

234) Bekker, Akt., II. S. 31: „Der Prätor entdeckt irgendwo einen Anspruch, den das Civilrecht ohne aktionsmässigen Schutz lässt; er wünscht ihn zu schützen, aber nicht eine eigene prätorische Aktion ihm zum Schutz zu schaffen, und wendet deshalb die ihm über die Parteien zuständige Gewalt dahin an, dieselben zu zwingen, selber eine, und zwar altcivilrechtliche Aktion für den sonst schutzlosen Anspruch zu schaffen. Das Medium dieser reinen Aktionsschöpfung (ohne Mitschöpfung eines neuen Anspruchs) ist die Stipulation." Vergl. auch Bekker, ebendas., S. 35 f.

Grunde liegenden Rechtsverhältnis fragen, um die abändernde Wirkung der exceptio danach zu beurteilen.[235])

Wir wollen nunmehr feststellen, in welchen einzelnen Fällen die actio aus der Stipulation einen Zusatz (die exceptio doli) erfahren hat, und welche einzelnen Grundsätze des objektiven Rechts als solchen dadurch abgeändert worden sind. Dabei wollen wir bemerken, dass es uns auf Vollständigkeit des Materials nicht angekommen ist, da es uns darum zu thun war, an einem Beispiel unseren Exceptionsbegriff durchzuführen. Selbstverständlich ist das ganze Material von uns kontrolliert, und ist ein Widerspruch nirgends gefunden worden. Ein vollständiges Material soll erst in den weiteren Untersuchungen vorgelegt werden, in denen, soweit wir es schon jetzt zu überblicken im stande sind, es sich wahrscheinlich nicht empfehlen wird, die einzelnen Exceptionen besonders zu behandeln, zumal da die Quellen häufig nur von exceptio sprechen ohne nähere Bezeichnung, ob doli oder sonstwelche. Die Aufstellung des Begriffs der einzelnen Exceptionen und die prozessuale Behandlung der Exceptionen wird dem Schlussheft überwiesen werden, in welchem wir von der „Theorie" der Exceptionen zu sprechen haben werden.

a) Die Pflicht, vor Gericht zu erscheinen.

Die Ladung des Beklagten war bekanntlich Sache des Klägers. Während in der ältesten Zeit der Beklagte nach erfolgter in ius vocatio eventuell mit Gewalt von dem Kläger vor Gericht gebracht werden konnte, wurde es bald üblich, den Beklagten nur durch ein vadimonium sein Erscheinen versprechen zu lassen,[236]) während ursprünglich das vadimonium nur gebraucht wurde, um das Erscheinen des Beklagten in den weiteren Terminen zu sichern.[237]) Die Verpflichtung des Beklagten, das vadimonium zu stellen, war Bürgerpflicht. Bei der Handhabung des Rechts griff der Prätor ein, indem er den Beklagten zwang,

---

[235]) Bekker, Akt., II. S. 36 Anm. 1 rechnet daher zutreffend die prätorischen Stipulationen seinen rezeptiven Stipulationen zu, welche unseren Kausalstipulationen entsprechen.

[236]) Vergl. v. Bethmann-Hollweg, Civ.-Proz., II. S. 198.

[237]) Vergl. v. Keller, Civ.-Proz., § 47.

behufs Äusserung dieser bürgerlichen Pflicht auf eine civilrechtliche Weise, eine Stipulation einzugehen.[238]) Es zeigt sich hier, wie die prätorischen Stipulationen dazu verwandt wurden, um eine civilrechtliche Verpflichtung zu begründen. Denn nach ius civile gab es kein rechtliches Mittel, wodurch der Beklagte gezwungen werden konnte, vor Gericht zu erscheinen. Die indirekten Mittel der missio in bona u. dergl. kommen dabei natürlich nicht in Betracht. Durch sein Eingreifen kraft des imperium schuf der Prätor erst eine rechtliche Basis für die Verpflichtung des Beklagten zum Erscheinen im Termin. So begründet sich die Verpflichtung des Beklagten zum Erscheinen im Grunde auf dem imperium des Prätors, civilrechlich auf dem von den Parteien in Form der Stipulation[239]) eingegangenen vadimonium.

Will der Beklagte das vadimonium nicht leisten, so greift der Prätor mit seinen allgemeinen Mitteln ein. Natürlich giebt es Gründe, wo der Beklagte nicht vor Gericht zu erscheinen braucht; man denke nur an die Ladung des patronus durch einen Klienten. In diesen Fällen braucht der Beklagte selbstverständlich kein vadimonium zu leisten, keine Stipulation einzugehen. Es wird nun aber nicht immer offensichtlich sein, ob der Beklagte in dem vorliegenden Falle die Stipulation eingehen muss oder nicht. Schlechtweg die Eingehung der Stipulation zu verweigern, würde für den Beklagten gefährlich gewesen sein, da nachträglich sich herausstellen kann, dass er doch zu jener Eingehung verpflichtet war. Es würde dann der Beklagte die schweren Folgen der Verweigerung der Stipulation auf sich nehmen müssen.[240]) So ist es erklärlich, dass der Beklagte wohl immer die prätorische Aufforderung zur Eingehung der Stipulation befolgte. — Wie gestaltete sich aber die Sache, wenn der Beklagte die Stipulation eingegangen war, trotzdem er einen Grund hatte, der Aufforderung zum Erscheinen vor Gericht

---

[238]) v. Keller, Civ.-Proz., § 47 S. 234; Lenel, Ed. perp., S. 67; Eisele, Z. d. Sav. St., X. S. 299; Rudorff, R. G., II. S. 211; H. Krüger, Except. doli, I. S. 217.

[239]) v. Keller, Civ.-Proz., § 47 S. 234; v. Bethmann-Hollweg, Civ.-Proz., II. S. 198 Anm. 14.

[240]) Vergl. Bekker, Akt., I. S. 266, II. S. 43 f.

nicht Folge zu leisten, oder wenn nachträglich ein solcher Grund eintrat? Hier greift nun die exceptio doli ein. Trotzdem gegen den Beklagten die Voraussetzungen der actio ex stipulatu vorliegen, wird er aus derselben doch nicht verurteilt. — Wer ohne vorgefasste Meinung hier die Stellung und Aufgabe der exceptio betrachtet, der wird zugeben, dass die exceptio das Mittel ist, um die bestehenden Rechtsregeln abzuändern. Obwohl nach den scharfen und engen Bestimmungen des Kontraktensystems, insbesondere nach den Rechtsregeln der Stipulation, der Beklagte verurteilt werden musste, geschieht dies doch nicht, eben weil das positive Recht von jenen engen Bestimmungen des Kontraktensystems abweichen will. Die exceptio stellt also eine Abänderung des Aktionenrechts und in unserem Fall in weiterer Folge eine Abänderung des Rechts von der Gerichtsstandpflicht dar. Wir glauben, dass die Quellen mit unserer Auffassung übereinstimmen:

Ulpianus l. 1 § 3 D. de eo per quem. 2, 10: Si reus dolo actoris non steterit, non habebit reus adversus eum actionem ex hoc edicto, cum contentus esse possit exceptione, si ex stipulatu conveniatur de poena, quod ad iudicium non venerit.

A klagt gegen B. Im Prozess erscheint B nicht, da ihm A doloserweise Vorstellungen gemacht hat, welche B veranlasst haben, nicht zu erscheinen.[241]) Nun klagt A gegen B auf Grund der Strafstipulation, welche die Parteien für den Fall des Nichterscheinens des B eingegangen sind.[242]) Ulpian sagt, dass in diesem Fall die actio aus der Stipulation nicht durchgreife, vielmehr A mit der exceptio doli[243]) zurückgewiesen werde. Die Voraussetzungen der actio aus der Stipulation sind also durch die neue Voraussetzung des Nichtvorhandenseins des dolus abgeändert. Da aber die Stipulation in unserem Falle ein Mittel ist, um den Beklagten zum Erscheinen im Termin anzuhalten,

---

241) Vergl. l. 1 § 2 D. h. t.

242) Dass eine solche Strafstipulation möglich war, wird man nicht bestreiten dürfen, will wohl auch Lenel, Ed. perp., S. 54 nicht bestreiten. Die actio ex stipulatu in unserer Stelle weist unzweifelhaft auf eine vorangegangene Stipulation hin.

243) Dass von der excepti doli die Rede ist, wird nicht angezweifelt werden.

so ist damit auch das objektive Recht über die Verpflichtung zum Erscheinen abgeändert. Der Beklagte kann straflos im Termin nicht erscheinen, wenn er durch den dolus des Klägers dazu veranlasst ist. Dasselbe gilt, wenn der Beklagte durch den Sklaven des Klägers unter dessen Mitwissenschaft zum Nichterscheinen veranlasst ist.[244]) Unsere exceptio ändert also das Edikt In ius vocati ut eant, aut vindicem dent[245]) ab. Die exceptio realisiert für zahlreiche Fälle, nämlich wo eine Stipulation eingegangen ist, das Edikt unseres Titels.[246]) Und nicht Zufall ist es wohl, dass in den Digesten 2, 4 ff. über die Verpflichtung, im Termin zu erscheinen, gesprochen wird, während die Titel 2, 10 ff. über die Ausnahmen von dieser Verpflichtung handeln. Dass diese Ausnahmen zum Teil durch die exceptio vermittelt werden, ergiebt sich aus unserer Stelle und den unten folgenden.

Aber auch in anderen Fällen braucht der Beklagte im Termin nicht zu erscheinen. Auch diese Abänderung des positiven Rechts wird durch die exceptio vermittelt. Die Fälle sind folgende:

Ulpianus l. 2 pr. D. si quis caut. 2, 11: Non exigimus reum iudicio sisti, si negotium, propter quod iudicio sisti promisit, fuerit transactum: sed hoc ita, si prius id negotium transactum sit, quam sisti oporteret. Ceterum si postea transactum est, exceptio doli opponi debet: quis enim de poena promissa laborat post negotium transactum?

Der Beklagte ist ein vadimonium in Form einer Stipulation eingegangen. Nach Ablauf des gerichtlichen Termins einigen sich die Parteien. Das vadimonium ist aber nichtsdestoweniger verfallen, da Beklagter im Termin nicht erschienen ist.[247]) Wird aber der Beklagte nun auf jenes vadimonium hin belangt, so steht dem Kläger die exceptio doli entgegen mit Rücksicht darauf, dass die Parteien sich geeinigt haben.

Die weiteren Fälle stellen wir kurz zusammen. Der Beklagte braucht nicht im Termin zu erscheinen:

---

244) Paulus l. 2 D. h. t.

245) Lenel, Ed. perp., S. 55.

246) Lenel, Ed. perp., S. 67.

247) Vergl. auch H. Krüger, Except. doli, I. S. 217.

1. wenn er municipalis muneris causa sine suo dolo malo impeditus in iudicio secundum suam promissionem non stetit (Ulpianus l. 2 § 1 D. si quis caut. 2, 11);

2. wenn er als Zeuge fungieren muss und deswegen nicht zum Termin kommen kann (Ulp. § 2);

3. wenn Krankheit, Unwetter, oder Kommunikationshindernisse den Beklagten fernhalten (Ulp. § 3, 6—8);

4. wenn die beklagte Frau schwanger ist, oder nach der Geburt einen Rückfall gehabt hat. Der zweite Fall wird unter den Fall der Krankheit (3) gerechnet (Labeo und Ulp. § 4);

5. wenn der Beklagte in Wahnsinn verfällt. Auch dieser Fall wird unter den der Krankheit (3) gerechnet (Ulp. § 5);

6. wenn der Beklagte von einem magistratus (nicht einem Privatmann) an dem Erscheinen vor Gericht gehindert wird und dies seinerseits nicht selbst doloserweise veranlasst hat (Ulp. § 9);

7. wenn der Beklagte zu einer Kapitalstrafe verurteilt ist (Ulp. l. 4 pr. § 1 eod);

8. wenn der Beklagte sich im Gefängnis oder in militärischen Diensten befindet (Ulp. l. 4 § 1 eod. in Verbindung mit Ulp. l. 28 § 5 D. ex quib. caus. mai. 4, 6);

9. wenn der Beklagte im Hause ein Begräbnis hat (Ulp. § 3);

10. wenn der Beklagte in Gefangenschaft des Feindes ist und deswegen nicht erscheinen kann (Ulp. § 4);

11. Auch dann kann der Beklagte straflos im Termin ausbleiben, wenn er einige Tage später sich vor Gericht stellt und der Kläger durch diese Verspätung nicht geschädigt ist (Gaius l. 8 eod.).

Die genannten Entschuldigungsgründe waren analog auch für das Nichterscheinen vor dem Schiedsrichter anerkannt. Pomponius bei Ulpianus l. 4 § 2 D. de doli mali except. 44, 4: Si in arbitrum compromisserimus, deinde cum non stetissem ob adversam valetudinem, poena commissa est, an uti possim doli exceptione? et ait Pomponius prodesse mihi doli exceptionem.

b) das Recht von der Stellvertretung.

Ulpianus l. 16 § 1 D. de pactis. 2, 14: Sed et si inter dominum rei venditae et emptorem convenisset, ut homo qui emptus erat redderetur, ei qui pro domino rem vendidit petenti pretium doli exceptio nocebit.

A hat den B mit dem Verkauf eines Sklaven beauftragt und infolgedessen hat B den Sklaven an C verkauft und von C den Kaufpreis stipuliert. A vereinbart mit C, dass jener Sklave zurückgegeben werde. B klagt gegen C aus der Stipulation. Es wird dann B mit der exceptio doli zurückgewiesen.[248])

Formell sind hier die Voraussetzungen für das Durchdringen der actio ex stipulatu abgeändert. Materiellrechtlich ist das Recht von der Stellvertretung abgeändert. A hat den B mit der Ausführung eines Geschäfts beauftragt. Aus dem Geschäfte selbst wird B ausschliesslich berechtigt und verpflichtet. Dieser Hauptgrundsatz des römischen Stellvertretungsrechts ist durch unsere exceptio doli dahin abgeändert, dass dem Stellvertreter die actio verweigert wird, bezw. gegen ihn die exceptio erteilt wird, wenn der Auftraggeber mit dem Kontrahenten des Mandatars sich anderweitig geeinigt hat.

c) Das Recht vom Schiedsgericht.

Zahlreiche Streitigkeiten konnten bekanntlich in Rom durch den Spruch eines privaten Schiedsrichters geschlichtet werden. Die Autorität des Schiedsspruches beruhte auf dem Vertrage der Parteien. Den Bestimmungen des Vertrages, welche in der Regel alle Einzelheiten auch über die Art des Verfahrens enthielten, hatten die Parteien sich zu unterwerfen bei Androhung der zwischen den Parteien für den Fall des Ungehorsams stipulierten Strafe.[249]) Soweit reichen also die allgemeinen Institute des Rechtsorganismus aus. Leistet eine Partei den Bestimmungen des Schiedsspruches nicht Folge, dann kann sie mittels der actio

---

[248]) So auch H. Krüger, Except. doli, I. S. 128.
[249]) Vergl. Rudorff, R. G., II. § 68.

ex stipulatu auf Zahlung der vereinbarten Strafsumme verurteilt werden. Bezüglich der abgeschlossenen Vereinbarungen sind die Parteien vollständig souverän. Es unterliegt lediglich ihren privaten Abmachungen, was unter Strafe gestellt werden soll und was nicht. Aber auch in dies scheinbar souveräne Gebiet der Parteien greift der Staat ein. Bei der Anwendung des Rechts wird wiederholt die actio ex stipulatu abgewiesen, wenn auch die von den Parteien vereinbarten Voraussetzungen vorliegen. Es ist dies das Gebiet der exceptio. Wir handeln hier nur davon, soweit es sich um die exceptio doli handelt.

1. Wenn der Schiedsrichter entschieden hat, dass die beklagte Partei innerhalb einer bestimmten Frist zahlen soll, die Partei dies nicht thut, nachträglich aber die andere Partei die später erfolgte Zahlung annimmt, so verfällt die säumige Partei trotz der dahin zielenden Abmachung nicht der Strafe. Nachträgliche Genehmigung heilt also die Mängel bei Befolgung des Schiedsspruchs.

Celsus bei Ulpianus l. 23 pr. D. de recept. qui arbitr. 4, 8: Celsus ait, si arbiter intra kalendas Septembres dari iusserit nec datum erit, licet postea offeratur, attamen semel commissam poenam compromissi non evanescere, quoniam semper verum est intra kalendas datum non esse: sin autem oblatum accepit, poenam petere non potest doli exceptione removendus.

Zwischen A und B ist ein Schiedsspruch gesprochen. Die Ausführung desselben wurde bekanntlich durch eine Strafstipulation gesichert. Nun zahlt B bis zum 1. September nicht, trotzdem der Schiedsspruch ihm diese Verpflichtung auferlegte. Es greift dann die Strafe aus der Stipulation ein, wenn auch B nachher die Zahlung anbietet. Denn die Voraussetzungen der Stipulation liegen vor. Wenn aber A die nachher angebotene Zahlung annimmt, so soll ihm, wenn er dennoch aus der Stipulation klagt, die exceptio doli entgegenstehen. Die exceptio stützt sich unzweifelhaft auf die spätere Annahme der Zahlung, in welcher man einen stillschweigenden Vergleich bezüglich der Strafe sehen kann.[250]) Die exceptio ändert auch hier das objektive Recht

[250]) So H. Krüger, Except. doli, I. S. 218 Anm. 157.

der Stipulation ab, indem sie neue Voraussetzungen für das Durchdringen der actio aufstellt. Gleichzeitig ändert die exceptio den Rechtssatz, dass die Ausführung des Schiedsspruchs eine durch eine Strafstipulation zu erzwingende Pflicht der Parteien ist, ab. Es darf der Schiedsspruch straflos nicht befolgt werden, sofern nur teilweise Erfüllung des Schiedsspruchs erfolgt und die Gegenpartei damit einverstanden ist. Den Zusammenhang zwischen der Stipulation und dem materiellen Recht über den Schiedsspruch wird man hoffentlich zugestehen. Es wird nämlich nicht bei jeder Stipulation, wenn der Promissor etwas anderes leistet als versprochen ist, und der Stipulator es annimmt, unsere exceptio doli gegeben, sondern nur bei der Stipulation, welche auf die Vollstreckung des Schiedsspruchs hinzielt, also bei der Stipulation in einem ganz bestimmten Fall. Wir meinen, dass dieser Zusammenhang aus den Quellen sich unzweideutig ergiebt. Wenn auch in anderen Fällen der Stipulation auf Grund der Annahme einer anderen Leistung als der versprochenen eine exceptio eingreift, so liegt eben ein weiterer, analoger, aber doch für sich bestehender Fall vor. Dass die Römer diese verschiedenen Fälle zusammenzufassen suchen, ist klar. Dass aber das Ursprüngliche die verschiedenen einzelnen Fälle sind, ergiebt sich schon daraus, dass die einzelnen Fälle eingehend untersucht werden und nicht etwa allgemein der Grundsatz aufgestellt wird, dass die exceptio auf Grund der Zustimmung des Gläubigers eintrete u. dergl.

2. Ein dolos erwirkter Schiedsspruch braucht nicht befolgt zu werden.

Ulpianus l. 31 D. de recept. qui arbitr. 4, 8: Ita demum autem committetur stipulatio, cum adversus eam quid fit, si sine dolo malo stipulantis factum est: sub hac enim condicione committitur stipulatio, ne quis doli sui praemium ferat. sed si quidem compromisso adiciatur ‚ut si quid dolo in ea re factum sit', ex stipulatu conveniri qui dolo fecit potest: et ideo si arbitrum quis corrupit . . . . . ex doli clausula poterit conveniri . . . . . et omnino si in hac lite dolose versatus est, locum habebit ex stipulatu actio: et ideo si velit de dolo actionem exercere adversarius, non debebit, cum habeat ex stipulatu actionem. quod si huiusmodi clausula in compromisso adscripta non est, tunc de dolo actio vel exceptio locum habebit.

A und B unterwerfen sich einem Schiedsspruch, dessen Ausführung durch eine Stipulation gesichert wird. A stipuliert von B eine Geldsumme, wenn B den Schiedsspruch nicht erfüllt. Diese Stipulation, welche also in einem ganz bestimmten Fall eingegangen ist, nämlich zur Sicherung des Schiedsspruchs, verfällt nach den Ausführungen Ulpians aber erst dann, wenn B die Stipulation nicht befolgt, trotzdem seitens des A nichts doloserweise bei Erlangung des Schiedsspruchs geschehen ist. Dass die Stipulation in engem Zusammenhange mit dem Schiedsspruche gedacht ist, ergiebt sich daraus, dass hervorgehoben ist, dass, wenn dem Kompromiss die clausula doli hinzugefügt ist, der dolus schon bei der Stipulation berücksichtigt wird. Denn A hat seinerseits dem B eine Geldsumme versprechen müssen für den Fall, dass er bei Erlangung des Schiedsspruches dolos verfährt.[251]) Hat also A doloserweise den Schiedsspruch erwirkt, und B befolgt ihn nicht (gezwungen werden kann er bekanntlich nicht), so verfällt zwar B der Strafe, aber A verfällt wegen seiner dolosen Handlungsweise gleichfalls der Strafe. Da aber über die gegenseitigen Stipulationen in einem Prozess entschieden wurde, so erhalten wir das Resultat, dass B in diesem Falle straflos ist, wenn er den Schiedsspruch nicht befolgt. — Anders gestaltet sich die Sache, wenn die clausula doli nicht hinzugefügt ist. Hat in diesem Falle A doloserweise den Schiedsspruch erwirkt und B befolgt ihn nicht, so verfällt doch B auf Grund seiner Promission der Strafe. Er kann dagegen nur Schadensersatz verlangen mit der actio de dolo. Diese gesteht Ulpian der Partei auch aus-

---

[251]) Dass die clausula doli also eine besondere Stipulation darstellt, meinen wir ergiebt sich aus dem „ex stipulatu conveniri qui dolo fecit potest". Denn wenn die clausula doli ein Zusatz wäre zu der Hauptstipulation, welche die Befolgung des Schiedsspruchs zum Inhalt hat, so würde sich 1) die Form der clausula „ut si quid dolo in ea re factum sit" nicht erklären; 2) wäre es unverständlich, wie der Promittent jener Hauptstipulation eine actio ex stipulatu haben sollte. Eine actio contraria giebt es bei der Stipulation nicht. Zu vergleichen wäre noch Pernice, Labeo. II. S. 77.; Karlowa. Rg., II. S. 711.

drücklich zu. Aber weil jene actio aus der Strafstipulation auch schon als solche ungerechtfertigt erscheint, wird gegen sie die exceptio doli gegeben. Wir haben also aus unserer Stelle das Resultat, dass die exceptio doli formell die Voraussetzungen für das Durchdringen der actio ex stipulatu abändert, materiell aber abändernd in das Recht über die Schiedssprüche eingreift. Die Partei darf straflos den Schiedsspruch nicht befolgen, wenn dieser Schiedsspruch von dem Gegner dolos erwirkt ist.

3. Wenn die klägerische Partei aus Unbedachtsamkeit eine geringere Strafsumme bei Nichtbefolgung des Schiedsspruchs eingegangen ist, als der Streitgegenstand beträgt, so soll sie, wenn sie ihrerseits den Schiedsspruch nicht befolgt und unter Umgehung desselben ihre grössere Forderung gerichtlich einklagt, ihrerseits der Strafsumme nicht verfallen.

Labeo bei Ulpianus l. 4 § 3. D. de doli mali except. 44, 4: Item quaeritur, si cum eo, a quo tibi sescenta[252]) deberentur, compromisseris, deinde per imprudentiam poenam centum stipulatus fueris. Labeo putat convenire officio arbitri iubere tantum tibi dari, quantum re vera debeatur, et, si non fiat, non vetare, ne quid amplius petatur: sed etiamsi id omissum fuerit, peti posse quod debetur Labeo dicit, et si forte poena petatur, doli mali exceptionem profuturam.

Wir analysieren den Fall folgendermassen. A ist dem B 600 schuldig. Den Streit darüber unterwerfen die Parteien nach Vereinbarung einem Schiedsrichter. Für den Fall der Nichtbefolgung des Schiedsspruchs hat B von A unvorsichtigerweise eine Strafe von nur 100 stipuliert. Der Schiedsrichter muss natürlich den A auf die ganze Summe von 600 verurteilen, sofern sich diese Forderung bewahrheitet. A befolgt aber den Schiedsspruch nicht und zieht es vor, die Strafsumme von 100 zu zahlen, als den auf 600 lautenden Schiedsspruch zu erfüllen. B ist auf diese Weise betrogen. Denn er hat sich dem Schiedsspruch unterworfen und darf nun seinerseits nicht mehr gerichtlich

[252]) Die Konjektur sescenta statt sexaginta nimmt wohl Mommsen mit Recht vor. So schon die Glo. Item quaeritur. ad h. l.; und Cujac. in libr. XIII. Pauli ad Ed. (Opp. V. 185 E.) mit guter Begründung.

gegen A klagen, es sei denn, dass er die Strafsumme von 100 einbüssen wolle. Labeo sagt nun, dass in diesem Falle B ungestraft den Schiedsspruch verleugnen dürfe und seine ganze Forderung von 600 gerichtlich einklagen könne. Wenn B dann auf die Strafsumme von 100 klage, so werde er mit der exceptio doli abgewiesen.

4. Dass die Partei, welche wegen Krankheit vertragswidrig vor dem Schiedsrichter nicht erscheint, der stipulierten Strafe nicht verfällt, ist schon oben unter a) S. 131 als Analogon zur allgemeinen Gerichtsstandpflicht erwähnt worden (l. 4 § 2 D. de doli mali except. 44, 4).

d) Die Rechtsstellung des pupillus.

Der pupillus war grundsätzlich nicht verpflichtungsfähig. Er konnte weder eine Obligation eingehen, noch eine solche aufheben.[253]) Hatte also der pupillus cum auctoritate tutoris stipuliert, so konnte er ohne des Tutors Zustimmung den Gläubiger nicht liberieren, also auch nicht giltig die Zahlung annehmen. Davon gab es aber eine Ausnahme. Dem pupillus kann giltigerweise gezahlt werden, wenn das gezahlte Geld in sein Vermögen übergegangen ist.[254]) Klagt in einem solchen Falle der pupillus auf Grund der Stipulation, so wird er mit der exceptio doli zurückgewiesen.

Ulpianus l. 4 § 4 D. de doli mali except. 44, 4: Si quis pupillo solverit sine tutoris auctoritate id quod debuit exque ea solutione locupletior factus sit pupillus, rectissime dicitur exceptionem petentibus nocere.[255])

Formell sind hier also die Voraussetzungen für das Obsiegen mit der actio ex stipulatu abgeändert, materiell hat die Rechtsstellung des pupillus, speziell die Verpflichtungsfähigkeit desselben eine Änderung erfahren.

e) Die Rechtsstellung des Sklaven.

Paulus l. 21 § 1 D. de pactis. 2, 14: Quod si servus, ne a se peteretur, pactus fuerit, nihil valebit pactum: de doli ex-

---

[253]) Pernice, Labeo, I. S. 223.

[254]) Paulus l. 4 D. de except. 44, 1: inspicitur, an pecuniam vel ex ea aliquid habeat, quo petit.

[255]) Vergl. zu der Stelle Pernice a. a. O. Anm. 59.

ceptione videamus. et si in rem paciscatur proderit, domino et heredi eius pacti conventi exceptio: quod si in personam pactum conceptum est, tunc domino doli superest exceptio.

Ein Sklave paktierte, ne a se peteretur. Dies Paktum ist ungiltig, weil der Sklave sich selbst weder berechtigen noch verpflichten kann.[256]) Paulus meint aber, dass nichtsdestoweniger auf Grund dieses pactum dem Herrn die exceptio doli zustehe, wenn der Sklave in personam paktiert hat. Auf die exceptio pacti gehen wir hier nicht ein.[257]) Erhebt also der Schuldner des Herrn aus einer Stipulation die Klage, so wird er auf Grund des pactum des Sklaven mit der exceptio doli zurückgewiesen. Formell ändert also die exceptio die Voraussetzungen für das Durchdringen der actio ex stipulatu. Materiell ändert aber die exceptio die Rechtsstellung des Sklaven ab. Der Sklave kann sich nicht berechtigen und verpflichten. Was er erwirbt, erwirbt er dem Herrn. Daher ist das pactum nichtig. Nichtsdestoweniger wird bei der Anwendung des Rechts dem pactum eine rechtliche Bedeutung beigemessen, es erzeugt eine exceptio doli. Damit ist aber das Prinzip der vollständigen Unfähigkeit des Sklaven, sich zu berechtigen, durchbrochen. Denn das höchst persönlich abgeschlossene pactum des Sklaven gilt bei der Anwendung des Rechts nicht mehr für null und nichtig, es erzeugt vielmehr eine exceptio, welche allerdings nicht dem Sklaven, sondern dem Herrn zusteht. Wir meinen, dass dieser Fall sehr wohl verschieden ist von dem Fall, wo der Sklave etwas erwirbt. Hier geht das Erworbene schlechtweg auf den Herrn über. Das, was der Sklave aber erwirbt, erwirbt er als Verkehrsinstrument des Herrn, seine Persönlichkeit kommt dabei gar nicht in Betracht. In unserem Fall ist es anders. Der Sklave schliesst ein höchst persönliches pactum (ne a se peteretur) ab. Die Person des Sklaven kommt hier also schon in Betracht. Die Rechtsstellung des Sklaven ist somit durch die exceptio doli zu Gunsten des Sklaven abgeändert. So haben wir in dieser Abänderung

---

256) Vergl. auch H. Krüger, Except. doli, I. S. 118.

257) Vergl. darüber H. Krüger a. a. O.

eine nach echt römischer Weise ausgebildete Phase in der Entwickelung der Rechtsstellung des Sklaven.[258])

f) Die Rechtsstellung des Haussohns.

Iulianus bei Paulus l. 21 § 2 D. de pactis. 2, 14: Iulianus quoque scribit, si pater pactus sit ne a se neve a filio petatur, magis est ut pacti exceptio filio familias danda non sit, sed doli prosit.

Während der Sklave grundsätzlich rechtsunfähig ist, ist umgekehrt der Haussohn grundsätzlich rechtsfähig, vor allem auch verpflichtungsfähig.[259]) Was also der Haussohn vereinbart, geht nur ihn an; Vereinbarungen anderer Personen kümmern ihn grundsätzlich nicht.[260]) Hiervon wird aber eine Ausnahme gemacht mit Rücksicht auf das vermögensrechtliche Verhältnis des Haussohns zum Hausvater.[261]) Wenn der Hausvater mit dem Gläubiger vereinbart, dass derselbe aus einer Stipulation weder ihn, noch den Haussohn beklage, so soll trotz der selbständigen Handlungsfähigkeit des Haussohns diesem aus jener Vereinbarung die exceptio doli zustehen. Materiellrechtlich vermittelt also die exceptio (doli) die Abänderung der Rechtsstellung des Haussohns.

g) Das Recht vom Niessbrauch.

Der Usufruktuar hatte bekanntlich eine Kaution zu leisten dafür, dass er die Sache boni viri arbitratu gebrauchen und

---

[258]) Vergl. Pernice, Labeo. I. S. 113 f., dagegen neuestens Karlowa, Rg., II. S. 113 Anm. 1.

[259]) Vergl. Pernice, Labeo, I. S. 104 f., 166.

[260]) Daher steht dem Sohne auch nicht die exceptio pacti zur Seite. Celsus giebt allerdings in einem anderen Falle dem Sohne auch die exceptio pacti l. 33 D. de pactis. 2, 14. Vergl. darüber H. Krüger, Except. doli, I. S. 107. An unserer Auffassung der exceptio ändert dies aber nichts.

[261]) Dass auf Grund hiervon dem Haussohn die exceptio gegeben wird, wird nicht bestritten werden dürfen. Denn sonst wird nirgends einer Person aus dem pactum einer anderen Person eine exceptio gegeben, sofern nicht ein Rechtsverhältnis (z. B. Bürgschaft) zwischen den beiden Personen besteht. Vergl. Paulus l. 23, l. 30 § 1 D. de pactis. 2, 14.

nach beendetem Niessbrauch zurückerstatten werde.[262]) Wenn nun ein Erblasser dem A einen Niessbrauch für den Fall vermacht, dass A den schon besessenen Niessbrauch verlieren würde, so würde die cautio eingreifen für den Fall des zuletzt erwähnten Verlustes. Da aber für den Fall dieses Verlustes der Niessbrauch kraft des Legats sofort wieder beginnt, so soll die in Form der Stipulation abgegebene cautio nicht verfallen, es soll vielmehr gegen jene Stipulation die exceptio doli[263]) eingreifen.

Diese Entscheidung giebt Ulpianus l. 3 § 2 D. usufruct. quemadm. 7, 9: Si usus fructus repetitus erit legato, quotiensque amissus fuerit (nisi utiliter fuerit cautum), committetur ista stipulatio: sed exceptione opus erit.

Formell sind durch die exceptio die Voraussetzungen für das Obsiegen der actio ex stipulatu abgeändert, materiell hat aber das Recht von der Kautionsstellung des Niessbrauchers eine Abänderung erfahren. Des Niessbrauchers cautio verfällt erst dann, wenn endgiltig sein Niessbrauch endet, nicht schon dann, wenn er zwar endet, aber auf Grund eines anderen Rechtsgeschäfts sofort wieder beginnt. — Einen andern analogen Fall, wo die cautio ebenfalls nicht verfällt, erwähnt Ulpian a. a. O. § 3.

h) Das Recht von der Klagenkonkurrenz.

Nach dem von den Römern anerkannten Grundsatze von der Klagenkonkurrenz darf der Kläger, welcher mit der einen Klage das seinige schon erlangt hat, die andere Klage nicht mehr geltend machen.[264]) Dies gilt auch insbesondere von dem Fall, wo der Kläger eine dingliche Klage hat und eine Strafklage, welche zur Sicherung seines dinglichen Rechtes dient. Hat der Kläger sein dingliches Recht erlangt, so siegt er mit der Strafklage nicht mehr ob. Die Strafklage kommt vermittelst der actio doli zur Abweisung.

Labeo bei Ulpianus l. 4 § 7 D. de doli mali except.

---

[262]) Vergl. Lenel, Ed. perp. § 286 S. 420.

[263]) Dass die in diesem Fall eingreifende exceptio die exceptio doli ist, meint auch H. Krüger, Except. doli, I. S. 194.

[264]) Vergl. Dernburg I. § 135.

44, 4: Labeo ait, si de homine petito secundum actorem fuerit iudicatum et iussu iudicis satisdatum sit hominem intra certum diem tradi, et si traditus non fuisset, poenam stipulatus sit, petitorem, qui et hominem vindicat et poenam petit, exceptione esse repellendum: iniquum enim esse et hominem possidere et poenam exigere.

Die Stipulation ist iussu iudicis zur Sicherung des Eigentumsrechtes eingegangen.[265]) Der Beklagte muss entweder den Sklaven zurückgeben oder die stipulierte Strafsumme zahlen. Ist der Sklave zurückgegeben, so soll die Strafe nicht mehr verfallen. — Formell sind hier die Voraussetzungen für das Obsiegen der Strafstipulation abgeändert. Materiell ist aber der Grundsatz durchgeführt, dass neben der Sachforderung die Strafe nicht mehr gefordert werden darf.[266])

i) Das Pfandrecht.

Ulpianus l. 4 § 8 D. de doli mali except. 44, 4: Item quaeritur, si uniones tibi pignori dedero et convenerit, ut soluta pecunia redderentur, et hi uniones culpa tua perierint et pecuniam petas. exstat Nervae et Atilicini sententia dicentium ita esse excipiendum: ‚si inter me et te non convenerit, ut soluta pecunia uniones mihi reddantur‘: sed est verius exceptionem doli mali nocere debere.

A ist dem B etwas schuldig und hat zum Pfande Perlen gegeben mit der Vereinbarung, dass die Perlen nach Rückzahlung der Schuld zurückgegeben werden. Die Perlen gehen durch die Schuld des B unter, und B klagt seine Forderung ein. Ulpian ist der Meinung, dass die Schuldklage mit der exceptio doli[267]) zurückgewiesen werde. Die exceptio stützt sich unzweifelhaft auf den Nebenvertrag zwischen den Parteien.[268]) Die Wirkung der exceptio ist aber die, dass die Voraussetzungen für das

---

[265]) Vergl. allgemein Bekker, Akt., I. S. 246 f.

[266]) Vergl. zu der Stelle auch H. Krüger, Except. doli, I. S. 208.

[267]) Über die exceptio pacti in unserem Fall vergl. Pernice Labeo II. S. 117; H. Krüger a. a. O. I. S. 101 f.

[268]) So auch Pernice, Labeo, II. S. 117, 116, Ziff. 37. Es stimmt dies überein mit dem allgemeinen Grundsatze nuda pactio obligationem non parit, sed parit exceptionem. (Ulp. l. 7 § 4 D. de pactis 2, 14.)

Durchdringen der Schuldklage abgeändert werden. Dass diese exceptio nur bei der Stipulation eingreift, lässt sich wohl nicht behaupten. Es heisst allgemein „pecuniam petas“; das kann aber nicht nur mit der actio aus der Stipulation, sondern auch mit der actio aus einem Kaufvertrage geschehen, wenn z. B. A dem B den Kaufpreis schuldig geblieben war. Es ist zwar bekannt, dass die Römer in solchen Fällen eine Stipulation eingingen, und daher ist es nicht ausgeschlossen, dass hier von der Stipulation die Rede ist; aber direkt behaupten möchten wir dies nicht.[269]) Wir haben also einen Fall, wo die exceptio nicht in das Recht eines bestimmten Rechtsgeschäftes eingreift, sondern mehrere Rechtsgeschäfte umfasst. Wir meinen aber, dass dies nicht gegen unsere Ansicht spricht. Denn dass dieselbe exceptio in mehreren Fällen eingreift, schliesst nicht aus, dass sie doch nur bei bestimmten actiones vorkommt. Materiellrechtlich wird aber durch die exceptio der Satz begründet, dass, wenn aus einem Pfandvertrage die Pfandsache nicht zurückgegeben werden kann, auch die Schuldforderung nicht gezahlt zu werden braucht.

Derselbe Rechtssatz ist ausgesprochen bei Ulpianus l. 45 pr. D. de fideicom. libert. 40, 5, wo die verpfändete Sklavin auf Bitten des Gläubigers vom Schuldner freigelassen ist. Verlangt da der Erbe des Gläubigers Zahlung der Schuld, so kann ihn der Schuldner mit der exceptio doli zur Abweisung bringen, da er, der Schuldner, ja die verpfändete Sklavin nicht zurückerhält. Allerdings scheint Ulpian hier mehr das Kompensationsrecht des Schuldners gelten zu lassen, da er dem Schuldner die exceptio doli giebt bloss „in id quod interterit debitoris ancillam suam habere“.

k) Das Recht vom Kauf.

Nach den Regeln über den Kaufvertrag ist der Verkäufer verpflichtet, gegen Zahlung des Kaufpreises die Waare an den Käufer zu übereignen. Da der Kauf ein bonae fidei Vertrag ist, so werden alle Nebenabreden zwischen den Parteien in dem eventuellen Prozesse berücksichtigt. Fraglich ist es aber, und

---

[269]) Pernice a. a. O. S. 117 nimmt eine Stipulationsklage an.

dieser Fall interessiert uns hier, da wir nur von der Stipulation sprechen, wie sich die Sache stellt, wenn der Käufer vom Verkäufer die Waare stipuliert hat. Da die Stipulation ein abstrakter Vertrag ist, so können Nebenabreden der Parteien im Prozess nicht berücksichtigt werden. Wir haben nun verschiedene Fälle, welche so liegen. Es wird sich zeigen, dass da die exceptio doli gegen die actio aus der Stipulation eingreift. Die exceptio ändert auf diese Weise formell die Voraussetzungen für das Durchdringen der actio ab, materiell greift sie in das Recht vom Kaufe ein, indem sie teils die Verpflichtungen des Käufers, teils des Verkäufers abändert.

1. Der Verkäufer braucht nach Rückgabe des Kaufpreises die Waare an den Käufer nicht herauszugeben, sofern der Kauf nur zur Deckung des Verkäufers geschah und diese Deckung überflüssig geworden ist.

Ofilius bei Ulpianus l. 4 § 6 D. de doli mali except. 44, 4: Quod si is, cui pecunia debeatur, cum debitore decidit et nomen eius vendidit Seio, cui debitor mandaverat, ut nomen emeret, deque ea re emptor stipulatus est, deinde creditor eam pecuniam retinet, quam per iudicem abstulit, an emptor ex stipulatu possit experiri? et Ofilius putat, si venditor nominis paratus non sit reddere, quantum ab emptore acceperit, non nocituram exceptionem doli mali.

Der Gläubiger A verständigt sich mit dem Schuldner B dahin, dass A seine Forderung gegen B dem Seius verkauft, dem der B den Auftrag gegeben hat, die Forderung zu kaufen. Zu diesem Zwecke hat Seius mit A eine Stipulation abgeschlossen. A hat nun seine Forderung von B eingetrieben. Es fragt sich, ob Seius gegen A auf Grund der Stipulation auf Herausgabe der eingetriebenen Forderung klagen könne. Ofilius meint, dass, wenn A nicht bereit ist, den von Seius empfangenen Kaufpreis der Forderung zurückzugeben, dem Seius die exceptio doli mali nicht schaden werde.

Wir dürfen aus der Entscheidung annehmen, dass, wenn A dem Seius den Kaufpreis für die Forderung zurückgiebt, er dann den aus der Stipulation klagenden Seius mit der exceptio doli mali schlägt. Wir müssen den Fall des weiteren erörtern.

Seius hat mit dem A stipuliert, dass A dem Seius das, was er von B eintreibt, geben werde. Dies ist die Kaufsache, wofür Seius den Kaufpreis gezahlt hat. Dem B gegenüber bleibt also A Gläubiger.[270]) Nun zieht A die Forderung von B ein. Muss er dann das ganze von B erhaltene Geld dem Seius herausgeben? Nach dem Inhalte der Stipulation wäre dies unzweifelhaft zu bejahen. Und doch soll dies nicht der Fall sein, wenn A dem Seius den Kaufpreis zurückgiebt. Pernice[271]) erklärt dies damit, dass der wahre Sinn des Vertrages zur Geltung kommen soll. „Der Vertrag hat eben den einfach praktischen Sinn, dass der Gläubiger gegen die Zahlungsunfähigkeit des Schuldners durch den bar erhaltenen Kaufpreis für die Forderung gedeckt sein soll." Wir halten dies für richtig, vermissen aber die Begründung bei Pernice. Es ist daher erklärlich, wenn H. Krüger[272]) eine andere Lösung der Frage gesucht hat. Nach dessen Ansicht würde der Gläubiger durch das Kaufgeschäft hintergangen werden können, wenn Seius absichtlich von A die Forderung für einen geringeren Betrag, als dieselbe beträgt, abkauft, um dann von A auf Grund der Stipulationsklage die ganze Forderung zu bekommen und darauf eventuell den Gewinn mit B zu teilen. Wir meinen, dass aber die Quellen sicherlich hervorgehoben hätten, dass nur im Fall solcher Machinationen die exceptio eingreifen solle. Nach H. Krüger liegt ja nur die Möglichkeit des Betruges, nicht dessen Notwendigkeit vor. Und gegen die Möglichkeit gab man wohl sicher nicht die exceptio. Wir halten daher, wie erwähnt, die Ansicht von Pernice, dass ein Deckungsgeschäft vorliegt, für richtig und begründen das folgendermassen.

Wir meinen, dass sich dieses aus dem Wortlaute der Stelle ergiebt, und zwar aus den Worten „cui debitor mandaverat, ut nomen emeret". Hätte B dem Seius nicht einen solchen Auftrag gegeben, von welchem wahrscheinlich A wusste, dann läge eine einfache Stipulation zwischen B und Seius vor, und man wüsste wohl keinen Grund anzugeben, warum Seius auf Grund dieser Stipulation nicht obsiegen sollte. So aber geht der Wille der

---

270) Dies nehmen wir mit Pernice, Labeo, II. S. 114 an.

271) a. a. O.

272) Except. doli I. S. 186 f.

Parteien darauf, dass Seius eine Deckung für den B gewähren soll. Daran wird nichts geändert für den Fall, dass A von der Beauftragung des Seius durch B nichts wusste.[273]) Dann liegt zwar nicht beim Abschlusse der Stipulation die übereinstimmende Absicht der Parteien auf Deckung für B vor, aber objektiv, d. h. thatsächlich findet doch eine Deckung statt. Denn Seius hat die Forderung von A gekauft, nicht etwa, um ein gutes Geschäft zu machen,[274]) sondern weil er von B dazu beauftragt worden ist. Daher ist die exceptio doli gerechtfertigt. Es würde im entgegengesetzten Fall objektiv eine Ungerechtigkeit vorliegen.

Wir kommen auf das Verhältnis unserer exceptio zur actio aus der Stipulation. Die Stipulation ist ein abstrakter Verbalkontrakt. Sie führt zu einem stricti iuris iudicium.[275]) Die actio aus der Stipulation enthält die Voraussetzungen für den Kondemnationsbefehl. Natürlich gehören zu diesen Voraussetzungen nur diejenigen, welche zum Begriffe der Stipulation gehören. Sobald alle Voraussetzungen der Stipulation erfüllt sind, erfolgt die condemnatio. Zu den genannten Voraussetzungen gehören nun etwa nicht Nebenabreden, noch weniger Nebenabsichten der Parteien. Daher ist es in unserem Falle für die actio vollständig gleichgiltig, dass Seius dem A die Forderung gegen B abgekauft hat, ebenso, dass A durch die Stipulation eine Deckung für eventuellen Ausfall erhalten sollte. Hier greift nun die exceptio ein. Trotzdem die Voraussetzungen der Stipulation vorliegen, soll Seius nicht obsiegen. Man wird zugestehen, dass damit neue Voraussetzungen für den Kondemnationsbefehl geschaffen sind. Eine Stipulation, welche unter den Umständen wie in unserem Falle geschlossen ist, erzeugt nicht die einfache actio, sondern die actio + exceptio. Man darf nicht einwenden, dass die Ein-

---

273) Das möchten wir aber mit H. Krüger a. a. O. nicht annehmen. Es heisst in der Stelle nicht, dass Seius die Forderung kauft, sondern es wird gesagt, dass A sich auf die Weise mit B einigt (decidit et vendidit), dass er dem Seius die Forderung verkauft. Also dürfte wohl A mit B darüber vorher verhandelt und davon gewusst haben, dass B dem Seius den Auftrag zum Ankauf der Forderung gegeben hat.

274) Diese Absicht steht fest, da Seius ja unzweifelhaft wusste, dass es sich nur um eine Deckung für den B handelt.

275) Vergl. Puchta, Instit., II. § 273 a. E.

schiebung der exceptio in der Regel vom Beklagten veranlasst wird. Auch die actio muss besonders geltend gemacht, vom Kläger ediert werden. Dies sind Fragen, welche in das Prozessrecht fallen und mit den objektivrechtlichen Voraussetzungen des Kondemnationsbefehls nichts zu thun haben.

2. Der Käufer einer Erbschaft braucht den in Forderungen der Erbschaft bestehenden Kaufpreis nicht zu zahlen, wenn die Erbschaft angefochten wird.

Scaevola l. 17 § 2 D. de doli mali except. 44, 4: Ex quadrante heres scriptus a coherede ex dodranto instituto emit portionem certa quantitate, ex qua aliquam summam in nominibus ex kalendario uti daret, stipulanti spopondit: defuncto venditore hereditatis falsum testamentum Septicius accusare coepit et hereditatem ab emptore petit et ne quid ex ea minueret impetravit: quaesitum est, cognitione falsi pendente an heredes ex stipulatu petentes doli exceptione summoventur. respondit heredes venditoris, si ante eventum cognitionis pergant petere, exceptione doli mali posse summoveri.

Der zu $^1/_4$ eingesetzte Erbe hat von seinem zu $^3/_4$ eingesetzten Miterben eine Erbportion gekauft, aus welcher er als Kaufpreis eine bestimmte Summe in Forderungen, an einem bestimmten Tage fällig, versprochen hat. Der Erbschaftverkäufer stirbt nun, und das der stattgehabten Vererbung zu Grunde liegende Testament wird von Septicius als falsch angefochten. Gleichzeitig klagt Septicius gegen den Erbschaftskäufer auf Herausgabe der Erbschaft und erwirkt eine einstweilige Verfügung, dass dieser die Erbschaft nicht vermindern dürfe. Nach den allgemeinen Grundsätzen vom Kauf hätte der Käufer der Erbschaft an die Erben des Verkäufers den Kaufpreis zu zahlen und hätte nur seinerseits nach erfolgter Eviktion gegen jene Erben des Verkäufers die Klage auf das Interesse. In unserem Falle soll ein anderer Grundsatz eingreifen. Der Verkäufer, bezw. dessen Erben sollen nicht berechtigt sein, den Kaufpreis zu fordern. Der Grund, warum dies geschieht, ist wohl darin zu suchen, dass der Kaufpreis in Forderungen der Erbschaft besteht. Dadurch, dass diese Forderungen auf eine andere Person zur Einziehung übergehen, könnte eventuell die Lage der Erbschaft verschlechtert werden.

Durchgeführt wird dieser Satz in der Weise, dass man gegen die Klage aus der Stipulation auf Zahlung des Kaufpreises die exceptio gab.

3. Wenn der Käufer eine Waare mit einem Mangel kauft, welchen er nicht kennt, und auf das Nichtvorhandensein jenes Mangels eine Strafe stipuliert hat, nachher aber aus jenem Mangel einen Vorteil zieht, so muss er den Vorteil von der Strafe in Abzug bringen, oder er darf die Strafe nicht beanspruchen. Er muss also die Waare mit dem Mangel annehmen, da er Vorteil aus dem Mangel gezogen hat.

Ulpianus l. 2 § 7 D. de doli mali except. 44, 4: Item quaeritur: si statuliberum mercatus quis fuerit iussum decem dare, cum hoc ignoraret, et duplam stipulatus fuerit, deinde decem acceperit evicto eo in libertatem agere ex duplae stipulatione potest, sed nisi decem, quae implendae condicionis causa acceperit, deduxerit, exceptione summovendus erit: et haec ita Iulianus quoque scribsit. sitamen ex re emptoris vel ex peculio, quod ad emptorem pertinebat, pecuniam dederit statuliber, potest dici exceptionem non nocere, quia dolo non faceret.

A hat einen Sklaven gekauft, welchem für den Fall der Zahlung von 10 die Freiheit gesichert ist. A hat davon nichts gewusst und hat aufs Doppelte stipuliert, wenn ihm der Sklave in libertatem evinziert wird. Nun nimmt A die 10, mit welchen der Sklave seine Freiheit erkauft, an, klagt aber gleichzeitig auf Zahlung des Doppelten aus seiner Stipulation. Es wird dann A vermittelst der doli exceptio mit seiner Klage zurückgewiesen, sofern er die erhaltenen 10 nicht anrechnet, es sei denn, dass der Sklave die 10 aus dem Vermögen des A gezahlt hat.

Objektivrechtlich ist also durch die exceptio doli der Rechtssatz konstituiert, dass der Käufer mit einer mangelhaften Waare vorlieb nehmen muss, wenn er aus dem Mangel Vorteil zieht.

l) Das Eherecht.

Eine Ehe darf nicht erzwungen werden. Die auf Erzwingung der Ehe gerichteten Stipulationen sind nichtig.

Paulus l. 134 pr. D. de V. O. 45, 1: Titia, quae ex alio filium habebat, in matrimonium coit Gaio Seio habenti filiam:

et tempore matrimonii consenserunt, ut filia Gaii Seii filio Titiae desponderetur, et interpositum est instrumentum et adiecta poena, si quis eorum nuptiis impedimento fuisset: postea Gaius Seius constante matrimonio diem suum obiit et filia eius noluit nubere: quaero, an Gaii Seii heredes teneantur ex stipulatione. respondit ex stipulatione, quae proponeretur, cum non secundum bonos mores interposita sit, agenti exceptionem doli mali obstaturam, quia inhonestum visum est vinculo poenae matrimonia obstringi sive futura sive iam contracta.

Titia, welche aus anderer Ehe einen Sohn hat, heiratet den Gaius Seius, welcher eine Tochter hat. Die Eheleute kommen überein, dass die Kinder sich heiraten sollen und stipulieren eine Strafe für den, welcher sich dem widersetzen würde. Gaius Seius stirbt, und seine Tochter will den Sohn der Titia nicht heiraten. Es fragt sich, ob die Erben des Gaius Seius aus jener Stipulation verpflichtet sind. Die Entscheidung geht dahin, dass gegen die Klage aus der Stipulation die actio doli eingreife. Objektivrechtlich ist damit der oben hingestellte Rechtssatz konstituiert.

m) Das Dotalrecht.

1. Nach Abschluss der Ehe darf über das Schicksal der dos durch den Besteller nichts mehr vereinbart werden. Es greifen vielmehr entweder die bei der Eingehung der Ehe getroffenen Vereinbarungen über die dos, oder die gesetzlichen Bestimmungen ein. Insbesondere gebührt die dos nach Auflösung der Ehe der geschiedenen Ehefrau, sofern nichts anderes bei der Eingehung der Ehe vereinbart ist.

Papinianus l. 40 D. solut. matrim. 24, 3: Post dotem datam et nuptias contractas stipulatus est pater non ex filiae voluntate divortio facto dotem dari. si condicio stipulationis impleatur et postea filia sine liberis decesserit, non erit impediendus pater, quo minus ex stipulatu agat: viva autem filia si agere vult, exceptione summovendus erit.

Es ist eine dos bestellt und die Ehe vollzogen. Da über das Schicksal der dos keine Vereinbarungen getroffen sind, so fällt die dos nach Auflösung der Ehe bei Lebzeiten der verbliebenen Ehefrau dieser, nach ihrem Tode aber ihren Erben zu.[276]) In unserem Falle hat nun nach dem Abschlusse der Ehe der Vater nachträglich ohne Willen der Tochter vereinbart, dass nach eingetretener Scheidung die dos dem Vater zurückgegeben werde.[277]) Stirbt die Frau nach eingetretener Scheidung, ohne Kinder zu hinterlassen, so ist der Vater der nächste Erbe (diesen Fall hat wohl Papinian im Sinne). Er kann dann neben der actio de dote auch mit der actio ex stipulatu auf Herausgabe der dos klagen. Ist aber die geschiedene Frau am Leben, so soll der Vater die actio ex stipulatu nicht haben; er soll mit der exceptio doli abgewiesen werden.[278])

Die Bestimmungen über das Schicksal der dos hat der Vater nach dem Abschlusse der Ehe durch einen Vertrag abzuändern versucht. Nach den Grundsätzen der Stipulation musste der Vater nach den eingetretenen Voraussetzungen mit seiner Klage durchdringen und die dos erhalten trotz Lebens der Frau. Dies soll aber nicht zulässig sein. In praxi wird unser am Kopfe dieses Falls angegebene Rechtssatz durch die exceptio doli vermittelt, welche somit in das Dotalrecht eingreift. Abgeändert wird aber damit der allgemeine Grundsatz, dass über das Schicksal der dos kontraktliche Vereinbarungen getroffen werden dürfen. Solche kontraktliche Vereinbarungen waren allgemein üblich. Die Verpflichtung zur Rückgabe der dos wurde allgemein durch eine dahingehende Stipulation konstituiert, indem man auf diese Weise eine civilrechtliche Grundlage für jene Verpflichtung schaffte. Soweit diese Vereinbarungen nur dazu dienten, um das durchzuführen, was das Recht an sich haben wollte, war dies anerkannt. Aber es wurden Einschränkungen gemacht. Nicht in allen Fällen sollte das, was man über das Schicksal der dos vereinbart hatte, massgebend sein. Ein solcher Ausnahmefall ist der unserige.[279])

---

276) Vergl. Dernburg III. § 21.

277) Vergl. auch H. Krüger, Except. doli, I. S. 192.

278) Das Vorliegen der exceptio doli nehmen wir mit H. Krüger a. a. O. an.

279) So auch Windscheid II. § 506 Anm. 4 mit weiteren Belegstellen. Bechmann, Dotalrecht, I. S. 159, II. S. 172, 174. Dabei treten wir Bechmann nur so weit bei, als es sich um Feststellung unseres

2. Die dos kann dem Ehemann von der Frau vermacht werden.

Paulus l. 11 D. de dote praeleg. 33, 4: Seia cum nuberet Lucio Titio, dedit dotis nomine centum aureos et adhibuit Quintum Mucium, qui nihil numeravit, sed dotem stipulatus est, si morte mulieris solutum fuerit matrimonium. Seia moriens testamento suo ita cavit: ‚Lucio Titio marito meo, cui maximas gratias ago, dari volo super dotem, quam ei dedi, tot aureos'. quaero, cum instituit Lucium Titium convenire Quintus Mucius ex stipulatu actione, an repellere eum maritus possit ex verbis testamenti. respondit, si Quintus Mucius mandante Seia non donationis causa stipulatus est, heredibus mulieris eum teneri et ideo Quintum Mucium exceptione repellendum esse. quod si donationis causa Seia stipulari permisisset, videri eum in eum casum, qui morte mulieris exstitit, mortis causa stipulatum: et ideo fidei eius committi potuisse in eum casum dicendum fore.

Die Seia heiratet den Titius und giebt ihm 100 als dos. Sie beauftragt den Mucius, die Rückgabe der dos zu stipulieren für den Fall des Versterbens der Seia in der Ehe. In ihrem Testament vermacht nun die Seia ihrem Ehemann nicht nur die dos, sondern auch noch ebensoviel in Bar. Ausserdem setzt die Seia ihren Ehemann zum Erben ein. Es fragt sich, ob Mucius mit der actio aus der Stipulation die dos zurückfordern könne. Die Antwort lautet, dass, wenn die Seia mit dem Auftrage zur Stipulation dem Mucius nicht hatte ein Geschenk machen wollen, dem Mucius die exceptio entgegenstehe. Wir nehmen mit Pernice[280]) das Vorliegen der exceptio doli an.

Auch in unserem Falle liegt eine Abänderung des objektiven Rechts der Stipulation vor. An sich genügt es, dass die Voraussetzungen der Stipulation erfüllt seien, damit die actio daraus durchdringe. Nichtsdestoweniger soll dies in unserem Falle nicht

Rechtssatzes, dass nach Eingehung der Ehe das Schicksal der dos durch Vereinbarungen nicht mehr beeinflusst werden kann, handelt. Über das Verhältnis unserer Stelle zur l. 29 eiusd. tit. und die falsche Lösung bei Bechmann vergl. Czyhlarz, Dotalrecht, S. 444 und Windscheid a. a. O.

[280]) Pernice, Labeo, II. S. 115 Anm. 68.

so sein. Trotzdem Titius auf die Stipulation des Mucius eingegangen ist, soll Mucius doch nicht mit der actio durchdringen.

Aber auch in diesem Fall müssen wir über die Abänderung des objektiven Rechts der Stipulation hinausgehen. Nach römischem Dotalrecht unserer Zeit war es üblich, dass die dos adventicia nach Auflösung der Ehe zu der Frau oder deren Erben zurückkehrte. Es ist bekannt, dass dies dem altrömischen Dotalrecht widerspricht, und dass man deshalb eine besondere Stipulation einging. Eine solche Stipulation liegt auch in unserem Falle vor. Es ist auch weiter bekannt, dass, nachdem die Stipulierung der Rückgabe der dos so sehr üblich wurde, dass der Prätor eine solche Stipulierung sogar präsumierte, man sich dennoch dagegen sträubte, vertragsmässig dem Manne die dos zu überlassen.[281]) Durch unsere exceptio war auch hierfür ein Mittel gefunden. Mucius sollte nicht berechtigt sein, die dos zurückzufordern, sofern im Testament dieselbe dem Manne legiert war. Es konnte dem Manne die dos testamentarisch hinterlassen werden. Diese testamentarische Bestimmung griff sogar in die Verpflichtungen ein, welche der Mann mit Dritten eingegangen war. Erklärlich ist dieser exorbitante Eingriff dadurch, dass der Dritte doch nur ein vorgeschobener Strohmann ist; denn der Anspruch auf die dos gebührt ja der Frau.[282])

Denselben oben angeführten Rechtssatz finden wir durch die exceptio doli vermittelt bei Scaevola l. 37 § 4 D. de legat. III, 32.

3. Wird dem Ehemann die dos aestimata evinziert, so braucht er das pretium auf die Dotalklage hin nicht zu zahlen.

Paulus lib. VII respons. (Fr. Vatic. 94): Fundus aestimatus in dotem datus a creditore antecedente ex causa fiduciae ablatus est; quaero, an mulier, si aestimationem dotis repetat, exceptione submovenda sit; ait enim se propterea non teneri, quod pater eius dotem pro se dedit, cui heres non extitit. Paulus respondit pro praedio evicto sine dolo et culpa viri pretium petenti mulieri

---

[281]) Vergl. die Litteratur über diese Frage bei Dernburg III. § 17 Anm. 8.

[282]) Vergl. Czyhlarz, Dotalrecht, S. 365.

doli mali exceptionem obesse, quae tamen officio iudicis rei uxoriae continetur.

Für die Frau A ist ein Grundstück als dos aestimata bestellt. Dieses Grundstück wird von einem Pfandgläubiger dem Mann evinziert. Es fragt sich, ob nach Auflösung der Ehe der Mann das pretium der dos zahlen müsse. Paulus entscheidet, dass der Frau die exceptio doli entgegenstehe, d. h. also, der Mann braucht das pretium nicht zu zahlen. Die exceptio greift wohl nur ein, wenn die Frau ex stipulatu klagt; denn wenn sie mit der actio rei uxoriae klagt, so ist die exceptio doli überflüssig, da diese exceptio in der actio rei uxoriae schon enthalten ist. Das will wohl unzweifelhaft der Schlusssatz: „quae tamen officio iudicis rei uxoriae continetur" besagen.[283]) Abändernd greift aber in so fern unsere exceptio in das Dotalrecht ein, als nach dem Dotalrecht als solchem der Mann doch verpflichtet gewesen wäre, der Stipulation gemäss das pretium zu zahlen, und seinerseits nur eine Klage auf das Interesse wegen der Eviktion hätte.

4. Der Schwiegersohn hat kein Recht auf die Früchte der dos, wenn der Schwiegervater die Ehestandskosten selbst trägt.

Scaevola l. 17 pr. D. de doli mali except. 44, 4: Pater pro filia dotem promiserat et pactus erat, ut ipse aleret filiam suam eiusque omnes: idem homo rusticanus genero scripsit quasi usuras praeteritas ex dotis promissione: quaesitum est, cum ipse filiam suam exhibuerit et maritus nullam impensam fecerit, an ex chirographo ex stipulatu agenti genero exceptio obstare debeat. respondit, si, ut proponatur, pater, cum exhiberet, per errorem promisisset, locum fore doli mali exceptioni.

A hat für seine Tochter eine dos versprochen und vereinbart,

---

283) Dieser Schlussatz fehlt in den Pandekten l. 49 § 1. D. solut. matrim. 24, 3. Wie später auszuführen sein wird, ist dies charakteristisch dafür, wie man schon zu Justinians Zeit den Begriff der exceptio verwischt hatte und nicht mehr des engen Zusammenhangs der exceptio mit dem klassischen Aktionenrecht eingedenk war. Über das Verhältnis zwischen unserem Fr. Vatic. 94 mit der genannten l. 49 § 1 D. solut. matrim. 24, 3, vergl. auch Gradenwitz Interpol. S. 201. Zu der ganzen Stelle vergl. noch Bechmann, Dotalrecht, II. S. 233.

dass er die Tochter und deren Kinder selbst unterhalten werde. Ausserdem hat er sich gleichsam als verfallene Zinsen der geschuldeten dos zu einer Summe Geldes verpflichtet. Jedoch hat er die Tochter selbst unterhalten, so dass der Schwiegersohn keine Ehestandskosten hatte. Es klagt nun der Schwiegersohn auf Zahlung jener als Zinsen versprochenen Summe. Der Jurist entscheidet, dass, wenn A irrtümlich jene Zinsen (also nicht schenkungshalber) versprochen hat, A zur Zahlung jener Summe an den Schwiegersohn nicht verpflichtet sei. — Dieser Grundsatz enthält eine Abänderung vom Dotalrecht, als nach den Grundsätzen von der dos der Ehemann schlechtweg einen Anspruch auf die Früchte der dos hat. Davon ist aber durch unsere exceptio doli ein Ausnahmefall konstituiert.[284])

5. Nach Auflösung der Ehe und für den Fall des Nichtzustandekommens der Ehe braucht die versprochene dos nicht mehr gezahlt zu werden.

Iulianus bei Africanus l. 38 § 1 de pecul. 15, 1: Si nuptura filio familias dotis nomine certam pecuniam promiserit et divortio facto agat de dote cum patre, utrumne tota promissione an deducto eo, quod patri filius debeat, liberari eam oporteret? respondit tota promissione eam liberandam esse, cum certe et si ex promissione cum ea ageretur, exeptione doli mali tueri se posset.

Die A verspricht dem Haussohne B, welchen sie heiratet, eine bestimmte Summe Geldes als dos. Die Ehe wird geschieden, und nun klagt die A gegen den Vater des B wegen der dos. Es fragt sich, ob die A ihrer ganzen Verpflichtung bezüglich der dos enthoben sei, oder ob das in Abzug kommen solle, was B dem Vater schuldet. Iulian[285]) entscheidet, dass die A ihrer ganzen Verpflichtung enthoben sei, da sie ja auch für den Fall, dass sie aus der Stipulation auf Zahlung der dos verklagt würde, die exceptio doli vorschützen könne.[286]) Die dem Haus-

---

[284]) Vergl. auch Karlowa, Rg., II. S. 194 f.

[285]) Die Entscheidung ist bekanntlich von Iulian, vergl. Krüger, Gesch. d. Quellen, S. 177 Anm. 26.

[286]) Nebenbei sei bemerkt, dass diese Stelle mit aller Bestimmtheit die kondemnationmindernde Wirkung der exceptio ausschliesst. Vergl. Pernice, Labeo, II. S. 130 f.

sohn B bestellte dos bildet ein Sondervermögen, welches der Verfügung des Haussohns untersteht. Das Eigentum steht dem Hausvater zu. Da nun nach den Grundsätzen über das Sondervermögen des Haussohns dem Vater ein Vorzugsrecht vor den Gläubigern des Haussohns zusteht, indem der Vater wegen seiner eigenen Forderungen sich vorweg befriedigen kann, so fragt es sich, ob dies auch gegenüber dem Rückforderungsrechte der dos gelten soll. Die Frage wird verneint. Wenn der Hausvater aus der Stipulation die A verklagt, so kann diese sich mit der exceptio doli schützen und den Kläger zur gänzlichen Abweisung bringen.

Materiell greift die exceptio nach zwei Seiten hin in das Dotalrecht ein. Nach geschehener Ehetrennung braucht die dos nicht mehr gezahlt zu werden, bezw. muss sie zurückgegeben werden. Abzüge wegen der Schulden des Haussohns an den Hausvater, wo dieser Fall der Bestellung der dos vorliegt, sind nicht gestattet.[287]) Dieser Grundsatz, welcher entgegen ist der Verpflichtung zur Zahlung der dos, nachdem diese stipuliert ist, und entgegen dem Vorzugsrechte des Vaters vor den anderen Gläubigern des Haussohns wird durch die exceptio doli vermittelt.

Dieselbe Entscheidung giebt Paulus l. 9 § 1 D. de cond. causa data. 12, 4: Si quis indebitam pecuniam per errorem iussu mulieris sponso eius promisisset et nuptiae secutae fuissent, exceptione doli mali uti non potest: maritus enim suum negotium gerit et nihil dolo facit nec decipiendus est: . . . sed si soluto matrimonio maritus peteret, in eo dumtaxat exceptionem obstare debere, quod mulier receptura esset.

A glaubt irrtümlicherweise der B etwas schuldig zu sein und verspricht in Form der Stipulation dies nicht geschuldete Geld dem Verlobten der B als dos. Wenn nun die Ehe abgeschlossen wird, so kann A gegen die Stipulationsklage die exceptio doli nicht geltend machen, da der Ehemann von dem Irrtum des A nichts wusste. Wenn dagegen der Ehemann der B nach Auflösung der Ehe gegen A klagt, so hat A gegen die

---

[287]) Von den Abzügen wegen der impensae ist hier nicht die Rede und wird diesen natürlich durch unsere Entscheidung nicht präjudiziert.

actio die exceptio doli, soweit die B zur Rückforderung der dos berechtigt ist. Die exceptio stützt sich darauf, weil A gegen die B eine condictio wegen der irrtümlich an den Gatten der B gezahlten dos hat. Da nach Auflösung der Ehe die B in gewissem Umfange die dos zurückfordern kann, anderseits aber A von der B das irrtümlich Gezahlte einklagen kann, so wird mit Rücksicht darauf direkt dem A gegen den Gatten der B eine exceptio in Höhe des Rückforderungsrechts der B gegen die Stipulationsklage gegeben.[288])

Iulianus l. 7 pr. D. de cond. causa data. 12, 4: Qui se debere pecuniam mulieri putabat, iussu eius dotis nomine promisit sponso et solvit: nuptiae deinde non intercesserunt: quaesitum est, utrum ipse potest repetere eam pecuniam qui dedisset, an mulier. Nerva, Atilicinus responderunt, quoniam putasset quidem debere pecuniam, sed exceptione doli mali tueri se potuisset, ipsum repetiturum.

A, welcher für die B die dos verspricht, kann sich gegen die Klage nicht darauf stützen, dass er nur deswegen die dos versprochen habe, weil er der B so viel schuldig zu sein glaubte, was aber thatsächlich nicht der Fall sei. Vielmehr ist A zur Zahlung der dos auf Grund seiner Stipulation verpflichtet. Dies haben wir klar aus der oben besprochenen Entscheidung von Paulus, l. 9 § 1 D. h. t. 12, 4, ersehen. Anders stellt sich aber die Frage, wenn die Ehe, für welche die dos bestimmt war, nicht zu stande kommt. Dann braucht die dos nicht gezahlt zu werden. Dieser Rechtssatz wird bei der Anwendung des Rechts durch die exceptio doli zur Geltung gebracht.

6. Was aus dem Vermögen des Mannes in die Bestandteile der dos gekommen ist, kann der Mann gegen die Dotalklage retinieren. Dieser Rechtssatz wird durch die exceptio doli vermittelt.

Der Dotalsklave hat etwas mit dem Vermögen des Mannes erworben, es gilt dann zwar das vom Dotalsklaven Erworbene als Zuwachs der dos,[289]) der Mann kann aber das pretium retentionsweise gegen die Dotalklage mit der exceptio doli geltend

---

[288]) Vergl. auch Dernburg, Kompens., S. 220.
[289]) Vergl. Bechmann, Dotalrecht, II. S. 187 Ziff. 5.

machen, d. h. das pretium von der zurückzuerstattenden dos abziehen. Ulpianus l. 19 § 1 D. de donat. inter vir. et uxor. 24, 1. [290])

7. Ein Retentionsrecht gegen die Dotalklage hat der Mann nicht nur wegen der nützlichen und notwendigen Verwendungen auf die dos, sondern auch wegen einiger Verwendungen zu Gunsten der Frau. Dieser Rechtssatz wird durch die exceptio doli gegen die Stipulationsklage auf Rückgabe der dos vermittelt.

Wenn der Mann nicht zwar zu Gunsten der dos, aber zu Gunsten seiner Frau Ausgaben gemacht hat, z. B. bei Loskauf von Verwandten der Frau aus den Händen von Räubern, so kann sich dies der Mann von der dos abziehen. Gegen die actio ex stipulatu steht ihm da die exceptio doli zu, bei der actio rei uxoriae wird dieser Abzug officio iudicis zur Geltung gebracht. Ulpianus l. 21 D. solut. matrim. 24, 3. [291])

8. Speziell bei der actio ex stipulatu de dote ist das Wesen der exceptio als Mittel der Abänderung des objektiven Rechts hervorgetreten. Die Verpflichtung zur Rückgabe der dos wurde bekanntlich vermittelt durch eine später vom Recht sogar präsumierte Stipulation auf Rückgabe der dos. Es ist dies recht bezeichnend dafür, wie den Römern das Recht vollständig in der praktischen Handhabung aufging. Man wollte haben, dass die dos nach Auflösung der Ehe von dem Ehemanne zurückgegeben werde. Dies widersprach aber dem alten Civilrecht, wonach die dos dem Manne zu dauerndem Eigentume bestellt wurde. [292]) Man änderte nun das civile Recht nicht etwa ab, sondern liess eine Stipulierung der Rückgabe der dos zu. [293]) Damit machte man aber auch die Grundsätze von der Stipulation zu rechtsverbindlichen Grundsätzen für die Rückgabe der dos. Wollte man nun einen Fall konstituieren, in welchem der Ehemann die dos nicht zurückzugeben brauchte, so musste man in das Recht der Stipulation eingreifen. Man that dies in der Weise, dass man gegen die

---

290) Vergl. Dernburg, Kompens., S. 157.

291) Vergl. Bechmann, Dotalrecht, II. S. 412.

292) Dernburg III. § 14 Anm. 2 und 3.

293) Dernburg III. § 14 Ziff. 3.

actio aus einer solchen Stipulation die exceptio doli gewährte. Damit war also die Abänderung des Dotalrechts bezüglich der Verpflichtung zur Rückgabe der dos konstituiert. Bekanntlich hatte aber schon vorher, ehe es üblich war, die Rückgabe der dos besonders zu stipulieren, der Prätor eine actio rei uxoriae auf Rückgabe der dos für einzelne bestimmte Fälle aufgestellt.[294]) Diese actio führte nun zu einem bonae fidei iudicium. Es konnte somit durch Vermittelung der Rechtswissenschaft, oder der Gerichtspraxis ein Ausnahmefall von dieser Rückgabepflicht begründet werden, ohne dass es dazu einer Abänderung des Aktionenrechts bedurfte. Der iudex konnte diese Abänderung des objectiven Rechts durchführen, ohne durch eine besondere exceptio dazu angewiesen zu sein. Also eine Abänderung des objektiven Rechts kam auch hier zur Geltung; aber dieselbe kam in der formula nicht zum besonderen Ausdruck durch Abänderung der formula. Bei der actio ex stipulatu musste dagegen die Abänderung des objektiven Rechts durch eine exceptio zum Ausdruck kommen. Daher liegt überall, wo eine exceptio eingreift, eine Abänderung des objektiven Rechts vor. Natürlich kann eine Abänderung des objektiven Rechts auch eintreten ohne Vermittelung der exceptio, sei es durch Abänderung der civilrechtlichen Begriffe, sei es durch ausdehnende Interpretation der formula im bonae fidei iudicium. Wir meinen, dass gerade der Umstand, dass die Abänderung der Verpflichtung zur Rückgabe der dos einmal (bei der actio ex stipulatu) durch die exceptio vermittelt wurde, das andere Mal (bei der actio rei uxoriae) mit der bestehenden Formel sich durchführen liess, der beste Beweis dafür ist, dass die exceptio ein Mittel des Aktionenrechts ist, sich aus dem zum Teil schroffen System der Aktionen erklärt[295]) und dass daher der exceptio ein „tieferes“ Moment nicht innewohnt. Denn läge der exceptio ein solches

---

[294]) Dernburg III. § 14 Ziff. 2. Eine civilrechtliche Grundlage hat diese actio nicht gehabt (wie Lenel, Ed. perp., S. 243 annimmt), da uns unzweifelhaft überliefert ist, dass civilrechtlich der Ehemann zur Rückgabe der dos nicht verpflichtet war. Vergl. Dernburg a. a. O. Anm. 6 und 9.

[295]) Vergl. v. Keller, Instit., S. 195.

Moment zu Grunde, so wäre es doch auffallend, dass dieselbe Einrede bei derselben Klage (nicht actio!) bald mit exceptio, bald ohne exceptio geltend gemacht wurde.[296]) Sicherlich musste der Effekt beider actiones (der ex stipulatu de dote und der rei uxoriae) derselbe sein; da wäre es aber unerhört, dass die Einreden in dem einen Fall anders und zwar erschwerender oder leichter (je nachdem man in der „Einrede" als „Gegenrecht" eine

---

[296]) Wie man auch die Worte: in bonae fidei iudiciis exceptio doli inest auffassen möge, das steht auf jeden Fall fest, dass es in diesen Fällen einer exceptio nicht bedurfte. Vergl. übereinstimmend Karlowa, Rechtsgeschäft, S. 149 f. Man hat dagegen versucht, hier das Vorliegen einer wahren exceptio anzunehmen. Die Anführung einer exceptio doli im bonae fidei iudicium in unseren Quellen ist aber nur eine Paraphrasierung des obigen Satzes im konkreten Fall. Die Natur des b. f. iudicium wird in gleicher Weise charakterisiert durch das ex fide bona wie durch die immanente Berücksichtigung der exceptio doli. Es bedarf in diesen iudicia zur Durchführung einer Abänderung des objektiven Rechts als solchen, wie diese durch die Wissenschaft und das ius gentium herbeigeführt wurde, nicht einer Abänderung der Formelfassung, da die bestehende Formel sich auch auf den neuen Fall ausdehnen liess. Wir dürfen nicht vergessen, dass die Kenntnis des Rechts den römischen Juristen vor allem durch die Wissenschaft zugeführt wurde. Das Edikt gab mit seinen Aktionen und Formeln nur die Anweisung zur Handhabung des vor allem durch die Wissenschaft ausgebildeten Rechts. Also weil die Abänderung des Rechts auf die Weise bei den b. f. iudicia durchgeführt wurde, dass man sagte, die Nichtanerkennung dieser Abänderung verstosse gegen die bona fides, und weil die Abänderung des Rechts in so vielen anderen Fällen bei den sogen. stricti iuris iudicia durch die exceptio doli vermittelt wurde, daher kommt es, dass die Quellen an mehreren Stellen auch von der exceptio doli bei den b. f. iudicia sprechen. Sie wollen damit hervorheben, dass es sich um eine Abänderung des objektiven Rechts als solchen handelt, und dass diese Abänderung erforderlich ist, um nicht gegen die bona fides zu verstossen. Der Begriff exceptio doli geht eben in dem Begriffe bona fides auf. Das Gebiet der exceptio doli gehört auch zum Gebiete der bona fides. So auch Birkmeyer, Except., S. 133, vergl. noch Karlowa, Rg., II. S. 682. Daher kann man dem ex fide bona die exceptio doli noch hinzusetzen. Dieser Zusatz ist aber überflüssig, sofern man annimmt, dass der Effekt der exceptio doli auch durch den Zusatz ex fide bona herbeigeführt werden konnte. Und dies nimmt man mit Recht übereinstimmend an

Erschwerung oder Erleichterung erblickt) behandelt wurden wie in dem anderen Fall. [297])

Aber auch die Verpflichtung zur Bestellung der dos wurde im römischen Recht durch die Stipulation zwischen den Parteien vermittelt. [298]) Die Abänderungen von dieser Verpflichtung werden dann durch die exceptio gegen die actio aus einer solchen Stipulation vermittelt.

n) Das Erbrecht.

1. Zum Akkord mit den Erbschaftsgläubigern genügt vor Antritt der Erbschaft ein einfaches pactum.

Marcellus bei Ulpianus l. 7 §§ 17, 18, 19 D. de pactis. 2, 14: Si ante aditam hereditatem paciscatur quis cum creditoribus ut minus solvatur, pactum valiturum est. . . . . . Sed si quis . . . . . in servitute pactus est, negat Marcellus, quoniam non solet ei proficere, si quid in servitute egit, post libertatem: quod in pacti exceptione admittendum est. sed an vel doli ei prosit exceptio, quaeritur. Marcellus in similibus speciebus . . . . . . admisit: ut puta filius familias heres institutus pactus est cum creditoribus et emancipatus adiit hereditatem: et dicit doli eum posse uti exceptione. idem probat, et si filius vivo patre cum creditoribus paternis pactus sit: nam et hic doli exceptionem

---

(vergl. Birkmeyer a. a. O. S. 133). Spricht also ein Jurist im b. f. iudicium von einer exceptio doli, so thut er es deshalb, weil es ihm nicht sicher ist, dass der iudex die vorhandene Abweichung von den allgemeinen Bestimmungen des objektiven Rechts als solchen durch das ex fide bona vermitteln wird (so auch Karlowa, Rechtsgeschäft, S. 151); zur grösseren Sicherheit spricht er von der exceptio doli, wobei er gegen die Grundsätze des b. f. iudicium nicht verstösst, denn in b. f. iudiciis exceptio doli inest. So verstehen wir die von Birkmeyer, Except., S. 255 fg. angeführten Stellen (vergl. dazu Lenel, Except., S. 65 fg., welcher gleichfalls von einer wahren exceptio in den b. f. iudicia spricht). Lediglich um eine Paraphrasierung des Satzes in bonae fidei iudiciis exceptio doli inest handelt es sich. Vergl. oben S. 114.

[297]) Wie sehr die beiden Systeme der Dotalklage und der Stipulationsklage zur Erreichung desselben Rechtseffekts nebeneinander bestanden, darüber vergl. noch Czyhlarz, Dotalrecht, S. 51 f.; Bechmann, Dotalrecht, II. S. 346, 350 f., 358 f.

[298]) Vergl. Dernburg III. § 15 Anm. 3.

profuturam. immo et in servo doli exceptio non est respuenda. Hodie tamen ita demum pactio huiusmodi creditoribus obest, si convenerint in unum et communi consensu declaraverint, quota parte debiti contenti sint rell.

Es handelt sich in unserer Stelle um die Verpflichtung, welche der Erbe hinsichtlich der Schulden des Erblassers hat. Da unser Fall auch dann zur Geltung kommt, wenn es sich speziell um eine Stipulation handelt, die der Erblasser eingegangen ist, so reden wir entsprechend unserem Vorausgegangenen nur von der Stipulation. Weiter berühren wir nur die Fragen, welche uns mit Rücksicht auf die Stellung und die Aufgabe der exceptio doli interessieren.[299])

Wenn also der Erbe vor Antritt der Erbschaft mit den Gläubigern derselben einen Erlassvertrag dahin eingeht, dass aus einer vom Erblasser eingegangenen Stipulation weniger gezahlt werde, so steht den Gläubigern, welche aus der Stipulation klagen, die exceptio doli entgegen. Damit sind also die Voraussetzungen der Stipulation abgeändert. Trotzdem die regelmässigen Voraussetzungen dieses Kontrakts vorliegen, dringt der Kläger dennoch nicht durch. Wir meinen, dass das positive Recht durch die exceptio abgeändert ist. Unsere Stelle spricht ausdrücklich von dem Fall, wo vor Antritt der Erbschaft der präsumtive Erbe mit den Gläubigern paktiert. An sich ist der Erbe verpflichtet, die Schulden der Erbschaft schlechtweg zu übernehmen. In unserem Fall ist mit der exceptio ein Mittel gefunden, um auch diesen Grundsatz des positiven Rechts abzuändern. Dass unsere Stelle vom Erbrecht spricht, meinen wir ergiebt sich auch aus dem Schlusssatz, wo hervorgehoben wird, dass nach Justinianischem Recht sämtliche Gläubiger der Erbschaft dem teilweisen Erlassvertrag zustimmen müssen.

Des weiteren wird unsere Abänderung des Erbrechts in den l. l. 8 sqq. D. h. t. 2, 14 behandelt. Für die grundsätzliche

---

[299]) Daher lassen wir insbesondere unberücksicht das Verhältnis zwischen der exceptio doli und exceptio pacti, aber auch die verschiedentliche Gestaltung unserer Frage, je nachdem ein Sklave oder ein Freier der paktierende Erbe ist. Über alles dieses ist übrigens ausführlich gehandelt bei H. Krüger, Except. doli, I. S. 210 f.

Stellung der exceptio doli in unserem Falle liefern aber diese Stellen nichts Neues.

2. Mit dem Erbschaftsverkauf gehen die Forderungen des Verkäufers aus der Erbschaft unter.

Ulpianus l. 16 pr. D. de pactis. 2, 14: Si cum emptore hereditatis pactum sit factum et venditor hereditatis petat, doli exceptio nocet. nam ex quo rescriptum est a divo Pio utiles actiones emptori hereditatis dandas, merito adversus venditorem hereditatis exceptione doli debitor hereditarius uti debet.

Wir nehmen an, dass dem Erblasser jemand aus einer Stipulation etwas schulde. Es ergiebt sich dann aus unserem Fall folgendes. Der Erbe hat die Erbschaft verkauft. Mit dem Erbschaftskäufer hat der oben erwähnte Schuldner ein pactum de non petendo abgeschlossen. Durch den Erbschaftsverkauf gehen aber die Berechtigungen und Verpflichtungen des Erben nicht unter. In unserem Fall kann also der Erbe gegen jenen Schuldner noch immer klagen. Dies ist durch das Reskript des Kaisers Pius abgeändert worden. Und zwar giebt jenes Reskript dem Erbschaftskäufer die Klagen aus der Person des Erbschaftsverkäufers als utiles. Daraus wird als Konsequenz gezogen, dass gegen den Erbschaftsverkäufer die exceptio doli eingreift, wenn dieser trotz des Erbschaftsverkaufs gegen die Erbschaftsschuldner klagt. Es bezieht sich diese exceptio also schlechtweg auf alle Fälle, nicht bloss auf den Fall, wo der Erbschaftskäufer mit dem Schuldner ein pactum de non petendo geschlossen [300]) hat. Dieser Fall ist in unserer Stelle nur deswegen vorangestellt, weil im vorhergehenden speziell von der Wirkung des pactum de non petendo gesprochen wird. Die exceptio doli greift also ein gegen die Stipulationsklage, welche der Erbe nach Erbschaftsverkauf gegen den Erbschaftschuldner erhebt, sei es, dass der Erbschaftsschuldner ein pactum de non petendo mit dem Erbschaftskäufer geschlossen hat oder nicht. Materiell ändert also die exceptio doli die Bestimmung des Erbrechts ab, wonach auf die Erben die Rechte und Pflichten des Erblassers persönlich übergehen.

[300]) Vergl. auch H. Krüger, Except. doli, I. S. 124 in Verbindung mit S. 128.

3. Die Verwendungen des possessor hereditatis auf die Erbschaft kommen dem Erben zu gute.

Ulpianus l. 31 pr. D. de hered. pet. 5, 3: Si quid possessor solvit creditoribus, reputabit, quamquam ipso iure non liberaverit petitorem hereditatis: nam quod quis suo nomine solvit, non debitoris, debitorem non liberat . . . . . sed et petitor, si a creditoribus conveniatur, exceptione uti debebit.

Der possessor der Erbschaft hat den Erbschaftsgläubigern Zahlung geleistet. Damit ist der petitor hereditatis noch nicht liberiert, da ja der possessor in seinem eigenen Namen gezahlt hat. Wenn aber der petitor noch einmal von den Erbschaftsgläubigern beklagt wird, so soll ihm die exceptio doli zur Seite stehen. Nehmen wir an, dass die Forderung, um welche es sich handelt, eine Stipulation ist, dann sind durch die exceptio formell die Voraussetzungen für das Obsiegen der actio ex stipulatu abgeändert, materiell ist aber damit der oben erwähnte Rechtssatz konstituiert.

4. Der Erbe soll die Forderungen des Erblassers nicht in höherem Masse geltend machen, als der Erblasser augenscheinlich gewollt hat.

Scaevola l. 13 pr. D. de usur. 22, 1: Qui semisses usuras promissit, per multos annos minores praestitit: heres creditoris semisses petit. cum per debitorem non steterit, quo minus minores solvat, quaero an exceptio doli vel pacti obstet. respondi, si exsolvendis ex more usuris per tanta tempora mora per debitorem non fuit, posse secundum ea, quae proponerentur obstare exceptionem.

A hat dem B 6 % Zinsen versprochen, zahlt aber viele Jahre hindurch weniger. Der Erbe des B fordert 6 %. Obwohl die Voraussetzungen für den Anspruch des B vorliegen, da 6 % stipuliert sind, soll doch der Erbe nicht durchdringen. Es steht ihm die exceptio doli[301]) entgegen. Der Grund, warum hier die Voraussetzungen der actio ex stipulatu abgeändert sind, ist wohl darin zu suchen, dass in der stillschweigenden Annahme des

[301]) Über das Verhältnis zur exceptio pacti vergl. Pernice, Labeo, II. S. 117; H. Krüger, Except. doli, I. S. 31, 32, 139.

geringeren Zinsfusses eine stillschweigende Vereinbarung liegt.[302]) Hinzuzurechnen ist aber noch das Moment, dass der Erbe die ganzen 6 % einklagt. Daraus ergiebt sich die Tendenz, dass der Erbe nicht in höherem Masse die Forderungen des Erblassers beanspruchen soll, als der Erblasser augenscheinlich gewollt hat. Dieser Rechtssatz wird in der angegebenen Weise durch die exceptio doli vermittelt. Denn wenn in unserem Falle der Erblasser selbst auf den früheren Stipulationsvertrag zurückgreifen wollte, so würde ihm wohl kaum die exceptio doli entgegenstehen.

Scaevola l. 37 § 4 D. de legat. III, 32: Nuptura duobus filiis suis, quos ex priore marito habebat, mandavit, ut viginti, quae doti dabat, stipularentur in omnem casum, quo solvi posset matrimonium, ut etiam alterutri ex his tota dos solvatur: constante matrimonio uno ex filiis mortuo uxor per epistulam petit a superstite filio, uti quandoque partem dimidiam dumtaxat dotis exigeret et ea contentus erit, alteram autem partem apud maritum eius remanere concedat. quaesitum est postea in matrimonio muliere defuncta, an maritus, si de tota dote conveniatur a filio, doli mali exceptione se tueri possit . . . . respondit . . . . . exceptionem utilem fore.

Eine Witwe, welche zwei Söhne hat, ist im Begriff, eine neue Ehe einzugehen. Sie beauftragt ihre beiden Söhne, mit dem neuen Ehemanne zu stipulieren, dass die dos, welche sie dem Manne bestellt, für jeden Fall der Auflösung der Ehe zurückgegeben werde, und zwar event. auch dem einen Sohne die ganze dos. Nachdem während des Bestehens der Ehe der eine der beiden Söhne verstorben ist, modifiziert die Frau ihren früher erteilten Auftrag, indem sie von dem überlebenden Sohne verlangt, dass er von ihrem Ehemanne nur die halbe dos einfordern, die andere Hälfte aber ihrem Ehemanne lassen solle. Die Frau stirbt nun in der Ehe, und der Sohn klagt auf Grund der Stipulation gegen den Ehemann auf die ganze dos. Der Jurist sagt, dass dann gegen die actio aus der Stipulation dem Ehemanne die exceptio doli mali zustehe.[303])

---

[302]) So auch Pernice a. a. O. Anm. 73.

[303]) Dass das utilis nicht Eigenschaftswort, sondern Prädikatsnomen ist, halten wir mit H. Krüger, Except. doli, I. S. 36 Anm. 46 für unzweifelhaft.

Der Ehemann ist auf die Stipulation eingegangen, eine Abänderung des Vertrages ist nicht erfolgt. Er ist also unzweifelhaft verpflichtet, das zu leisten, was er in der Stipulation versprochen hat. Dennoch soll in diesem Falle Rücksicht darauf genommen werden, auf welche Weise der Sohn zu dem Recht aus der Stipulation gekommen ist. Nicht kraft eigenen Rechts hat er stipuliert, sondern im Auftrage der Mutter. Die Mutter hatte die dos bestellt und der Sohn sollte sie nach dem Willen der Mutter nach der Auflösung der Ehe zurückerhalten. Die Mutter hat aber ihren Willen geändert. Dadurch wird zwar die Stipulation nicht beeinflusst, aber es ist vollständig gerechtfertigt, dass der Sohn, der seinen Anspruch nach dem Willen der Mutter erlangt hat, nicht mehr bekomme, als dem Willen der Mutter entspricht. Dieser Rechtssatz wird durch die exceptio doli vermittelt.

In derselben Weise sind aufzufassen die Entscheidungen von Iulian bei Africanus l. 18 § 2 D. de mort. causa donat. 39, 6 und Marcellus l. 28 D. l. l.

§. 11. Zusammenfassung der Fälle der exceptio doli gegen die actio aus der Stipulation.

Wir sind nun das ganze System durchgegangen und haben zu zeigen gesucht, wie die exceptio doli gegen die Stipulationsklage benutzt wird, einen bestimmten Rechtsgedanken zum Ausdrucke zu bringen, welcher mit dem bestehenden Aktionensystem nicht zur Geltung kommen konnte. Daher stellt die exceptio eine Abänderung, eine Ausnahme (wie die römischen Juristen sagen „exclusio") zum bestehenden Aktionensystem dar. Weiter, da dem Aktionensystem das objektive Recht zu Grunde liegt, auch eine Abänderung des objektiven Rechts. Daraus ergiebt sich aber als Folgerung, dass die exceptio doli gegen die Stipulationsklage nur in ganz bestimmten, von der Rechtsordnung anerkannten Fällen vorkommt.

Immerhin ist es natürlich, dass die römischen Juristen die einzelnen Fälle der exceptio doli gegen die Stipulationsklage zusammenzufassen und unter gemeinsame Gesichtspunkte zu bringen suchen. Es ist dies wohl ganz selbstverständlich. Wenn die Juristen feststellten, dass der Satz, dass unter Umständen jemand nicht vor Gericht zu erscheinen braucht, oder dass unter Umständen die versprochene dos nicht gezahlt zu werden braucht, durch die exceptio doli gegen die Stipulation vermittelt wurde, so ist es natürlich, dass man diese Fälle der exceptio doli zusammenfasste. Dabei sei noch einmal hervorgehoben, dass ja auch die Stipulation in diesen Fällen nur ein Mittel war, um eine rechtliche Basis für eine Verpflichtung zu schaffen, welche man direkt nicht konstruiert hatte. Wir meinen, dass man nicht oft genug hervorheben kann, wie sehr es den Römern darauf ankommt, die Sache nur so zu formulieren, dass sie im praktischen Prozess durchgeführt werden kann.[304]) Erklären wir dies an einem Beispiel, welches wir oben besprochen haben. Die Pflicht, vor Gericht zu erscheinen, war Bürgerpflicht. Eine civilrechtliche Verpflichtung dazu gab es aber nicht. Es gab kein Rechtsinstitut, auf Grund dessen jemand dazu angehalten werden konnte. Heute verfällt der Beklagte im Falle des Ungehorsams dem Versäumnisurteil: Zeugen werden durch eine öffentliche Strafe zum Erscheinen im Termin angehalten. Den Römern waren öffentliche Strafen fremd. Sicherlich hätten die römischen Juristen ein Rechtsinstitut schaffen können, um den gewünschten Erfolg direkt zu erreichen. Es ist aber bemerkenswert, wie sehr die römischen Juristen, so oft ein neues Bedürfnis eintrat, niemals danach trachteten, ein neues Rechtsinstitut zu schaffen (von unserer heutigen Jurisprudenz könnte man das Gegenteil behaupten), sondern sich erst umschauten, ob nicht ein bestehendes Rechtsinstitut passend verwendet werden könne. Da sagte man sich nun, dass der Beklagte erscheinen würde, wenn er eine Strafstipulation eingegangen wäre. Da aber der Beklagte freiwillig eine Strafstipulation nicht eingehen würde, so griff der Prätor kraft seines imperium ein und zwang ihn, die Stipulation einzugehen. So wurde durch geschickte Anwendung des Rechts (das Recht anzuwenden war Sache des Prätors kraft seines

[304]) Pernice hebt dies in seinem Labeo mit Recht nachdrücklichst hervor.

imperium; wir haben daher dieser Anwendung des Rechts einen besonderen Abschnitt gewidmet, der modernen Zeit ist diese Vorstellung ganz fremd) mit Benutzung der bestehenden Rechtsbegriffe und ohne Schaffung neuer Begriffe eine civilrechtliche Basis für die Pflicht, vor Gericht zu erscheinen, geschaffen. Wo diese civilrechtliche Basis nicht ausreichte, wo eine Ausnahme von der Gerichtsstandpflicht eintreten sollte, da konstituierte man auch eine Ausnahme von der Kondemnation aus der Stipulation. Das ist die exceptio. Es wird diese kleine Abschweifung wohl verziehen werden, da es uns vor allem darauf ankam, möglichst klar unsere Gedanken vorzulegen, umsomehr, als erst nach einer ganzen Reihe solcher Arbeiten, wie die vorliegende, es möglich sein wird, den vollständigen Beweis für unsere Ansicht zu erbringen.

Wir wollen nun darauf zurückkommen, dass die Römer sich bemüht haben, die Fälle der exceptio doli bei der Stipulation (wohlgemerkt, bei der Stipulation, nicht allgemein; die Zusammenfassung aller Fälle der exceptio doli, nicht bloss bei der Stipulation, ist dann wieder ein weiterer Schritt) zusammenzufassen. Bei Ulpian finden wir in der That ein Fragment,[305]) in welchem die Fälle der exceptio doli bei der Stipulation unter einen gemeinsamen Gesichtspunkt gebracht werden.

Ulpianus l. 36 D. de V. O. 45, 1: Si quis, cum aliter eum convenisset obligari, aliter per machinationem obligatus est, erit quidem suptilitate iuris obstrictus, sed doli exceptione uti potest: quia enim per dolum obligatus est, competit ei exceptio. idem est et si nullus dolus intercessit stipulantis, sed ipsa res in se dolum habet: cum enim quis petat ex ea stipulatione, hoc ipso dolo facit, quod petit.

Die Stelle steht im 48. Buch ad Sabinum, in welchem

[305]) l. 36. D. de V. O. 45, 1. Dass die Stelle nicht von Ulpian selbst herrührt, sondern einem älteren Schriftsteller entnommen ist, können wir wohl sicher behaupten. Pernice, Labeo, II. S. 113 möchte die Stelle bis auf Sabinus zurückführen. Vergl. auch Pernice, Sitzungsber. d. Berl. Akad., 1885 S. 461, 476, wonach Ulpian, wenn auch nicht direkt, so doch durch Vermittelung des Pomponius oder Celsus oft eine Ansicht des Sabinus vorträgt.

Ulpian von der Verbalobligation handelt.[306]) Danach greift die actio aus der Stipulation nicht durch, wenn der Promittent anders verpflichtet werden sollte, als er sich thatsächlich verpflichtet hatte. Das „anders verpflichtet werden sollte“ (aliter eum convenisset obligari) kann sich wohl nur auf die Abmachungen zwischen den Parteien beziehen, welche der formellen Stipulation voraufgingen, d. h. die Parteien haben ein bestimmtes Geschäft abgeschlossen und dies nachher in die Form der Stipulation gebracht. Dass dies sehr üblich war, ist oben hinreichend hervorgehoben. Wir haben auch gesehen, dass gerade mit Rücksicht auf die der Stipulation vorangegangenen Vereinbarungen die exceptio doli erteilt wurde.

Betrachten wir aber unsere Stelle aus Ulpian zunächst für sich allein und ohne Rücksicht auf unsere früheren Erörterungen. Es wird in der Stelle bezüglich der exceptio doli ein zweifaches festgestellt:

1. Die exceptio doli greift ein, wenn jemand sich hatte durch die Stipulation anders verpflichten wollen, als er sich thatsächlich verpflichtete.

2. Die exceptio doli greift ein, wenn in der Stipulation selbst eine objektive Ungerechtigkeit enthalten ist.

Wie oben erwähnt wurde, rechnen wir zu der unter 1. genannten Gruppe diejenigen Fälle, wo die Parteien ihren mannigfachen Vereinbarungen die endgiltige Form der Stipulation geben. Wenn da, so sagt der Jurist, die Stipulation eine andere Verpflichtung begründet, als die Parteien haben wollen, so soll die exceptio eingreifen. Man wird nun fragen, wie wir diese Entscheidung in Einklang bringen mit unserer Behauptung, dass die exceptio doli nur in bestimmten Fällen eingreife. Misst in unserer Stelle der Jurist nicht der exceptio doli einen ganz allgemeinen Charakter bei? Sagt er nicht ausdrücklich, dass überall da die exceptio eingreife, wo die Parteien sich haben anders verpflichten wollen? Abgesehen von den Argumenten, welche sich aus unseren obigen Einzeluntersuchungen ergeben, glauben wir auch mit Rücksicht auf die anerkannten Resultate,

---

[306]) Vergl. Lenel, Paling. II. S. 1186.

welche Pernice zu Tage gefördert hat, einer eingehenden Behandlung dieser Frage überhoben zu sein. Pernice[307]) betont mit Recht, dass wir in der von den römischen Juristen angegebenen Begriffsbestimmung der bona fides keineswegs eine „generelle Definition" zu erblicken haben, sondern nur die Hervorhebung dessen, was in dem von dem Juristen an der betreffenden Stelle angegebenen Beispiele ihm das wichtigste erschien. Auch bezüglich der exceptio doli bemerkt Pernice[308]) dass sie den späteren römischen Juristen, etwa seit Hadrianischer Zeit „fast nur als eine Form erschien, eine Ausgleichung widerstreitender Ansprüche herbeizuführen, denen man mit mehr oder minder klarem Gefühle selbständige Natur zuschrieb". Wir stehen auf demselben Boden und gehen nur weiter, indem wir diese „Form zur Ausgleichung widerstreitender Ansprüche" auflösen nach den einzelnen Fällen, in denen sie eingreift, wodurch wir zu dem Resultate gekommen zu sein glauben, dass die exceptio ein Stück des materiellen Rechts ist, welches der Form nach überall gleich ist, aber als materieller Rechtssatz etwas Verschiedenes darstellt, je nachdem sie mit der actio aus der Stipulation, oder Miete, oder sonst einer in Verbindung gebracht wird. Was uns immer als bestes Argument unserer Ansicht erschienen ist, ist das, dass unsere Vorstellung von der exceptio so ganz im Einklang steht mit der Art und Weise, wie die römischen Juristen operierten, wie sie stets von dem einzelnen Fall ausgingen, jeden einzelnen Fall für sich besonders behandelten, in dem einzelnen Fall vor allem die Gerechtigkeit, die bona fides zur Geltung zu bringen suchten und dann erst, nachträglich und gleichsam nur der Vollständigkeit wegen, die einzelnen Fälle unter einem höheren Gesichtspunkt zusammenfassten. Daher haben die allgemeinen Definitionen der römischen Juristen bekanntlich so wenig Wert und sind vielleicht das schlechteste, was die römischen Juristen geleistet haben; aber nicht deshalb, weil die römischen Juristen kein Talent zur juristischen Konstruktion besessen haben, sondern deshalb, das behaupten wir

[307]) Labeo II. S. 208 und vorhergehende.

[308]) a. a. O. S. 126.

ausdrücklich, weil ihnen die juristische Konstruktion als das nebensächliche erschien. Aus diesem Grunde haben sich die römischen Juristen vor der Verknöcherung des Rechts bewahrt, wie diese in den Zeiten nach der römischen Jurisprudenz fast bei allen Völkern zur Regel geworden ist. Das Gesagte gilt auch in vollem Masse für die Zusammenfassung der Fälle der exceptio doli unter den von Ulpian in unserer Stelle angegebenen allgemeinen Gesichtspunkt. Wir meinen daher, dass nicht da überall, wo der Beklagte behauptete, dass er habe anders verpflichtet werden sollen, als er thatsächlich verpflichtet worden ist, die exceptio doli bei der Stipulationsklage eingreift, sondern nur in den bestimmten Fällen, in denen das Recht dies zulässt. Ein gemeinsames Charakteristikum dieser Fälle ist es nun thatsächlich, dass die Parteien in diesen Fällen sich haben anders verpflichten wollen. Aber mehr, als dies gemeinsame Charakteristikum der einzelnen Fälle anzugeben, hat Ulpians Gewährsmann wohl nicht thun wollen. Dass von einer Definition der exceptio doli damit nicht die Rede sein kann, ergiebt sich schon daraus, dass die Fälle der exceptio doli mit jenem Charakteristikum nicht erschöpft sind, vielmehr dazu noch die unter 2. zusammengefassten Fälle gerechnet werden müssen, welche unter dem Gesichtspunkte der objektiven Ungerechtigkeit zusammengefasst sind. Und da ist es wohl klar, dass die Frage, ob ein Fall objektiver Ungerechtigkeit vorliege oder nicht, nur davon abhängig gemacht werden kann, ob der Rechtsorganismus in dem vorliegenden Fall eine objektive Ungerechtigkeit erblickt oder nicht. Dass man auf Grund des allgemeinen Charakteristikum der exceptio doli deduktiverweise jene einzelnen Fälle, in denen die exceptio doli zugelassen wurde, vermehrte, spricht natürlich nicht dagegen, dass die exceptio doli immer nur in ganz bestimmten Fällen zugelassen wurde.

Um noch die praktische Gestaltung nach unserer Auffassung darzulegen, wollen wir unsere Ansicht an einem praktischen Beispiel durchführen.

Der Beklagte B behauptet, als A gegen ihn aus einer Stipulation klagt, dass ein Fall der exceptio doli vorliege. Es soll dem Beklagten (das wollen wir zugeben, um nicht auf andere schwierige Fragen zu stossen) gelungen sein, die Einschiebung der exceptio doli in die formula erwirkt zu haben. So treten die Parteien vor den iudex hin. Der iudex hat nun zu untersuchen, ob dolus vorliegt, d. h. nach unserer Auffassung, festzustellen, ob der vorliegende Fall zu denen gehört, in denen das Aktionenrecht der Stipulation durch die exceptio doli abgeändert ist. Denn der iudex hat auch Rechtsfragen zu entscheiden und nicht etwa bloss festzustellen, ob die Behauptungen dem Thatbestand entsprechen. Wonach entscheidet nun der iudex, ob der vorliegende Fall zu denen gehört, in welchen die exceptio doli bei der Stipulation anerkannt ist? Hier zeigen sich so recht die total verschiedenen Verhältnisse bei den Römern und heute. Bei den Römern entscheidet der iudex die obige Frage nach dem Stande der Rechtswissenschaft, sofern nicht der betreffende Fall etwa ausdrücklich durch die Gesetzgebung geregelt ist, was bekanntlich höchst selten ist (exc. SC. Macedoniani, Vellaeani, legis Cinciae). Die Rechtswissenschaft hatte ja bekanntlich diesen gewaltigen Einfluss. Formell, so nehmen wir an, entschied der iudex hier nach ius gentium. Denn Rechtsquelle war die Wissenschaft nicht. Unter Umständen war der iudex an die Ansicht der Wissenschaft, sofern sie durch Juristen cum iure respondendi vertreten war, schlechtweg gebunden; hier wurde die Rechtswissenschaft durch das erteilte ius respondendi staatlich autorisiert. Später geschah diese Autorisierung durch die Konstitutionen oder Reskripte der Kaiser. Immer hat also der iudex in solchen Fällen sich die Rechtsfrage vorzulegen, ob der vorliegende Fall ein solcher ist, dass das Recht der Stipulationsklage durch die exceptio abgeändert werde. Die Feststellung des Thatbestandes ist dann eine weitere Arbeit des iudex.

Quellenverzeichnis.

Die freistehenden Zahlen weisen auf die Seiten, die in den Klammern befindlichen auf die Anmerkungen hin.

c) Codex.

Druck der Norddeutschen Buchdruckerei, Berlin SW., Wilhelmstr. 32.

FSC
www.fsc.org
MIX
Papier | Fördert gute Waldnutzung
FSC® C083411

Kolibri 360 GmbH
Ferdinand-Jühlke-Straße 7
99095 Erfurt, Deutschland
produktsicherheit@kolibri360.de